A History of the

A Bookish Adventure

索引，知識的鑰匙

從書本到數位搜尋時代，索引如何打造我們的知識體系，
型塑我們的世界觀。

Dennis Duncan

丹尼斯・鄧肯——著

譯——陳岳辰

推薦序

索引——書的導航器

范立達

身為一個愛看書的人，有時不免會好奇，擱在書店架上的一本本新書，到底是怎麼來的？

一定是先有一個作者，把文字寫下來；之後，再有一個編輯，把這數萬或數十萬個文字分頁分章排序，擬出大標小標、製作目錄；隨後，又有一位美編，為它設計封面，然後送廠印刷裝訂，最後送到店頭陳列。但是這樣的流程太過簡化，也把編輯的功能太過淡化。

常常在書末看到作者在致謝詞中，總不忘要感謝編輯，而且有時還感謝得頗為用力。這不是矯情，如果沒有被編輯用心服務過，作者不可能打從內心發出這麼深沉的感謝。而編輯究竟做了些什麼事，能獲得作者如此的感激？這本書，剛好提供了很清晰的解答。

編輯，除了編排文字的段落、篇章、校對文稿、下標題、製作目錄，有時還要費神編纂註釋，或在書末加上索引。這些經常被讀者忽略的細節，卻往往是作者做不來，編輯若不做就沒人做的苦差事。編輯能為一本書加分到超乎作者想像的程度，也難怪很多作者要心生感激，對編輯大聲道謝。

提到索引，正是本書要闡明的主題。

索引太容易被讀者忽略。雖然有那麼多的讀者都曾利用了索引的服務而渾然不覺，但一本書裡（特別是食譜、法律法規和醫學著作類的工具書籍）如果少了索引，常常就成了災難。

我曾經不只一次看到朋友手中的厚書上，貼滿了各色各樣的索引標籤。他們或許原本以為，貼了標籤就等於把重點標記起來，但等到真正想要翻查時，卻又被滿滿的標籤給淹沒，完全無頭緒可言。

貼滿標籤，只是另一場災難的開始。這時候你才會真正察覺到，一本書有無附上索引，差別竟是天堂與地獄。

但索引是怎麼來的？作者不太可能花力氣幹這種事。在捲軸書時代，也不會有索引這回事。直到翻頁書出現，每頁都標示了頁碼之後，索引才有意義，才能指引讀者從字海中找到對應的頁數和文句。所以，索引是一套標記目標位置以節省時間的系統，是非線性穿越文獻瞬間轉移到目的地的蟲洞，也為書籍創造出神經與血管，更似為迷宮畫地圖，讓讀者能在最短的時間內，找到最想找的目標。

正如本書中提到，出版《拉丁語神父總集》的米涅神父表示：「我們的索引已經剷平高山、截彎取直，開拓出最平坦的道路……索引幫助讀者化繁為簡、化遠為近，串連首尾一氣呵成……省下多少寶貴時間！超越了鐵路，甚至氣球，可以媲美閃電！」

好的索引，更如同米涅神父所言：「就像葡萄進了榨酒桶，絕不放過一點一滴精華。」

但索引是怎麼發展出來的？人類有文字迄今已數千年，索引的問世才僅千年。千年之前，是什麼樣的需求創造出索引這個玩意兒？而且隨著時間的演化，讓索引的功能變得越來越強？丹尼斯．鄧肯爬梳大量資料，在本書中娓娓道來，為讀者一一解惑。

索引也曾被有心人拿來做為惡搞對手的工具，特別是在著作權意識還不彰顯的時代。這種「功能」，應該是所有作者都始料未及的吧！

當然，隨著科技的進步，索引的功能也逐漸被Google大神的種種神力給取代。尤其是在瀏覽器和電子書問世的今日，數位化的索引功能，透過超連結的技術，只要滑鼠一點或手指輕觸，馬上就能讓讀者在本文、索引或註解頁面間交互穿梭，完全省略翻找的時間。索引，幾乎快被讀者給遺忘了。

但科技的進步，只能節省讀者翻閱的時間。無論是紙本書或電子書，在製作之初，索引的編排與建立，仍是要靠著編輯的苦幹實幹，才能展現出精彩的成果。若因科技的推陳出新，索引愈用愈順手，卻因此而忽略了默默付出的幕後英雄，這可真是對編輯的大大不敬了。

就如作者在本書中強調，索引編輯的腦力用在切割書本內容，判讀其中特點並從頭到尾追蹤，篩選出重要概念後，思考最合適的標籤，決定是否需要拉出層次或分歧，或者兩個相關的主題要不要合併。這種極度需要絞盡腦汁的工作，在現今的環境中，還是只能靠人力，而且是優秀的人力才能完成。所以，當我們看到一篇好的索引時，就要更加珍惜，因為好的索引只有可能出自好的編輯之手。

我不知道其他人讀書的習慣。但以我個人而言，拾起一本書時，我一定先看目錄和索引。有時，透過目錄的編排和索引的製作，書的輪廓就能大致浮現，就如同本書作者引用文學大師強納森·綏夫特（Jonathan Swift）的話：「抓著尾巴魚就跑不掉，掌握索引就是掌握整本書。」索引就像一本書的地圖，它可以讓你在書海中出發前先略知海域全貌，但地圖不等於疆域，只看索引而不讀全文，終究會錯過太多風景。

所以，不管你是否看完了本書的索引，但當你讀完了這篇序文之後，何不直接翻開第一章，開始享受閱讀的樂趣呢？

本文作者為資深媒體人

目錄

第八章　**魯德米拉和羅塔利亞：網路搜尋年代的書籍索引**／ 225

我們購買非虛構類書籍時，索引包含在售價內；換句話說，我們花錢買下編輯閱讀的時間。軟體能夠免去卡片與鞋盒、剪刀與漿糊，卻無法取代為準備索引而投入心力的精細閱讀。編纂索引的人如同卡爾維諾陛下的魯德米拉，專注而敏銳，吳爾芙、波普、格斯納都是過來人。

結語　閱讀軌跡／ 255

原文注釋／ 268

附錄一、電腦自動索引／ 283

附錄二、編輯索引／ 287

前言

我個人極為尊敬索引的發明者……這位不知名的文學工作者為書籍創造出神經與血管。——艾薩克．迪斯雷利 Isaac D'Israeli，《文學雜論》*Literary Miscellanies*

1 無論撰文寫稿或傳道授業，實在難以想像若與書為伍卻無法快速簡單找到想要的內容會如何。而這種便利性主要奠基於具備一套好的索引。但是索引的好處並非寫作為生者所獨享，還擴及其他專業領域，乃至於日常生活，例如歷史上最早的索引便出現在法令章程、醫療文獻與製法配方中。書末索引是如此成功的發明，徹底融入文明體系後便經常失去了存在感，實際上它和各種技術一樣有獨自的發展歷史。之前將近八百年的時間裡，索引依附著特定的成書形式——「翻頁書」（codex）★，亦即將書頁疊好，以書脊裝訂。然而，如今索引也進入了數位時代，搖身一變成為支撐線上閱讀體驗的關鍵科技，比方說世界第一個網頁的本質就是主題索引。[1]現代人瀏覽網路時常以搜尋引擎為起點，Google工程師馬修・卡茲（Matthew Cutts）曾解釋說：「首先要明白，當你利用Google搜尋時，並非真的搜找整個網路，而是查
2 詢Google對網路製作的索引。」[2]索引建立了人類生活的結構，本書則要細數索引的前世今生，從十三世紀歐洲國家的修道院和大學，一路走進二十一世紀矽谷大企業的總部。

索引的歷史是由「時間」、「知識」，以及兩者之間的關係交織而成。這段故事反映出人類獲取知識的速度需求不斷提高，同時意圖將書籍內容切割為可抽取的知識單位。而這些進展就是資訊科學，索引則是該領域十分重要的骨幹。索引的演化過程也是微觀的人類閱讀史，與大學興起、印刷術問世息息相關，影響了

★ 譯按：與「翻頁書」相對的是「卷軸書」（scroll），以多張蒲草紙或羊皮紙首尾相黏製成一卷的古書形式，缺點為內容太長就會造成閱讀不便，且黏貼處易破損。

啟蒙時代哲學思潮以及穿孔卡計算機科技[†]，甚至還蛻變為頁碼與話題標記（hashtag）[*]，早已超越單純的資料結構概念。儘管人工智慧虎視眈眈，目前書籍索引主要仍是交由有血有肉的專業編輯處理，為創作者和閱聽大眾搭起溝通的橋梁。源於人力也就歸於人性，因此索引曾將異端份子從火刑臺上救下，也曾保住身居高位的政治人物。對書本有特殊愛好的人注重索引是理所當然，文藝界著名個案包括路易斯・卡羅（Lewis Carroll）、維吉尼亞・吳爾芙（Virginia Woolf）、亞歷山大・波普（Alexander Pope）、弗拉基米爾・納博科夫（Vladimir Nabokov）等等。縱觀歷史，編纂索引絕非特別光彩或有利可圖的行業，否則托馬斯・麥考利（Thomas Macaulay）不會感慨地說，他那個時代最負盛名的作家山繆・詹森（Samuel Johnson）竟然得花時間應付「餓鬼似的小冊作家與索引編輯」。[3]可惜麥考利誤會大了，因為詹森本人根本 3 不以為苦，對他而言，與編索引的人為伴等同與各時代的優秀文人為友。此外，儘管鮮為人知，事實是他們所鑽研的技術至關緊要，承載了下個千禧年之初全人類的閱讀體驗。

「索引」究竟是什麼？一般而言，它是一套標記目標位置以節省時間的系統。索引的英文（index）呈現出類似地圖的空間關係：

† 譯按：二十世紀初曾以穿孔卡（punchcard）作為電腦處理媒介。

* 譯按：又稱題標或主題標籤，是網際網路元資料的標籤類型之一，結構為開頭井號（在中國社群則是前後各加一個井號）加上一個字詞或無空格的一句話。

「指示」（indicate）出想找的東西位於何處。不過這份地圖未必以實體存在於物理世界；它可以只存在人類心智。上世紀中葉羅孛特．柯里森（Robert Collison）提出一個觀點：人類對世界進行組織以辨別事物位置的行為，就是建立索引。他舉了兩個例子，彷彿麂皮厚底鞋般充滿濃濃的一九五〇年代風格：

> 家庭主婦為廚房裡每樣東西找到固定位置，這種行為等同建立活生生的索引。不只她個人，所有家庭成員都會逐漸習慣並運用她創設的系統來尋找需要的東西……許多男士習慣一個口袋放銅板，另一個口袋放鑰匙，再一個口袋放香菸，這也是很基礎的索引行為。當他匆匆忙忙趕到車站要翻出車票的時候，這套習慣就幫上大忙了。[4]

家庭主婦找到糖，男士找到菸盒，都是依靠建立於心智的索引。乍聽有點戲謔，但柯里森講到一個重點：廚房東西怎麼擺，影響的不只是主婦自己，而是全家人。換言之，索引同時存在於複數人的思考中。設想若將其轉換為文字，「麵粉在最上層櫥櫃的
4 右邊，湯匙在冰箱旁邊的抽屜裡」，會有什麼效果？第一次走進這個廚房的人也能立刻活用系統，找出需要的物品。這種轉換更加接近一般人對索引的聯想——索引不只存在心智內，而是以表格清單的形式告知使用者如何找到目標。此外，這類系統時常化繁為簡，畢竟若地圖與土地本身一樣大未免太過荒謬；相同道理在索引也適用。作為本書第一章的主題，同時是資訊科學要角的圖書館目錄，就展現出這個特質：系統性地將每本書籍拆解為易於辨識的細項，如書名、作者、文類。書末索引也採用類似手法，

將資料來源化約為一批關鍵詞，如人名、地名、概念。也就是說，索引並非原封不動複製文本，而是經由抽象化的歸納整理，創造出嶄新獨立的內容。

索引還有什麼特徵？如柯里森所言，多數人能將自家廚房的收納系統儲存在大腦。就算得寫下來，廚房物品清單會有多長？應該不至於列不完。可是更長的表單又如何？例如家裡的所有東西？圖書館的所有藏書？長度超過某個限度就本末倒置了，與其對著表單慢慢找，不如到現場直接翻搜。此時我們需要的是排列組合，索引必須有一套方便使用者辨識操作的規則。就這一點，索引和目錄有所不同。

山繆．詹森編纂了字典，不過這本字典對「索引」的釋義不大理想，將其視為「書籍的目錄」。表面上，索引和目錄確實有共通之處，兩者都以標籤建表並以頁碼定位（但本書將會提到，頁碼有其獨自的歷史源流，而且並非最早的標示系統，例如聖經篇章就更為古老），指向文本特定的字句或段落。中世紀末期， 5
register、*table*、*rubric*這幾個單詞同時能表示目錄與索引，導致一般人更難區隔兩者。英國詩人喬叟筆下的騎士不肯臆測死後的世界，他說：I nam no divynistre: / “Of soules” find I nought in this registre（意思是「我沒有獨到洞見，我查不到『靈魂』這個詞」）——單看古英文根本不知道騎士要用什麼查。事實上，目錄和索引是書籍中完全不同的兩個部分，前者在正文前、後者在正文後，且各有其發展源流和實務作用。

就算撇開指引的功能，目錄仍能呈現作品結構的輪廓。它按照內容順序鋪排，讀者看了目錄便對主題與論述心裡有數。所以某種程度上，目錄是一個獨立的系統，即使好幾個卷軸也能有一套粗略供人瀏覽內容的目錄——事實上，目錄的歷史確實比翻頁書還要源遠流長，古希臘羅馬時代至少有四位拉丁文作家、一位希臘文作家使用目錄。[5]實際例子是古羅馬偉大的博物學者老普林尼（Pliny the Elder）將其鉅著《博物志》（*Naturalis Historia*）呈給皇帝提圖斯（Titus）時說：

> 考量國家社稷，自不應占用陛下時間，特另附一文為此數卷之目錄。內容經仔細鋪排，不僅省去陛下心力，眾臣若有意
> 6 瞭解，按表索驥即可找到對應項目，無需逐字逐句埋首其中。[6]

直白一點的意思是，「我知道你們大人物太忙了沒空從頭到尾好好讀，所以給個目錄比較方便，你們對哪章哪節有興趣就跳著看吧。」

《博物志》規模宏大，勢必分為數個，甚至數十個卷軸。想要從中找到特定敘述，首先就得確認究竟該打開哪個卷軸，然後放在桌上慢條斯理捲到目標位置。乍聽之下好像沒那麼繁瑣，前提則是最後真的找到想找的內容，而光是能確認章節就提高了很多效率。姑且來個時代錯亂的想像吧：倘若老普林尼不只附上目錄，還不知為何取得千年後才問世的新發明，又不知為何就覺得那東西叫做「索引」。然後某一天夜裡，提圖斯陛下心血來潮，想看看《博物志》如何描述自己的前任，也就是殺害他兒時好友的

先帝尼祿。（這種半夜不睡覺自找壞心情的行為，被遙遠未來的現代人稱為「負能量捲動」〔doomscrolling〕★。）雖然他貴為皇帝，也只能就著燭光翻開老普林尼給的索引，發現《博物志》內有六處提到尼祿，第八卷三次、第十卷一次、第十一卷兩次。提圖斯把它們都記下來，打開第八卷之後花好多時間找到第一處，居然只是尼祿下令對馬克西穆斯競技場進行小幅改建。又一陣狂翻狂捲以後，提到尼祿的第二個句子和提圖斯想看的更沒關係，描述 7
尼祿處死某人、那人養的狗很難過所以嚎啕長吠。現任皇帝滿腹挫折連聲嘆息，暗忖找資料花的心力與報酬、捲卷軸與實際閱讀的時間都不成比例，自己真是虧大了。儘管如此他耐著性子又花幾分鐘找到第三處記載，是尼祿揮霍四百萬古羅馬銅幣購買羊毛床罩。對這些結果陛下只能苦笑，帶著滿滿失落感就寢休息。由此不難想見為何索引屬於翻頁書時代而不適合卷軸書時代：技術本身具有隨機存取（random-access）的性質，只有能夠快速輕巧在前中後任何位置進行切換的書本結構才與其相容。翻頁書是歷史上第一個能讓索引發揮功用的資訊媒介。

索引與目錄還有一個差異：沒了位址標記的索引，就像沒了輪子的腳踏車，讀者無法判斷大致該從何處翻開書本，也難以得見內容大綱。索引的主要機制建立在任意性（arbitrariness），其中的創新之處正是切斷作品結構與表格結構之間的關聯。索引順

★ 譯按：即doom（末日、陰暗、負能量）與scrolling（滑動或捲動螢幕資訊）的組合字。原本意指社會動盪之際許多人在情緒驅使下沉溺網路負面新聞難以自拔，此處則藉scroll傳統的「卷軸」和「捲動」之意做出雙關。

序不以內容為本，而是以讀者為本，只要確定目標，根據字母排序，提供普世通用、不受文本局限的查詢系統。（而且多數索引具有兩個層次的任意性，因為最常見的位址標記是頁碼，而頁碼本身就與作品的主題及內容無關，只是書的排列形式。）

總之，儘管本書三不五時會提到目錄，但重點還是在索引，
主要探討字母排序的方式如何拆解書籍、條目，甚至特定字詞。
8 索引技術作為書籍的附屬品，出發點是提升特定模式的閱讀速
度，學者通常稱其為摘錄式閱讀（extract reading），適合事務繁
忙無暇從頭細讀的人，譬如提圖斯皇帝。

有些人為了英語索引的複數型深感苦惱。究竟該採用英語化的indexes，還是遵循拉丁傳統改為*indices*？維多利亞時代的優秀書目學者亨利·惠特利（Henry Wheatley）在其一八七八年的著作《何謂索引》（*What is an Index?*）中指出，莎士比亞的作品《特洛勒斯與克瑞西達》（*Troilus and Cressida*）裡出現indexes一詞，他表示若莎翁都認為英語化形式即可，一般人沒道理抗拒。本書接受此觀點，畢竟indices還有數學與經濟學的意義★，書末的索引稱作indexes就好。

我剛開始在大學任教時，英語文學的課堂上通常是這樣起頭的：

★ 譯按：indices也可用於表達「指數」。

我：請大家翻到《達洛維夫人》（*Mrs. Dalloway*）第一百二十八頁。

學生甲：華茲渥斯版是第幾頁？

學生乙：企鵝版呢？†

學生丙：（高舉上世紀中葉沒書衣的精裝本）這是什麼版？我媽給我的。在哪一章？

根據章節和段落辨識個一分鐘以後，大家才能賞析同一篇文字，只不過每堂課幾乎都要重複這個過程。然而，大約七年前開始，我注意到時代變了。依舊是請學生找到作品中特定位置，也依舊告知自己手中版本的對應頁數，底下依舊很多學生舉手發 9
問，可是問題不同了：「請問那段的第一句是什麼？」因為很多人讀的是電子版，放在Kindle、iPad，甚至手機裡面，仰賴的不是頁碼而是搜尋功能。歷史上出現過名為「語彙索引」（concordance）的特殊形式，其功能是將一個文本內出現過的全部詞語按字母順序排列並標記每一個出現位置，通常用於莎翁或聖經這類典籍。如今我在教室親眼目睹語彙索引昇華為新形態，搜尋特定字詞的能力由於數位科技而無限放大，而且是電子軟體平臺內建的功能，不再局限於特定且單一的著作。無論讀的是什麼，只要按下Ctrl+F就能找到想找的句子：「彼得．沃爾士覺得這是文明的一大勝利。」*

不過有人提出顧慮，認為搜尋功能太過普及或許會影響心

† 譯按：華茲渥斯（Wordsworth）與企鵝（Penguin）都是經典文學選集的出版社。
* 譯按：此為前述《達洛維夫人》一書的內容，亦呼應本段主題。

智發展，取代舊的閱讀與學習模式，導致難以挽回的惡果，例如腦部結構改變、注意力和記憶力縮減。比方說，文學界便有小說家威爾．塞爾夫（Will Self）主張正經的小說已死，因為現代人沒有耐性能夠好好讀完。[7]他們認為造就「分心的時代」（Age of Distraction）的罪魁禍首正是搜尋引擎。幾年前《大西洋》雜誌（*Atlantic*）刊出一篇文章獲得巨大迴響，內容探問：「Google是否使人類變笨？」作者強烈認為答案是肯定的。[8]

縱觀歷史會發現這些評論其實是老調重彈，索引發展的過程中充滿類似的恐懼：以後沒有人會認真讀書、摘錄式閱讀讓大家不花時間在書本上、提問與做研究的角度即將天翻地覆、細細品味文字成為過去式、人類注意力會崩壞到無可救藥的程度——種種慘況都來自索引這個惡魔的工具。王朝復辟時代★有「索引農」（index-raker）一詞，用來諷刺著作中有過多非必要引用的作家，連伽利略也曾埋怨過象牙塔內的哲學家「想瞭解自然現象又不願意接觸船隻、弩箭與大炮，只會躲在書房盯著索引和目錄看看亞里斯多德講過些什麼」。[9]換言之，書籍索引早自十七世紀就扼殺了人類的好奇心與實驗精神。

但事實是，過了四個世紀天還沒塌，索引熬過來了，讀者、學者和發明家也沒被擊倒。人類的閱讀方式（這裡應以複數陳述，因為每人每天都能以不同方式閱讀，而且小說、報紙、菜單、招牌等不同媒介需要的注意力模式亦有不同）或許短短二十年就改

★ 譯按：一六六〇到一六八八年斯圖亞特王朝復辟時期（其前後數年間的著作及人物時常被冠以王朝復辟時代之名）。

頭換面。然而，這只是單一階段，就像吳爾芙時期、十八世紀社會，以至於印刷術初問世都是不同階段，每個時代自有其獨特的閱讀習慣。閱讀這件事沒有柏拉圖式的理型（而且後面會提到，柏拉圖認為它離理型還差得遠了）。我們熟悉的閱讀行為往往是針對複雜時空環境做出的回應，每一次的社會與科技變革都能重新定義何謂「閱讀」，讀者隨之演變是理所當然的結果。十一世紀僧
侶住在與世隔絕的修道院，院內書庫可能只有五本書，嫌棄現代 11
人讀書不如他們專注投入，就跟嫌棄蝴蝶不漂亮一樣荒謬——蝴蝶和讀者都是因應環境而演化出應有的樣貌。

因此，索引的發展史不僅關注看似不起眼的技術如何精益求精，也會觀察小說、咖啡館、科學期刊興起之類的閱讀生態改變，對索引的使用，乃至於對讀者及其閱讀行為，會造成何種衝擊和影響，還有閱讀常態遭到撼動時舊模式擁護者將自身焦慮歸咎於索引的現象。它也記錄了兩大類型索引的發展梗概：語彙索引（word index，即前述concordance）對文本表現出無可挑剔的忠實；主題索引（subject index）則在作品內容與目標讀者群之間取得平衡。兩者都誕生於中世紀，但主題索引的成長更為穩健，因此十九世紀中葉坎貝爾男爵（Lord Campbell）一度嘗試立法要求所有新書都必須附上索引。[10]相較之下，上個千禧年裡語彙索引始終被定位為專家工具，直到現代電腦技術突破才出現轉機。

儘管大眾越來越仰賴搜尋欄或Ctrl+F之類的數位搜尋功能，我希望透過本書呈現出傳統的書末主題索引仍然充滿活力——沒錯，索引還活著，索引編纂人員也還活蹦亂跳。由此出發，進入

正題之前，容我以下面兩個小故事進一步闡述兩者的差異。

一五四三年三月，亨利八世治下的教會派人搜索約翰．馬貝克（John Marbeck）的住家。他本該只是溫莎市聖喬治教堂唱詩班
12 的一員，卻被控私下抄寫禁書，也就是法國神學家約翰．喀爾文（John Calvin）的傳道文書。若指控屬實，教會將對馬貝克除以火刑。不過搜查找到的證物十分古怪，確實有大量的手寫資料，內容卻規模龐大且出人意表——馬貝克似乎想為英語聖經編纂語彙索引，而進度才將近一半。在此事件五年前，英國便已禁止私譯聖經，譯者同樣會被處以火刑。馬貝克製作語彙索引不免令人起疑，畢竟未經英國國教教會核准的文獻都被列為禁書。原本遭人構陷的罪名是抄錄禁書，搜到的東西又是語彙索引，馬貝克自己都覺得「一波未平一波又起……處境越來越險惡」[11]。他被關進王室內務法庭監獄，正常來說小命難保。

但進了監獄就會被審問。教會高層早已掌握溫莎當地有喀爾文派地下教會，懷疑馬貝克是裡頭的小角色，稍微逼供就會供出其他人。面對危機，馬貝克卻看見脫罪機會並以簡單邏輯為自己辯護：喀爾文宗派遭禁止不過是四年前，也就是一五三九的事情，而他抄寫禁書比那早得多。接下來問題回到語彙索引上，雖然馬貝克信仰虔誠又勤學好問，無論如何都只是個自學者，從未接受正規的拉丁文訓練，程度僅止於閱讀拉丁版本的語彙索引、理解定位碼（也就是每個字詞的出處），然後查閱英語聖經並建立

自己的索引。審問官則認為這項工程龐雜繁複，若非精通兩種語言或接受組織指導，外行人無論多熱血也不可能執行得當；換言之，馬貝克只是聽命行事的小嘍囉，背後有更大的組織，索引本身恐怕也以密碼構成，隱藏了異端文選或經文重譯，絕非犯人聲稱的字對字轉換那樣單純無害。 13

史學家約翰·佛克塞（John Foxe）一五七〇年的著作《行傳與見證》（*The Acts and Monuments*）中，有一段內容或許出自馬貝克本人的審問紀錄，提問者史蒂芬·加德納（Stephen Gardiner）時任溫徹斯特主教。

> 你這本書，背後有誰幫忙？
>
> 他回答：啟稟閣下，沒有別人。
>
> 主教問：沒有？怎麼可能？沒人幫忙，你做不出這樣的東西。
>
> 他說：啟稟閣下，是真的。即使閣下您不相信，我只能說除了上帝，這些東西都是我自己一個人寫出來的。[12]

審問朝這個方向繼續進行，其他人跟著提出疑問。

> 索爾茲伯里主教問：你究竟是在誰的助力下弄出這樣的書？
>
> 他說：閣下，真的沒有人幫忙。
>
> 主教則說：沒人指導，別說做出這種東西，你應該連語彙索引是什麼都不懂才對。

教會眾人難以置信的同時又嘖嘖稱奇。後來索爾茲伯里主教拿出證物給大家過目，一位教會高層看了甚至評論道：「這個人比 14

我們大部分僧侶認真多了。」

馬貝克此時亮出王牌：他請求各主教測試自己的能力。在場眾人很清楚，語彙索引做到字母L之後他就遭到逮捕，所有文書資料被沒收。如果審問官挑選後面的字母，並容許馬貝克一人在獄中進行編纂，就能驗證他是否具備獨當一面的實力。審判團接受他的提議，給了馬貝克一張要做索引的清單、一本英文版聖經、一份拉丁語語彙索引和書寫工具，結果隔天他就交出漂亮的成績。[13]

馬貝克因此被免罪，儘管語彙索引的草稿仍遭焚毀。他以清白之身從頭開始，牢獄之災後經過七年總算能夠坦蕩蕩將成果公諸於世。即便如此，馬貝克還是在序言加上許多警語，例如他表示自己採用「最獲教會容許的翻譯版本」以求沒有異端思想混雜其中，且強調自己沒有「增添或修改神聖典籍中任何一個字」。出了這麼一部無增無改無重譯的語彙索引，馬貝克好好地以風琴手及作曲家的身分多活了四十年。他能全身而退是因為製作的語彙索引真的只是語彙索引，單純將所有字詞製表後標記出現位置，不觸及內容就不必接受思想審查。

十九世紀末期有個恰好相反的案例值得一提。何瑞斯・倫德（J. Horace Round）出版《封建英格蘭》（*Feudal England*）一書，企圖糾正當時牛津大學現代史欽定教授艾德華・奧古斯都・弗理
15 曼（Edward Augustus Freeman）在學術上犯下的諸多錯誤。他實在受不了這位教授，認為對方大大扭曲了中世紀歷史研究，不過

成書的六百頁篇幅裡其實敵意非常稀薄。畢竟書名叫做封建英格蘭而不是艾德華．弗理曼，倫德沒讓自己的著作跑題。可是他的怒氣終究在索引爆發了：

弗理曼教授：不熟悉《劍橋郡調查》文獻記載，4；忽視安普敦郡地稅問題，149；對中世紀稅務調查概念不清楚，149；高高在上的評論，150、337、385、434、454；自己搞錯151；對征服者威廉的指控，152、573；對休．安弗默（Hugh d'Envermeu）的說法，159；對赫勒瓦德（Hereward）的說法，160-4；他「確信」的歷史，323、433；他「毋庸置疑」的歷史，162、476；他以為的「事實」，436；對荷明契據登記簿（Hemings' cartulary）的說法，169；對瓦特斯先生（Mr. Waters）的觀點，190；對封建采邑制度興起的說法，227-31、260、267-72、301、306；對騎士采邑的說法，234；對拉努爾夫．法蘭巴德（Ranulf, Flambard）的說法，228；對《末日審判書》證據的說法，229-31；看輕封建制度影響，247、536-8；對兵役免除稅的說法，268；刻意略過伍斯特郡圍困解除一事，229-31；受文字與名詞誤導，317、338；對宣信者愛德華治理諾曼人的說法，318及以下；個人偏見，319、394-7；對理查城堡的說法，320及以下；混淆不同人物，323-4、386、473；個人假設，323；對阿佛烈（Alfred）這個名字的說法，327；對度羅德治安官（Sheriff Thorold）的說法，328-9；對黑斯廷斯（Hastings）戰役的說法，332及以下；掉書袋，334-9；他以為的「柵欄」，340及以下、354、370、372、387、391、401；不懂拉丁文，

理查更換王璽的說法，540；批評其著作的必要性，第十一章、353。[14]

指謫的全面與猛烈可謂前所未見，但又讓人看了啞然失笑——多麼強大的堅持與執著！而且著重引號下得巧妙：他「確信」的歷史、他「毋庸置疑」的歷史、他以為的「事實」……讀起來彷彿倫德站在面前大聲朗誦這份索引，語氣裡滿滿的嘲諷。這是最極端形態的主題索引，簡直和語彙索引相對立。馬貝克是一絲不苟的中立客觀，倫德卻赤裸裸展現出個人態度與詮釋；馬貝克力求語彙索引的詳細完整，倫德則專注在他看不過去的地方。將約翰．馬貝克逃過死劫歸功於語彙索引與主題索引的本質區別並不為過。

然而，倫德這樣的索引實屬少見，算是特例中的特例。完善的主題索引雖然不可免地受編纂者的特質左右，但其內涵與標 17
準多半謹慎周到。索引如同演技，一般而言若觀眾感到其刻意並非優點。理想的索引會針對讀者如何讀書、如何運用工具進行設計，滿足這些需求卻不突顯自身存在。我希望透過本書能喚起大眾重新關注主題索引，它和語彙索引幾乎同時期、或許同年誕生，一起陪伴人類將近八個世紀，但語彙索引進化為數位搜尋後搶走絕大多數風采。其實兩者都很重要。

〔第一章〕

秩序問題：按字母順序排列

（俯身）心想讀這陶板書，會在字裡行間看見神奇的符號（請俯身）！★——詹姆士．喬伊斯 James Joyce，《芬尼根守靈》*Finnegans Wake*

★ 譯按：由於原作咸認難以翻譯，附上原文供參考：(Stoop) if you are abcedminded, to this claybook, what curios of sings (please stoop), in this allaphbed!

19 一九七七年夏季，文學雜誌《香蕉》（*Bananas*）刊載英國科幻作家巴拉德（J. G. Ballard）標題名為「索引」（The Index）的短篇故事，開頭有一小段編輯註解：

> 以下內容為一份索引，出自未公開且或許遭到打壓的自傳，主角很可能是二十世紀最知名的人士之一……但他被囚禁在政府的祕密設施內，臨終前寫下自傳，卻只有這份索引得以倖存。[1]

故事其實是亨利・羅德斯・漢彌頓（Henry Rhodes Hamilton）
的人生起落，但以字母排序的索引表現，因此讀者只能透過關鍵
詞、簡短的小標、頁碼呈現的時間軸來拼湊各種事件。如此隱晦
留白的敘事手法製造出大量的想像空間，譬如讀者可以從下面這
20 些不連續的條目猜測漢彌頓真正的血統背景：

> 亞維農市，殿下出生地，9-13。
>
> 喬治五世，暗中前往查茨沃斯，3、4-6；據傳曾與亞歷山大・漢彌頓夫人會晤，7；封鎖宮廷消息，9。
>
> 漢彌頓，亞歷山大，英國領事，馬賽……殿下出生後罹患憂鬱症，6；忽然重返倫敦，12；初次精神崩潰，16；轉移至青島，43。

其他條目則指向漢彌頓是二十世紀地位最為顯赫的男士：

> D日★，殿下登陸朱諾海灘，223；獲得授勛，242。

★ 譯按：指諾曼第登陸行動日。

漢彌頓，馬瑟琳（婚前原名馬瑟琳．雷諾），與實業家丈夫離異，177；陪同殿下前往吳哥，189；與殿下成婚，191。

海明威，俄尼斯特……在《老人與海》中描寫殿下，453。

仁川，韓國，殿下見證麥克阿瑟將軍登陸，348。

耶穌基督，馬爾羅[†]將殿下與其相提並論，476。

諾貝爾獎，殿下獲提名，220、267、342、375、459、611。

索引條目還牽扯到許多政治界、宗教界有頭有臉的人物，最初雙方交好，後來這些人紛紛表示譴責，由此可清楚窺見整個故事的大概輪廓，也就是漢彌頓妄圖征服全世界：

邱吉爾，溫斯頓，與殿下對話，221；與殿下在契喀爾閣會晤，235；殿下為其執行脊椎穿刺，247；與殿下在雅爾達[*]會晤，298；經殿下建議，於美國密蘇里州富爾頓市發表「鐵幕」演講，312；於下議院辯論抨擊殿下，367。 21

達賴喇嘛，接見殿下，321；支持殿下對毛澤東的做法，325；拒見殿下，381。

甘地，聖雄，於獄中得到殿下訪視，251；與殿下討論《薄伽梵歌》，253；殿下為其清洗腰布，254；譴責殿下，256。

---

† 譯按：喬治．安德烈．馬爾羅（Georges André Malraux），法國著名作家及公共知識份子。

* 譯按：Yalta，烏克蘭南部克里米亞半島南岸的古城。

> 保祿六世，教宗，讚譽純光運動，462；接見殿下，464；被殿下抨擊，471；斥責殿下自詡救世主，487；批評殿下在亞維農另立新教宗，498；對殿下執行絕罰，533。

為了加快閱讀節奏，作者巴拉德將一連串事件集中在最後幾個字母，勾勒出主角漢彌頓垮臺的經過。殿下創立名為「純光運動」（Perfect Light Movement）的宗教為自己造神，控制聯合國大會後對美俄發動世界大戰，之後被俘虜囚禁卻神祕消失，英國大法官對他真實身分提出質疑。最後一個條目與編纂者有關：「傑林斯基（Zielinski），卜倫尼斯洛（Bronislaw），向殿下提議寫自傳，742；受託編纂索引，748；受到抹殺威脅，752；失蹤，761。」

巴拉德這篇〈索引〉頗具創意。儘管如此，在一個關鍵層面上，它並不真的呈現何謂「索引」，而且或許任何能夠賞析的敘事都難以代表索引。巴拉德明白一般人的閱讀習慣是由前到後，對應索引的主要排序方式A到Z，他以鬆散的方式將故事情節按照字母順序排列，於是較前面的條目正好提到殿下早年的事蹟，T到V
22 顯示他的狂妄趨向病態，W至Y則描述他的下場。作品結合字母與時間兩種原本互不相關的排序系統，導致索引的形式與內容大致重疊。但這不是正常索引會有的樣子。

想瞭解索引得追本溯源到史前史，才能明白字母順序這個概念是多麼神奇巧妙——現代人對它習以為常和理所當然，但其實它是約莫兩千年前才橫空出世。人們明明每天都在使用它，卻連盛極一時的羅馬帝國也在典章制度中徹底忽視其存在。趁著這種鮮明對比還記憶顯明，我們的歷史回顧第一站不是希臘羅馬而是紐約，暫且先放下古文明，觀察不是那麼遙遠的時代。

依據字母順序排列

一九一七年四月十日，美國的獨立藝術家協會（Society of Independent Artists）第一次年展在萊辛頓大道與四十六號街交叉口的紐約中央大廈（Grand Central Palace）開幕。他們效法法國的獨立藝術家協會（Salon des Indépendents），意圖反抗學院派僵化保守的傳統，因此對參展作品來者不拒，也不存在評審團和獎項。他們的精神導師馬塞爾・杜象（Marcel Duchamp）五年前曾在巴黎獨立沙龍（Parisian Indépendents）展出《下樓的裸女二號》（*Nude Descending a Staircase*）（此作品引發爭議而一度被撤回）。

有別於其歐洲前輩，紐約年展做出了一項重大創舉，杜象的好友亨利・皮埃爾・羅謝（Henri-Pierre Roché）認為這是「世界上所有展覽的第一次」嘗試——展覽作品全部按照畫家姓氏的字母順序排列。[2] 展覽的目錄中特別解釋了理由： 23

> 所有展品無論種類或呈現方式，皆依據字母順序排列，因為分類系統必然建立在某種標準之上，但本次活動中的每一件展品都不會受到主觀判斷的箝制。[3]

負責展覽陳列的貝翠絲・伍德（Beatrice Wood）表示，準備工作有點混亂，開幕前一天還有許多畫作順序錯誤必須換位置：

> 要記住正確的字母順序四百多次！前面都還簡單，從施密特（Schmidt）開始忽然全部亂了套。明明確認過該擺在哪裡，卻總會有人放錯地方，結果整整一小時，每次調整位置都會看到施密特這幾個字，我也只能哀聲嘆氣反覆拖著沉重的畫框畫布走來走去。[4]

照字母排列的展覽，其中邏輯並不難理解：任何參展者都有權購買（「只要支付報名費」）空間展出作品，無需接受主辦單位的審查，不分組別和先後，也絕對不會被埋沒。但這樣的安排對觀眾又如何？對我們這些可能前去欣賞展覽的一般人有什麼意義？策展管理的原則不重要了嗎？大型展覽一次囊括數百件作品，為確保觀展體驗流暢連貫，依循風格、主題、尺寸等不同性質對展品進行組織分類才是常態，不是嗎？

一百年後看來，純粹以字母順序進行展品排列仍未成為風潮。為什麼？現代人有什麼想法？覺得那種做法是偷懶、胡搞？
24 又或者如我的第一反應：字母排列雖然有趣，卻太過天真，忽略了幾個基本觀念——藝品有其創作脈絡，物以類聚會加深彼此意義，悉心安排之下一加一可以大於二，因此文藝場館才會需要策展人。

從這個角度出發，不難理解為何中古歐洲已有字母順序的概念卻又鮮少被運用。研究中世紀歷史的瑪麗與里察．勞斯夫婦（Mary and Richard Rouse）表示：「按字母順序排列不受中世紀歐洲人青睞，反而被視為違反理性。」[5]若展覽不對藝品分門別類，

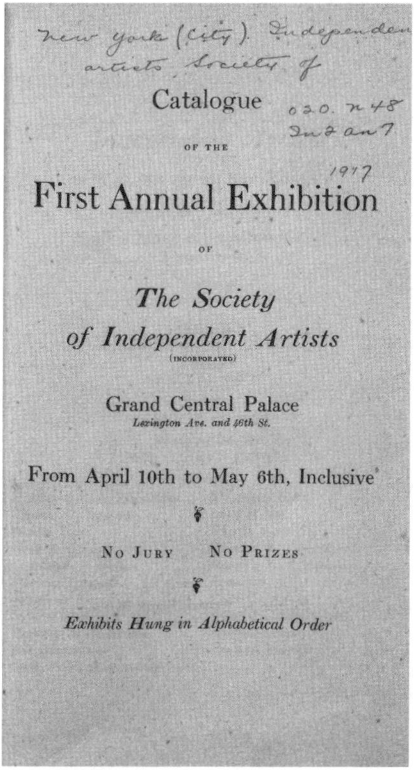

New York (City). Independent artists, Society of

Catalogue

020. N48 In2 an7

OF THE

1917

First Annual Exhibition

OF

The Society

of Independent Artists

(INCORPORATED)

Grand Central Palace

Lexington Ave. and 46th St.

From April 10th to May 6th, Inclusive

NO JURY   NO PRIZES

Exhibits Hung in Alphabetical Order

圖1　美國獨立藝術家協會展覽目錄，書名頁強調此次展覽三大訴求：「無評審、無獎項、所有作品依照字母順序陳列。」

以無關內容的規則進行陳列會使我們心生牴觸，而中世紀學者對 25
自己的著作也有同樣感受：

上帝創造和諧宇宙，萬事萬物彼此關聯。身為學者應當辨析其中道理，如階級、時序、異同等等，並將其反映在寫作結

> 構中。以字母排序實是怠忽職守。

勞斯夫婦指出，中世紀的學術界潛藏著一種更深的憂慮，認為若世人放棄呈現事物的內在秩序，或許就代表秩序從未存在：「故意採用字母排序，等同默許對任何典籍隨心所欲重新編排，無需顧慮他人，甚至作者本身的見解。」

現代人或許仍對藝術展演以字母排序抱持疑慮，但在其他場合已經欣然接納，譬如學生每天按照姓氏字母順序被點名，手機通訊錄也是按照字母順序顯示。因為很方便，不是嗎？就連紀念碑也照字母順序排列死者姓名，沒有人覺得他們的犧牲或苦難遭到貶低。而且無論作為單一系統（例如查詢家戶聯絡方式的白頁電話簿），或與特定目的、特定情境的條件搭配（例如查詢商家的黃頁電話簿先以行業別分組再照字母排列），人們幾乎一看到就會
26 用。這套規則從小養成、深植大腦、已經太過熟悉，對多數人來說完全不需要解釋。各位還記得第一次查字典是怎麼學會的嗎？我不記得，甚至懷疑根本沒人教，自己摸著摸著就懂了。不過我們確實應該都是學來的，畢竟古時社會就不認為字母排序屬於天生直覺。

一六〇四年，羅伯特・考德瑞（Robert Cawdrey）出版了普遍認定是世界首見的英語字典，與那時代大部分的書籍一樣，擺在首頁的完整書名就現代人看來簡直瑣碎冗長得不可思議：

> 以字母表指導示範正確寫作，領略援用自希伯來文、希臘文、拉丁文、法文等的常見艱澀英語詞彙，透過簡單英語解釋

以協助名媛仕女及不諳語文者理解，以期大眾更簡易且深入瞭解經文講道及其他場合出現的困難詞語並運用自如。

這個書名資訊量有點多，重點先別放在「名媛仕女及不諳語文者」這種惱人的說法，但我們大致上應該看得出來考德瑞用意為何：這本書主要在解釋外來語，也就是雖然當作英語使用但實際上「援引自希伯來文、希臘文、拉丁文、法文等」的字詞，幫助沒機會學習外語的人閱讀英語書籍時仍能理解。現代學者提起考德瑞這本字典會簡稱為《字母表》（*Table Alphabeticall*），如此一來只說明編排方式，卻沒提到內容主軸。 27

儘管書名說得這麼明白，正文起頭特地解釋使用方式不免有些出人意表：

> 若（教養良好的讀者）想要快速瞭解並善用此表，首先請學會字母系統，亦即在不查書的前提下知道所有字母及其排列順序，例如B靠近開頭，N位於中段，T偏向末尾。若想查找的詞彙開頭為A，請從表格前面找起。若詞彙開頭為V，則直接翻到後面。同理，若詞彙開頭為CA，則從C底下的最前面開始，若是CU則去C底下的後段尋找。此規則適用所有字詞。[6]

這段話基本上就是教導讀者如何使用字母排列的方式，而且是從頭教起：首先教養良好的你得學會字母順序，要**真的**學通，才能在「不查書的前提下」記得順序。考德瑞對大眾「不諳語文」的想像實在驚人！現代人覺得理所當然，他卻得長篇大論加以說明：字母和字典之間存在對應的空間關係，詞彙首字母比較前面就會收錄在比較前面的位置。此外，字母排序具有「巢套」（nested）特徵★，雖然都是C開頭但A先於U，因此capable會在culpable前面，以此類推。

考德瑞採取的字母排序並非首創，連使用說明也早在倫巴底人帕皮亞斯（Papias the Lombard）以及喬凡尼・巴爾畢（Giorvanni Balbi）的拉丁文字典（前者約為公元一〇五〇年，後者為一二八六
28 年）的序言中便出現過，用字遣詞還更具親和力。[7]然而，這些案例再再說明字母排序原本**並非**直覺反應，將用於拼寫的字母加以排序，再將此順序轉移到圖書館藏書、展覽作品、社區水電工名單之類看似無關的場合，這個做法需要跨越一道想像力上的巨大鴻溝。這個跨越讓我們接納了任意性、捨棄標的原有性質，也就是從內容轉移到形式、從字義轉移到字形。

從此處的記號找到彼處的事物

字母順序的概念存在許久之後才進入行政系統。敘利亞北部古都烏加里特（Ugarit）出土的陶板已有字母順序，其製作時間推測為公元前第二個千禧年中葉。[8]陶板上單純只有一行行照順序排列的基礎字母表（*abecedaria*），其用途或許就是指導大眾讀寫，一如現代美國兒童透過《一閃一閃亮晶晶》（*Twinkle, Twinkle, Little Star*）旋律吟唱字母歌來輔助記憶。

★ 譯按：即多層次由外而內的結構特性。

圖2　公元前一千四百年的陶板上依序刻畫了烏加里特當地使用的字母。

烏加里特使用楔形文字，以削尖的蘆葦桿刻於軟泥板上。後 29
來腓尼基人改採線形文字，外觀開始往我們熟悉的樣子靠攏，但字母讀音順序差不多。同樣排列方式一路傳承到了希伯來文、希臘文以及拉丁文。目前希伯來文歷史最早的基礎字母表，位在以色列中部拉希什（Lachish）的一條石灰岩階梯上，可追溯到公元前九世紀初，只有頭三個字母，旁邊畫了頗為凶猛的獅子，很可能與烏加里特陶板一樣用於字母學習。[9]考古學家查爾斯．英格（Charles Inge）挖掘到遺跡之後，立刻在倫敦進行講座發表，他的推論是「學童展示所學知識，在每級階梯刻下字母，一路刻到頂端」。[10]由此可見，字母順序在公元前九世紀恐怕依舊只是記憶輔助工具。

又過了幾百年，字母順序的運用頗叫人意外。希伯來文聖經中，〈箴言〉31:10-31，以及〈詩篇〉25、34、37、111、112、119、145都是離合詩[†]的形式，字母結構決定了每一句開頭。〈耶

† 譯按：又稱「字母詩」，按希伯來文二十二個字母順序而寫，第一句開頭是第一個字母，第二句開頭是第二個字母，以此類推。

利米哀歌〉更明顯，總共五章裡有四章為離合體，每章二十二句第一句開頭*aleph*、第二句開頭*beth*、第三句開頭*gimmel*，一路對應希伯來文字母到最後第二十二個字母*tav*。（其中第三章更特別，總共六十六句，所以每個字母出現三次，以*aleph*, *aleph*, *aleph*, *beth*, *beth*, *beth*這樣的順序依次排列。）換言之，字母順序成為詩詞構造，就像現代詩的押韻與格律，是詩人創作時必須遵循的框架。

30 有時文學界會出現鄙棄離合體、迴文體、漏字文（避開特定字母）之類語言限制用法的風潮，覺得那種反覆無常、矯揉造作不是認真詩人應該做的事情。十八世紀初，約瑟夫·艾迪生（Joseph Addison）抨擊離合詩「實在非常愚蠢⋯⋯知書達禮的作者會有所取捨」。[11]不過前面提到的〈耶利米哀歌〉卻是希伯來文聖經裡最嚴肅深沉的部分，創作於公元前六世紀耶路撒冷覆滅之後，內容是對聖地命運的唏噓感慨：「曾經繁華的城市怎凋零如斯！竟淪為喪夫的寡婦！」針對離合體挑毛病才是荒謬，莎翁不晝地自限於五步格、喬叟寫《坎特伯里故事集》不求押韻難道就更好？跳脫認為字母表只是一種學童工具的窠臼，將其作為催化劑進行創作實驗，並且藉此抒發流亡生涯的洶湧哀慟，反而更能彰顯文人的巧思創意。

發展至此，字母順序仍未成為人們查詢的輔助。學過*aleph beth gimmel*（希伯來文的ABC）或者*alpha beta gamma*（希臘文的ABC）的人能輕易將字母順序轉換為書頁或書架位置，可是這個特性遲遲未獲人類善用。想要看到改變，得從〈耶利米哀歌〉快轉三百年，然後從耶路撒冷往西也正好三百英里。

亞歷山大大帝死於公元前三二三年，隨後一連串內戰導致他建立的大帝國分崩離析落入一干繼業者★手中。原本效忠他的將軍托勒密一世拿下埃及並建立王朝，持續將近三百年直到埃及豔后敗於羅馬。公元三世紀初期，托勒密定都於新建設的亞歷山 31
卓城，並在此處提供當代最偉大學者可以生活、研究、教學的場地，可謂現代大學的原型——本書將會反覆提到大學興起的意義。這所機構名義上奉獻給繆思女神，因此希臘文稱為*Mouseion*，拉丁文稱為*Musaeum*，流傳至今就成為*museum*，也就是英語裡的「博物館」或「博學院」。它最重要的部分是古代西方最大的亞歷山卓圖書館，在繼任的托勒密二世時期發揚光大，保守估計收藏了至少四萬個卷軸（某些來源認為高達五十萬卷）。[12]規模浩瀚的館藏若沒有排列規則很難發揮作用，此時卡利馬科斯（Callimachus）憑藉二十四個字母降服了這座圖書館。

後世對卡利馬科斯的研究聚焦在詩詞，他為詩人同袍好友哈利卡那索斯的赫拉克利特斯（Heraclitus of Halicarnassus）†寫過一首輓歌，經由威廉．強森．柯瑞（William Johnson Cory）翻譯的版本常常出現在文選集裡，第一句就是：「我聽說，赫拉克利特斯，我聽說你走了。」卡利馬科斯擅長哀歌、頌詞、雋言這類

★ 譯按：泛希臘歷史中專指亞歷山大大帝死後因繼承爭議開始爭奪領土者及其後嗣。

† 譯按：由於希臘文名字相同，常有人誤會為公元前古希臘以弗所學派哲學家赫拉克利特，但時代相距甚遠。此處的卡利馬科斯所處年代，詩人傾向模仿辭藻華麗、篇幅冗長的荷馬史詩，而他則主張應該創新突破、不落俗套。

短篇，據傳他曾說出 *mega biblion, mega kakos*（「書大孽大」）這
句話來諷刺長篇史詩。但本書關注的並非文學造詣而是其學者身
分。來到這個地方的卡利馬科斯曾經擔任圖書館館員，寫了一本
32 名副其實的巨著：《表冊》（*Pínakes*）。有趣的是，本世紀初俄克
喜林庫斯城（Oxyrhynchus）出土一份莎草紙殘卷，內容為歷任圖
書館館長，上頭並沒有卡利馬科斯的名字。[13]反觀曾拜他為師卻又
與他進行文學論戰，而且好巧不巧主攻長篇史詩的羅德島阿波羅
尼奧斯（Apollonius of Rhodes），反而當過館長。[14]

卡利馬科斯或許沒當上館長，但圖書館相關紀錄能夠留存後世得歸功於他編纂《表冊》。「表冊」這個標題的希臘文直譯就是「牌匾」的意思，書的完整名稱其實是《各學術界名人及其著作》（*Tables of Men Illustrious in Every Field of Learning and of Their Writing*），內容將大圖書館所有藏書整理列表。列表要有用就必須採取某種結構規則，方便使用者在數萬筆條目中找到目標。《表冊》的文本沒能保存，幸好那個時代的經典作家親眼見過，並且在其他著作中提及數十遍。從這些片段能推論《表冊》的分類標準首先是文類，如修辭學、法律、史詩、悲劇。再者，最後一個類別是熟悉而萬用的「其他」，底下還細分為 *deipna* 和 *plakuntopoiika*，也就是「宴會」和「烤蛋糕」，因為瑙克拉提斯的阿特納奧斯（Athenaeus of Naucratis）在二世紀末的一段文字裡提到：「我記得卡利馬科斯在『表冊的其他項目』裡頭收錄了艾基穆斯、赫格西僕、梅綽畢斯、費斯特斯（Aegimus, Hegesippus, and Metrobius, as well as by Phaestus）的蛋糕製法。」[15]這個例子

除了顯示古希臘人對蛋糕很認真，值得注意的另一點是，卡利馬科斯按照字母順序排列作者。[16] 首先是文類，再來是按字母排序的人名，方便讀者找到作者，但卡利馬科斯提供的資訊不只如此。第三道標準是作者的身家背景，比如出生地、外號（有些作者並 33
非以本名流傳於世）、職業、是否追隨過名人求學。第四道標準則是書目，列出該作者所有作品，包括其*incipits*（文本開頭的文字，因為那個年代的書籍未必都有書名），還有以行數計算的作品長度。最後這項線索在印刷術問世之前很重要，館員可以藉此判斷抄本是否完整，書商則藉此評估抄寫所需的成本。

一個十分有力的推論指出，卡利馬科斯這份館藏目錄的標題原意為「牌匾」，代表原本懸掛在收藏卷軸的櫃子上，等同於現代圖書館裡辨識書架內容的排架號（shelfmark）。若此說法屬實，《表冊》成功呈現出索引的未來趨勢：指示標記與所指對象之間存有空間關係，透過**此處**的記號能找到**彼處**的某個事物——館藏清單的條目可以對應到特定的書架。

從知道到運用字母順序

在此稍微離題談談卷軸如何保存。在書架上掛牌匾確實是古代圖書館裡的標示方法之一，但古希臘採用別的方式以求區分不同卷軸。（先回憶一下：印了字的書封、書背和書名頁等等設計可以快速辨別書名及內容，這些全是歷史不過幾百年的晚近發明，而且高度仰賴書脊裝訂及書頁結構，也就是我們習以為常的**翻頁**

34 書。）如果不想一卷卷翻開才能確定內容，只好在卷軸外面黏貼小張羊皮紙，讀者閱讀這些便條，就能先知道作者、書名等等訊息……這不就是標籤嗎？它的名字從*sittybos*逐漸變成了*sillybos*（指卷軸內容大綱，進入英文成為*syllabus*，通常意指課程大綱）。

古羅馬的偉大政治家兼演說家西塞羅（Cicero）曾經決定要整頓個人書庫，而當務之急就是將標籤都黏回卷軸。他寫給朋友阿提庫斯（Atticus）的信件中就提到：

> 很期待你過來一趟，泰朗尼奧好好整頓了我的藏書，保存情況比預期好很多。如果你能順便帶幾個館員過來幫忙泰朗尼奧更好，他還有貼標籤和好多事情得忙。記得要他們多準備些標籤用的羊皮紙，你們希臘人應該是把那東西叫做*sittybae*。[17]

阿提庫斯是希臘人，所以西塞羅用了希臘語詞彙*sittybae*指稱
35 卷軸標籤。但他在下一封信中對館員的表現感到欣慰，彷彿整齊

圖3　公元二世紀的莎草紙殘卷，目前收藏於大英圖書館，仍有標籤標示其內容為巴庫利德斯（Bacchylides）撰寫的酒神讚美歌（Dithyrambs）。

的書架能給整棟屋子帶來生命。不過在此我們要注意的是他用什麼詞指稱標籤，這次西塞羅並沒有切換到希臘語：

> 泰朗尼奧整理好書籍之後，我住的地方好像從沉眠中甦醒。你帶來的狄奧尼修斯和梅諾菲羅斯也幫了大忙，你們安排書架的方式實在優雅簡練，現在靠標籤（indices）就能知道裡面寫什麼。

證據就在眼前，古羅馬人以*index*這個字表示卷軸上的書名標籤。雖然嚴格來說並非現代所謂的索引，但已經逐步接近，是一個辨識內容、方便在廣大館藏中尋找目標的輔助工具。或許依舊會有人爭辯索引的複數型究竟該用拉丁語*indices*，還是英語化的indexes，但至少歷史給了一個排除法的答案：不是希臘語*sillyboi*。

回到亞歷山卓圖書館，我們無法肯定首字母排序法是否由卡利馬科斯或其他館員發明，不過目前找不到更早的證據；再考慮到需要處理的資料規模是前所未有的分量，因此正如羅伊·達利（Lloyd Daly）所言，將亞歷山卓圖書館視為索引起源是「合理且吸引人的假設」。[18]亞歷山卓圖書館的館藏之巨大，幾乎可謂古希臘版的大數據，於是造就技術上的重大突破：從字母表進入字母排序，從**知道**字母順序到**運用**字母順序。開始以字母進行排
序等於跨越知識體系的一道坎，分類法得以與目標物的原本性質 36
脫鉤，改採具有任意性的規則。好處是新系統普世通用，任何人只要識字就有能力操作，而且無論目標是什麼都可以拆解為好處理的資訊片段。在最鬆散的情況下，只依靠首字母進行排序，用希臘文字母也能將全部資料分為二十四大類，就搜尋便利而言是

非常重大的進步。（能夠處理的不只是表單這種分散的資料，博學院另一大成是將荷馬史詩《伊利亞德》和《奧德賽》拆分為現代人熟悉的二十四卷。較後期的文獻提到二十四這個數字有其意義：史詩被劃分為「與字母相符的分量，並非詩人自己的決定，而是阿里斯塔克斯〔Aristarchus〕率領語法學家所為」。而阿里斯塔克斯擔任館長是在卡利馬科斯時代的百年後。[19]）

古希臘時代，字母排序不被局限在學術圈與書單，進入了行政體系、宗教儀式、市集交易。科斯島（Cos）公元前三世紀末的八角柱古跡上刻有祭祀阿波羅與海克力斯的信徒名字，還特別標註名單應該「從alpha開始照字母順序排列」。[20]希臘內陸的阿克拉菲亞（Akraiphia）也有公元二世紀初的兩塊石碑，刻上數十種魚類名稱及價格，同樣是從alpha開始。[21]俄克喜林庫斯城遺址
37 還出土了希臘古代的稅務紀錄，稅官及納稅人姓名都是照字母順序謄寫。[22] 還有在羅馬挖掘到，之後由羅浮宮收藏的尤里比底斯（Euripides）小雕像，雕像後面的背板上是其依字母排序的作品清單。

相對而言，古羅馬雖然已經熟悉字母排序的概念，卻不怎麼
38 喜歡加以運用。部分學術著作採用字母排序，但不如古希臘那般受歡迎，社會整體對此態度輕蔑，通常是沒有更好的分類法才願意考慮。舉例而言，普林尼在《博物志》的寶石單元結尾，談到其餘項目如何編排比較好：「前面討論過主要寶石並以色澤做區分，剩下來的就根據首字母依序說明。」[23] 字母排序是剩下來才要做的，等重點都結束以後才適合拿出來。而且字母排序未能從學術

圖4　公元二世紀的尤里比底斯小雕像，劇作家後面是依字母排序的作品清單。

界進入行政系統，這點也和古希臘大大不同。現代人或許以為羅馬帝國幅員遼闊、階級縝密，字母排序必不可少，但事實並非如此。[24]

拉丁語文獻中第一次出現字母排序並非是學術作品，而是低俗喜劇。大約公元二世紀初，普勞圖斯（Plautus）創作《驢的喜劇》（*Comedy of Asses*），劇情是一名叫德曼尼圖斯（Demaenetus）的老人家想從老伴身上騙一筆錢，目的是要給妓女贖身，然後讓她嫁給他兒子。高潮場景發生在他妻子阿提莫娜（Artemona）衝進妓院看見父子倆正和那個妓女歡天喜地，氣得大叫道：「難怪他每天都要出去晚餐！說什麼去找阿奇迪米斯、卡瑞亞、凱瑞斯卓特斯、克里尼亞、柯瑞姆斯、克雷提努斯、迪尼亞斯、德默瑟尼斯（Archidemus, Chaerea, Chaerestratus, Clinia, Chremes, Cratinus, Dinias, Demosthenes）！」[25]這裡採用字母排序有個可能是想給笑話增添餘韻：八次不在場證明，或者說足足八次以朋友為藉口出門，結果居然還在D開頭而已，主角究竟這麼做了多少回觀眾可
39 想而知。儘管拉丁語文獻找不到更早的字母順序用例，不過據此推測當時觀眾必然已經熟悉相關概念，否則就無法掌握到笑點精髓。後來維吉爾（Virgil）的《艾尼亞斯記》（*Aeneid*）第七部裡，義大利戰士們集結抵抗進犯海岸的特洛伊軍隊，介紹各地首領時也採用了熟悉的規則：艾凡提努斯、卡提魯斯、科拉斯、凱庫勒斯……（Aventinus, Catillus, Coras, Caeculus……）[26]

附帶一提，學界認為有個作品不多但很特別的文類叫做字母文學（alphabetical literature），從〈耶利米哀歌〉、普勞圖斯與維吉爾一路傳承至今有巴拉德的〈索引〉與沃爾特．阿比什（Walter Abish）的《字母排列的非洲》（*Alphabetical Africa*）。然而，此文類絕非一成不變，阿嘉莎．克莉絲蒂（Agatha Christie）筆下的《ABC謀殺案》（*The A.B.C. Murders*）裡，艾莉絲．阿雪爾（Alice Ascher）死於安多佛市（Andover）、貝蒂．巴納德（Betty Barnard）死於貝克斯希爾海灘（the beach at Bexhil）、卡邁科．克拉克（Carmichael Clarke）死於丘斯敦區（Churston）自宅內，警察匆匆趕到唐卡斯特市（Doncaster）想阻止犯罪，沒料到下個受害者居然變成理髮師

喬治・俄爾斯菲爾德（George Earlsfield），字母順序至此忽然斷了。此外，偵探白羅推理發現凶手並非警方鎖定的主嫌「ABC先生」亞歷山大・波拿巴・卡斯特（Alexander Bonaparte Cust），而是第三位死者的兄弟富蘭克林・克拉克（Franklin Clarke），犯案動機單純就是錢，而營造字母謀殺案的假象可以讓別人頂罪。

回到古羅馬，當時社會或許不喜歡字母排序，可是它在某些領域太有用了，所以很難被徹底抹煞。畢竟還是有人鑽研文法、
詞彙、語句結構，甚至主題就是字母排序——至少首字母排序還 40
存在——所以字母排序的概念撐過古典時代存活至今。換言之，當探討標的就是語言本身，譬如名詞變化表、某類文獻常出現的縮寫表，字詞真的只被當成**字詞**看待，所以公元一世紀起就能找到按字母順序建立的表格。九世紀的佛提烏（Photius）的《詞典》（*Lexicon*）採用字母排序，十世紀的古典時代百科全書《蘇達辭書》（*Suda*）也是，先前提過帕皮亞斯的字典不僅按字母順序，還精確到可以用各條目標題的頭三個字母進行查閱。英格蘭也不例外，以字母排序的詞彙釋義至少在九世紀就已經出現。[27]由此可見，儘管第一套正確意義的書籍索引晚至十三世紀才問世，但字母排序這件事絕對不新鮮，它只是沉寂千年才得到重新出發的機會。

索引並非適合敘事的形式

如果說索引就是將詞語按照字母順序排列好，那麼仍舊會衍生一個新的問題：用什麼字母？下圖5是十六世紀中葉某本書的索

A Table.

/a tabł direkting tu đ spesiaul máterz ov dis buk ∽ /đe first paz marked 1, and đe sekund, 2.

/a

A unsient iuz ov voëlz. folio 33.pag.2.
đ /autor armeth himself agenst hiz kalumniators. fol.23.
an /álegori of an undiskrit painter, kompard tu-our ákustumd ureiting. fol.27.
/ásinite ov sevn perz of konsonants from đe.36, tu đe.43.leaf.
đ /akiut or Sarp tiun. fol.40 pag.2.
/abrizments left, and đe rezon. đer.
đ /aksidents untu-our voises. fol.43.44
đ /asking point. fol.45.pa.2
đ /author enkourazed tu put dis treatiz in print upon de knolez đat /sir Thomas Smith iz aulso deziruz ov de reformasion ov our abiuzd /ingliS ureiting. fol.6.pa.1
/abrizment ov ureiting oubt tu bi buen de spiG duth iuz it. fol.62.pa.1
đ /autor taketh exampł ov ueiz & lerned men for traveling in so smaul a máter az sum du think hier-of. fol.62.pa.2
/envi

A Table

/e.

/envi ov đe livings invensions. fol.3.pa.1
/experiens mistres ov aul arts. pa.2
/element { ov spiG, đe vois. fol.9.pa.1 / ov ureiting đe léter. đer
/énemiez ov perfeksion ar énimies tu bod /god and man. fol.13.pa 2
for /etimolozi no diferens Saul nid. fol.19.20.
/ei diphthong sounded for buer i, iz uritn alon. fol.31.pa.1
/e, final for teim me bi left. fol.33.pa.1
/exampłs ov diphthongs and triphthongs. fol.43 pa.2
/an experiens hou-an /ingliS man me pronouns de /frenS bei đ order observd in dis niu maner, đoh bi-understand not de /frenS, muG nerer đer kómon spiG đen bei đer oun maner ov ureiting. fol.65.66.

/i

đ /invensions of đe living envied. fol.3.pa.1
đ /inventors first ov léters ar unserten. fo.8.p.2
/inventerz ov léters konsidred đe spiG. đer.
/ingliS đe best huat it iz. fol.21.pa.1
S.1. đ /in-

圖5　約翰．哈特《正寫法》索引的頭幾頁，他修改了字母順序，母音在前。

引開頭，那個時代的讀者已經很熟悉索引結構。先忽略其字體多花俏、條目多荒謬，看看條目順序——a、e、i？雖然顯而易見有按照字母排序，卻又不是我們熟知的順序。為什麼母音先？子音的順序一樣嗎？而且是不是有很多陌生的符號？

這本書的書名是《正寫法：談書寫和發音如何貼近自然生活及其合宜順序與道理》（*An Orthographie, conteyning the due order and reason, howe to write or paint thimage of mannes voice, most like*

to the life of nature），作者約翰．哈特（John Hart）想藉此進行拼
寫改革，使拼字與發音更一致。多虧哈特鉅細靡遺記錄了十六世 41
紀的人們如何說英語，現在有人提倡「原音莎劇運動」就以這本
書為主要參考資料。有趣的是，哈特的想法似乎也反映在莎劇《愛
的徒勞》（*Love's Labour's Lost*）裡，只不過未必是贊同。劇中人物
赫羅弗尼斯（Holofernes）感慨大眾應該嚴謹依據拼字來發音：

> 大家都看不懂字嗎？譬如明明是doubt，每個人唸出來都
> 少了b變成dout，還有debt也成了det。寫出來是d、e、b、t，
> 怎麼唸出來就是d、e、t。calf被唸成cauf，half被唸成hauf。
> Neighbour的neigh居然簡化成ne，實在太可惡。連「可惡」也
> 是錯的，abhominable唸成了abominable。（第五幕第一場） 42

哈特的立場則是相反，他希望大家根據說話方式修正拼字。為了解釋清楚，他在那本小書裡分析了實際的英語口語用法，絕大多數能透過羅馬字母正確表達。但哈特指出部分字母根本多餘，主張廢棄j、w、y、c、q。更重要的是，他發現有些聲音無法切割為更小單位，卻沒有獨立的符號，所以提議給諸如sh和th這些發音創造新字母（而且應該分為有聲和無聲兩種，例如then和thin的差異）。

為了表示自己的提案可行，哈特在著作的最後三分之一採用他發明的簡化拼字法。很聰明的策略：讀者想要讀完全書，勢必得親自學會這套拼寫，於是（理想上）就會發現沒有起初以為的那樣混亂難懂。來到索引，哈特加了註解說明這套系統如何排列字母（見圖6），這段話的翻譯如下：

／an aduertizment touĞing d'order
ov de foluing tabđ.

／bikauz de voëls and konsonants ar devci-
ded intu suĞ parts az befor, dis tabđ duță
ķip dem in de leik order : tu-uit first a, e, i,
o, u, and den de four perz huiĞ ar mąd uiđ
a stóping breț: tu uit b, p : d, t : g, k : and ʒ,
Ğ. ∞ ／den d'uder tri țrulei bredd pers, tu
uit đ, ță : v, f : and z, s . ∞ ／den de. ʒ. semi-
uokals l, m, n, r, and đ, and de tu breds 8, and
h:aulso , for đat in d'order befor iuzd, deʒ niu
léters ar not komprehended. ∞ ／huer-for dis
tabđ is plaṣed and set in suĞ order as foluëță.

R·4· ／a

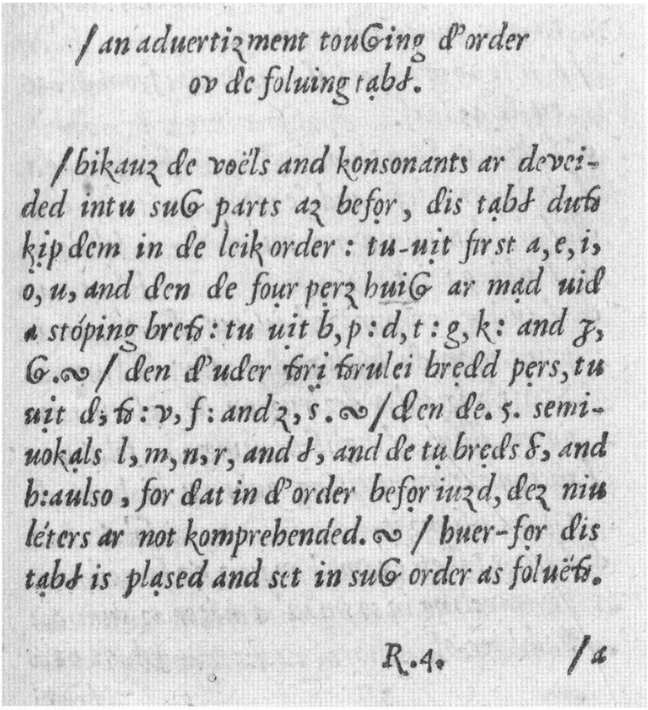

圖6　哈特《正寫法》索引開頭的註釋。

　　基於以往既有的母音、子音之分，本書採用類似概念但加
以修正。字母以a、e、i、o、u起頭，再來是阻塞氣流的子音
bp、dt、gk、j、ch，緊接著是三組完整送氣的子音th（有聲，
如then）和th（無聲，如thin）、vf、zs。最後有五個半元音，l、
m、n、r、（輔音）l，和兩個氣音sh與h。若無實際用例便難以
理解，因此本表格按照新順序排列作為示範。

43　　　新拼寫的練習怎麼開始就怎麼結束，作者直接告訴讀者，索引依據新的規則排列。這套字母順序並非讀者在學校學到的系統，所以哈特也說索引表是以實例「作為示範」。換言之，這份索引的目標讀者是新系統的使用者。如此一來，哈特就迴避了麻煩尷尬的過程——在兩種字母系統之間切換思考非常困難又惱人。 44

弗拉基米爾·納博科夫（Vladimir Nabokov）一九六二年的作品《微暗的火》（*Pale Fire*）是以詩包裝的小說；更精確地說，是以評註包裝的小說。乍看主題是詩，但詩的前後都有評論，包括導讀、註釋與索引。故事是詩人約翰·謝德（John Shade）亡故，而他生前長年在阿巴拉契亞州紐懷鎮的華茲史密斯大學（Wordsmith College）教書，作品則交由前些年才從大西洋彼岸到來的同事兼鄰居查爾斯·金波特（Charles Kinbote）撰寫評註。小說情節發生在兩人的文學關係上，因為金波特做了正常編輯不該做的事情：他使自身的存在感超越作者，竊占了注目焦點。而且註解越後面越尖酸瘋狂且自戀，開始無視好友作品內容，轉而講述自己妄想般的身家背景——他自稱「子民愛戴的查爾斯」，是個遭到罷黜驅逐的流亡君主，祖國名為贊巴拉（Zambla）。

可想而知索引也是由金波特編纂，於是同樣沾染了尖刻埋怨的調性。他在自己，也就是「金波特」這個條目底下，用了很大篇幅貶低學術對手，例如：「看不起H教授（未收錄於索引），377……與E（未收錄於索引）決裂，894……在大學教科書讀到關於C教授（未收錄於索引）的花絮時樂不可支，929。」可是謝德的妻子西比爾（Sybil）明明在詩裡是個重要角色，卻因為金波特的嫉妒而只得到草草一句「謝德，西比爾，S的妻子，**見於各**

處」。不過占據更高位的自然是真正的作者納博科夫本人，從意有所指又過度詳細的一個條目就能看出端倪：「馬塞爾（Marcel），神經質且難以取悅，許多橋段缺乏真實感又受眾人溺愛的主角，出自普魯斯特的《追憶似水年華》，181、691。」這句話走的是金波特的筆觸，卻又從後設層次直指《微暗的火》主角同樣神經質、
45 難以取悅，而且不總是可靠。

《微暗的火》最後一條索引並不完整：「贊巴拉，遙遠的北方。」小說出版同年，納博科夫接受訪談，對故事結尾做出闡述：「還沒人意識到寫評論的人在寫完最後一條索引前就自殺了。最後那條索引完全沒給出頁碼。」[28]也就是說，讀者找不到贊巴拉，那是無法定位的地方。或許贊巴拉根本不存在，只是個妄想。又或者舉目所及無處不是贊巴拉，它只是個替代品，真身是金波特，也就是納博科夫理想化的故土俄羅斯。[29]淒涼結尾來得猝不及防，令人大嘆煙花易冷、戲如人生，但轉折儘管震撼卻又不生硬，因為索引這個形式容許納博科夫躲藏在作品裡間接撥弄讀者的心弦。

字母排序若有人格必然聲稱自己無辜——贊巴拉開頭正好為Z，構成未竟的收尾並以此寄託思鄉之情與流亡之慟實屬巧合。但實際上一如巴拉德的〈索引〉，這是巧妙的文學手法，利用字母排序的特性滿足敘事、情節、情感的需求。問題來了：既然小說必須在這裡結束，**如果**索引的最後一條不是「贊巴拉」怎麼辦？《微暗的火》俄語版由納博科夫的遺孀薇拉翻譯。[30]她成為第一個面對
46 棘手問題的譯者——斯拉夫字母排序與羅馬字母不同。俄語裡，對應Z的是З，在字母表位居第九。納博科夫和薇拉兩人被迫離鄉

背井，對《微暗的火》結尾那股無盡鄉愁必然深有所感，總不能在譯回祖國語言時因為字母順序而放棄文學巧思，將遙遠北地調動到索引中段。為了將濃烈情感帶入俄語版，贊巴拉與其代表的遺憾失落便由薇拉裝進另一個字詞——開頭為я，斯拉夫語的最後一個字母。

《微暗的火》長詩第三篇裡，謝德思索死後世界，尤其「化作幽魂如何不驚惶」，另一組對句則以「如何轉眼在黑暗求得／珠輝玉麗的美好天地」（ll.557-8）做比喻。金波特混亂的註解認為「這是全篇最動人的一組對句」，可想而知他腦海裡浮現的不是天國，而是逝去的故土。薇拉將「珠玉」翻譯為ячейка яшмы（珠玉牢籠）便得到合適素材，俄語版結尾依舊是未完成的索引條目：

ЯЧЕЙКА яшмы, Зембля, далекая северная страна
（珠玉牢籠，贊巴拉，遙遠的北方）

很優雅地解套了。儘管稍微偏離原文引入額外元素，但因此得以重現納博科夫原本的文學鋪排，以另一套字母達成同樣效果。 47

然而，若文藝作品需要迂迴曲折的手段確保情感得以保留，顯然索引並非適合敘事的形式。它處理不易，主要服務的不是作者，而是讀者和字母排序的任意性。

〔第二章〕

索引的誕生：講課與講道

如果你進了修道院卻逃離學校，就會變成不學無術、目不識丁的人，無法讀書也無法教書。——艾旭比的亞歷山大 Alexander of Ashby，《講道的藝術》*De artificioso modo predicandi*

49 　　*Ky bien pense bien poet dire* 這句話的形式反映了內容精髓——翻譯成其他語言會打亂韻律，也就破壞了意義的簡明。勉強譯入英語大概是 Who thinks well speaks well（善思者善言），就姑且聽之吧。原文來自《愛之城》（*Chasteau d'amour*）開頭，這部長詩以宮廷形象包裝基督教的救贖觀念，十字架受難改採王子公主的譬喻以及盎格魯諾曼語（Anglo-Norman）精緻的押韻對句呈現，由十三世紀前半的詩人羅伯特・格羅斯泰斯特（Robert Grosseteste）創作。蘭柏宮（Lambeth Palace）收藏的抄本裡除了詩詞還有插畫，詩人坐在左側，伸長食指的手勢代表正在說故事，或許就是唸這首詩給腳邊的觀眾聽。想當然，聽眾全神貫注，女士捧著心窩、男士舉手表達驚嘆（也可能是發問），最右側那位還滿臉傾慕仰望著格

50 羅斯泰斯特。唯一與詩人沒交集的是樹上那隻鵜鶘，象徵壞聽眾，神情倨傲漫不經心，但牠也快出局了：羽毛逐漸褪色，邊框的紅色鍍金染料逐漸浮現，彷彿對牠的心有旁騖略施薄懲。

　　善思者善言，簡單明瞭，可以給每個以講課或講道為業的人當成座右銘，其實也是對格羅斯泰斯特自己最佳的墓誌銘——他是中世紀英語世界的知名學者，身兼教師和牧師兩種身分，曾擔任牛津校務長與林肯郡主教（因此插圖給他畫上了法冠和牧杖），除了詩詞還涉獵政治、數學和宗教改革。格羅斯泰斯特翻譯了亞里斯多德的希臘語文獻，他是第一個主張彩虹成因是光線折射，甚至想像宇宙誕生於光球不斷膨脹，可謂將科學與經文結合成了現代的大霹靂理論，只不過仍以上帝「要有光」為萬物開端。因此說來並不奇怪，格羅斯泰斯特理所當然，或許是**不得不開發一**

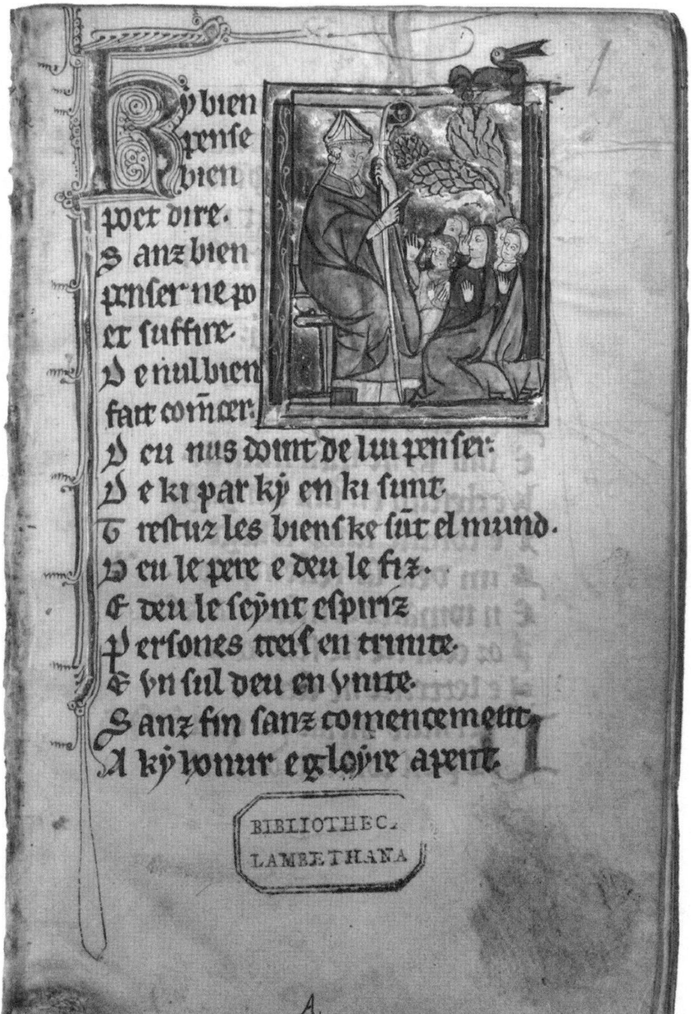

圖7　格羅斯泰斯特對群眾講道，插圖取自其十三世紀詩作《愛之城》抄本。

套系統整理自己龐雜的閱讀資料。於是他製作了很大一份表格，那個年代稱作*Tabula*★。無論天主教或異教文獻，只要他讀到的概念就會把它記錄下來，並按照物以類聚原則將相似者整合後標示存放位置方便日後查閱，透過分類歸納在混沌中建立起秩序。既然他本人是活的百科全書，自然該有百科全書等級的索引結構。

需求為發明之母。不過可別將格羅斯泰斯特視為超越自身時代與文化的特例。有這個需求的不只他，而是他所在的整個學術
51 圈。十三世紀時，翻頁書和字母排序這兩個讓索引發光發熱的條件已經齊備，最後那點火花就是兩種形式的善言：講課和講道。兩者在中世紀末期重新風行，背後推手是兩種組織：首先是大學，再來是走入人群傳道的托缽修會，如道明會與方濟會。這些組織發現他們需要嶄新做法以求高效率閱讀，或者說**利用**書本，才能使授課與授道內容更有條理。索引即將誕生，而且誕生**兩次**——同一個概念的兩個版本，同時期分別出現在英國牛津和法國巴黎，各自的發展主軸還相互輝映：字詞相對於概念、語彙索引相對於主題索引、獨特性相對於普遍性。兩者並陳，才是身處二十一世紀「搜尋時代」（Age of Search）的我們所熟悉的現代索引。

格羅斯泰斯特很合理地選擇了普遍性，他所製作的大規模索引收錄範圍不僅限於教會人士如奧古斯丁（Augustine）、耶柔米（Jerome）、依西多祿（Isidore），也包括先於教會史的亞里斯多德、托勒密、波愛修斯（Boethius）等等。也就是說，他希望將前

★ 譯按：tabula與table是一組「雙式詞」（doublet），也就是詞源相同但傳承到現代以後形式和含義不同的詞彙。此處tabula即索引之意。

人智慧濃縮為單一來源，所有概念不分門派並陳對照。這個形式就是現在所謂的主題索引、觀點索引，兼有分辨相似詞的功能，即使文本未使用完全相同的詞彙也能加以識別。但也因此具有**主觀性**，由某一位或一群特定讀者根據自己的想法和詮釋，以特定的方式閱讀後建立出索引。概念有時位在模糊地帶上。人類聲稱 52
某文本講了**什麼**其實只是個人判斷，譬如諾亞方舟的故事重點可以是寬恕，也可以是憤怒，甚至可以是豪雨。反觀另一種形態的索引，或者說另一種搜尋模式，就單純直接很多，條目完全來自接受分析的文本，文本內用什麼詞，索引就列出什麼詞，因此不具主觀性，也沒有太多個人的詮釋空間——這個詞有就是有，沒有就是沒有。這種索引就是前面提過的語彙索引，與格羅斯泰斯特的主題索引約同期出現，幕後催生者是聖謝爾的休（Hugh of St Cher）。

迎接索引進入世界

義大利特雷維索（Treviso）聖尼古拉修道院（convent of San Nicolò）位於威尼斯北方數英里外，該處禮拜堂牆面上半部的長條濕壁畫是一連串的肖像畫，每幅都是白袍黑披肩的男性。他們隸屬道明會，俗稱黑衣修士，圖畫內各個坐在書桌前閱讀或寫字。這些學者是指引道明會的燈火，而濕壁畫好比道明會第一個百年的名人堂（道明會成立於一二一六年，濕壁畫則是一三五二年由托馬索·達·莫德納〔Tomasso da Modena〕繪製），突顯該組織對聖經和學問的重視。其中最生動的人物某過於「聖謝爾的休」，他桌上擺著墨水罐和羽毛筆，腳邊已經有三本大書，卻還有一本打開後架在眼睛高度方便查閱。從紅帽能知道他是主教身分，帽穗垂在身體和書頁中間叫人很難不注意。他的神情嚴肅、眉頭緊蹙，書寫的姿勢令人好奇：左手食指抵著頁面收斂思緒，但手腕
54 靠在筆記密密麻麻的另一張羊皮紙上，模樣明顯不是追求寫作的流暢、多產及情感的自由奔放，而是發揮耐心縝密分析，從多個不同來源彙整資料。另外，不知道是不是怕大家還不夠欽佩他，濕壁畫裡出現了專研學識歷久不衰的象徵物：托馬索．達．莫德納筆下的主教是目前已知的歷史圖像中戴眼鏡的第一人。

可惜眼鏡這回事只是畫蛇添足、時代錯亂。休去世太早，眼鏡要再過二十年才發明出來，而且雛形只是兩個放大鏡在握柄處以鉚釘組合。即便如此，我們能夠感受到畫家求好心切，希望看過壁畫的人都將讀書寫字與休做連結。先前提到格羅斯泰斯特寫了關於彩虹的論文，他與休是同個年代，一樣沒能見證眼鏡問世，卻預見了當時剛起步的光學研究具有多大潛能：

> 若能徹底理解光學，或許能讓極遠的物體顯得極近，近且大的物體顯得小，小又有距離的物體顯得位置適中。屆時便能隔著難以想像的距離看見遠方的纖毫字體，清點沙、穀、草這類細微物事。[1]

壁畫上，休倒不是在計算沙子、穀粒、野草之類，鉚釘眼鏡只是用來突顯他的勤學。其著作以聖經為中心，發表的評註地位卓著，一直到現代初期都有很大的影響力，但他比對不同版本經

圖8　聖謝爾的休戴著眼鏡在書桌前寫字。出自托馬索・達・莫德納十四世紀中為聖尼古拉修道院繪製的濕壁畫。

文並列出差異的「改正本」（correctorium）卻沒得到太多重視。
55 儘管與格羅斯泰斯特一樣對研究充滿熱忱，休的切入方式卻又十
分不同，靠的是耐性和專注。如果說格羅斯泰斯特走的是極繁主
義路線，那麼休就像是個微縮藝術家，工作桌上不會只有紙張，
一定還有聖經。姑且讓眼鏡這東西穿越時空落在他鼻梁上也好，
因為休確實將聖經上的每個字當作沙礫、穀穗、草葉那樣仔細觀
察，於是成為世界上第一個給聖經製作語彙索引的人，將經文徹
底打散後按照每個詞語的開頭字母重新排列。

以上便是這次的兩位主角，他們像是助產士般迎接索引進入世界——雖然時間都約莫在公元一二三〇年，兩者卻是獨立作業並無瓜葛。但我們還沒看到舞臺背景，也沒有劇情大綱能猜測走向。格羅斯泰斯特和聖謝爾的休，兩人基於什麼動機製作索引？相隔幾百英里的兩人在相近時間提出相似發明，代表索引這個**構想**早已存在思維之中，那麼其脈絡與需求是什麼？有沒有可循的前跡？暫且請兩位主角到舞臺旁邊待命，我們休息一下，思考書本如何**排版**（*mise en-page*），也就是如何呈現文字。

索引是一種非線性穿越的蟲洞

想像有一本書。紙本，小說。然後想像其中一頁，中間的一頁，不要是一個章節的開頭或結尾，就內文中間隨便一處。你腦海中浮現的是什麼？四四方方的版心？排列整齊的行列？頁面天地留有一定距離，文字由左向右，段落開頭要縮排？頁碼擺在哪

裡？右上角，還是下方中央？無論如何，上述就是現代標準的散
文版面。 56

然而，世界上並不是只有一種標準。在腦海裡換本書，這次是參考書，百科全書或雙語詞典，用來查閱為主，不大可能從頭慢慢讀到尾。於是頁面要呈現的並非單一連續的敘事，而是切成很多塊的分散資訊，版面如何安排？是不是要分欄？該不該用許多斜體簡寫，譬如 *n.* 代表名詞（noun）、*d.* 代表卒於（died），可能還要有很多對照、**粗體**、括號。標題字要不要強調？換個字體或放大字體？頁緣的空白處也可以下點工夫，如項目符號和手指符號 ☞，儘管有點搞笑還是能清楚標記出條目與新資訊的開頭。或者用逐頁標題提醒讀者本頁的主題，或是目前位在字母表的什麼地方。

這些設計都與索引有關。索引並非自己憑空蹦出來，在閱讀工具這個大家族裡，它算是老么，十三世紀初的前後幾十年間才倉促問世。這個家族有個共通點：它們都是被設計用來簡化閱讀過程，提升人類使用書本的效率。至於為什麼它們要這樣一大票闖進頁面，首先得從速度需求說起。

「讚美主賜予經文供人類學習，使我們得以聽、讀、註、記
並在內心消化。」[2] 時間快轉到幾百年之後，坎特伯里大主教請大
家放慢腳步學習吸收。前面引用的這句話是一篇短禱文，收錄於 57
湯瑪斯・克蘭默（Thomas Cranmer）編輯的《公禱書》（*Book of
Common Prayer*，一五四九年出版）。聽、讀、註、記是人類吸

收經文的方式，基本上這句話按照字面理解沒問題。現代的讀者不那麼習慣加註，也就是直接在書本上寫筆記，但在克蘭默的時代，加註是常態。至於聽、讀、記則直白得毫無驚喜，不然還能怎樣瞭解聖經呢？到了「內心消化」（inwardly digest）才稍微兜圈子，克蘭默自然沒有要讀者將書本吞進肚子裡。這個比喻的重點是什麼？養分——經文是心靈的養分，就像食物提供身體養分。奧古斯丁寫給修女的文字裡有類似描寫：「妳們不只嘴巴要進食，耳朵也得吸收上帝的話語。」[3] 不過克蘭默的說法有更深一層的含義，我們可以用**反芻**（rumination）來思考。反芻這個詞原本確實是指生理的消化，但作為象徵譬喻則引申到心理過程的思索鑽研。

聽、讀、註、記，然後放進內心消化吸收。非常細密明確的計畫。但現代人通常怎麼讀書？可能趁通勤時幾站公車的時間稍微翻翻書，午餐時間再拿出來看一看，還得抗拒手機發出的各種通知訊息。睡前或許再碰碰書，作為結束一天的儀式。總之都是擠出零碎時間，把書卡進工作、家庭，或者說**生活**的狹小縫隙之
58 中。聽讀註記和內心消化就不同了，必須耐著性子慢慢來，一字一句細細品味時間的充裕和閱讀的豐盛（至少靈性層面），毋須對抗日復一日的繁忙。這才是前輩們的讀書方式。如果我們也放下工作和家庭，不用通勤也沒有各式各樣的娛樂，連圖書館都精簡到只有必要資源（主要是聖經，或許再加上幾本神學著作），不是有空才讀而是將生命奉獻給讀書，那麼我們會用什麼態度對待讀書這件事？克蘭默的情況很特殊，當時修道院明明受到壓迫，他卻希望大眾認真地聽經、讀經，彷彿整個社會還活在恆常不變的

修會秩序下。

修道院視閱讀為每日生活重心，聖本篤準則（Benedictine Rule）規定修士要在凌晨天還沒亮時就起床禱告，然後讀兩小時的書，之後可以回去補眠，「或若有人還想閱讀，便容許以不干擾他人的方式繼續」。[4]用餐時間會指派一個僧侶朗誦給大家聽，其餘人絕對安靜，「除了朗誦者，不得有其他人聲，即使只是耳語」。閱讀、聽朗誦有絕對優先權。女修道院亦然，聖凱撒利烏（St Caesarius）規定清晨閱讀兩小時，用餐與每日女工時間只有指派的朗誦者可以出聲，不專心聽的修女會倒大霉：「所有人坐好，打瞌睡的人起立，以驅逐沉重睡意。」[5] 總之強制在場所有人保持專注，經文並非背景白噪音或房間角落靜靜放送的廣播。古時候 59
的修會認為閱讀**即**冥想，不只是學習工具，本身就有深奧意義，出家以後就要終其一生反覆練習。

中世紀的修士修女們不只以心消化經文，也會打開嘴巴吸收，冥想閱讀用到的不只是眼睛。歷史學家尚．里克勒克（Jean Leclercq）本身就是本篤會僧侶，他說道：「中世紀修行者閱讀時通常得動到嘴唇，至少是悄悄話的程度，讓自己聽見眼睛看到的字詞。」[6] 閱讀是多種感官的重疊，眼睛接收字形與圖像，手指體會書頁觸感，嘴唇留下肌肉記憶，大聲朗誦的聲音迴盪腦海深處。奧古斯丁回憶與米蘭主教聖安博的初次會晤時，便提到對方閱讀的方式很特殊：「眼睛掃過頁面，心靈審視意義，但舌頭不動，也沒發出聲音。」[7] 這種默唸在當時不普遍，所以奧古斯丁還好奇聖安博是什麼原因才有這樣奇特的習慣。（「為了保護嗓子？

避免別人聽見經文內容而過去搭話？」）反觀十世紀戈爾茲的約翰（John of Gorze）據說總是將詩篇唱得如「蜜蜂般」（*in morem apis*）嗡嗡作響。[8] 在中世紀的社會氛圍下，修會推廣的並不是安博式靜悄悄閱讀，全身全心投入的約翰才稱得上典範。

但讀者也不必一直學蜜蜂。戈爾茲的約翰嗡嗡叫完一百年，教宗額我略七世（Pope Gregory VII）實施中央集權式的改革，呼籲神職專業化，因此教會人員也必須接受行政訓練，除了經文
60 還得具備會計、法律之類的技能。一〇七九年教宗諭令要求大教堂必須附設訓練機構，通常都是由一位教師負責，學生不遠千里尋求名師，僧多粥少的問題無法解決，於是波隆那、巴黎、牛津、劍橋之類中樞地帶的師生形成類似公會的組織，並自稱為 *universitas scholarium* 或 *universitas magistrorum et scholarium*。現代所謂的大學（university）應運而生。[9]

早期修道院授課強調安靜與沉思，但後來這些學院和大學不只鑽研宗教，也要傳授管理技能，必須採用嶄新的教學策略，比如辯論、引述、評論朗讀（現代人熟悉的版本是**講座**）。至此，學術研究的外在展現強過了內在省察，思考敏銳比無盡冥想更加重要。大學師生面對書本需要新的工具，以更有效率的方式找到大篇幅文本的特定語句，甚至鎖定單一詞彙。

十二世紀越來越多人遷徙到大都市，其他信仰造成的威脅日益嚴重，教會高層認為有必要強化講道工作，也建立出新的宗教模型：托缽修會。方濟會、道明會的托缽修士（friar）與傳統僧侶

（monk）不同，他們生活貧困（托缽修會原文mendicant，詞源是*mendicans*，有乞討之意）但不居住在偏僻的修道院，而是與大眾並肩工作同時傳遞福音，且不像過去採用艱澀的拉丁文，而是用一般口語。新形態的佈道講求溝通與說服能力，對快速查找文字的需求不下於大學。善思者善言，面對文獻需要建立條理井然又 61
迅速的思考方式，佈道者與教師都期待著書籍能夠改頭換面以滿足新需求。首先要改造的就是頁面重新排版，加上顏色、記號、分隔線，所有設計目的都是將資訊顆粒化並貼上標籤方便吸收。從經文辨析（*distinctio*）到索引這些新工具，提供給新時代讀者的不是各種路徑，而是非線性穿越文獻瞬間轉移到目的地的**蟲洞**。

分章節與經文辨析

當務之急是將文本切成小塊。普林尼的目錄之所以有意義，是因為《博物志》切割為三十七卷。幸好聖經原本就有類似結構：分為舊約和新約底下的許多篇章；一些中世紀的交叉索引就停留在這個程度，譬如引文的底下標註「以西結」，讀者看了就明白出處為〈以西結書〉。問題是，真的要查詢怎麼辦？〈以西結書〉並不短。回憶一下，連提圖斯皇帝都因為搜尋效率太差而長吁短嘆，十三世紀修士與教師若不想重蹈覆轍，就得找出比「以西結」三個字更快通向目標的途徑。這條新道路必然要比篇章名更細，同時得適用於整個學術圈。

圖9是一份抄本，來自十二世紀末期一份〈馬可福音〉的評

註，目前收藏在大英圖書館。截圖是第一頁，評註內文尚未開始，
62 左側由上而下有一排羅馬數字，位在每一小段的前方。既然放在書本最開頭，不難猜到這頁是什麼。最上面紅字介紹了本頁主題：*capitula*，代指〈馬可福音〉各章，也就是現代人理解的「目錄」。

與現代目錄相同，每個條目分開另起一列，首字母放大且紅藍相間，有助於視覺辨識。另外，注意紅色的段落符號「¶」，現代的文書處理軟體中依舊能夠見到它，用於標示同一條目下需要斷開的地方。這份目錄將〈馬可福音〉切割為章節、簡介其中內容，再用紅色數字標記於左側頁緣。

不過拿來和二十一世紀的聖經對照，會發現章數似乎兜不攏。首先，現代版本的〈馬可福音〉有十六章，這裡卻只有十四章；再來，各章的內容總結與現代本的劃分也不同。例如圖9的第三章說：

> 三、信徒掐起麥穗；基督治癒一手乾枯的人；選出十二門徒；魔王別西卜。

現代聖經的〈馬可福音〉第三章有提到手臂乾枯的人、選出門徒、耶穌基督談到別西卜，但掐麥穗則提前到第二章結尾。由於十二世紀評註的出版年代太早，聖經還沒有公認的章節劃分版可以遵循。然而，在大學授課、教會律法、文獻回顧、討論與辯
64 論的情境中，標準通用的版本成了迫切需求。

這個重責大任落在斯德望．朗頓（Stephen Langton）肩上。他為人所熟知的事蹟包括出任坎特伯里大主教、策劃《大憲章》

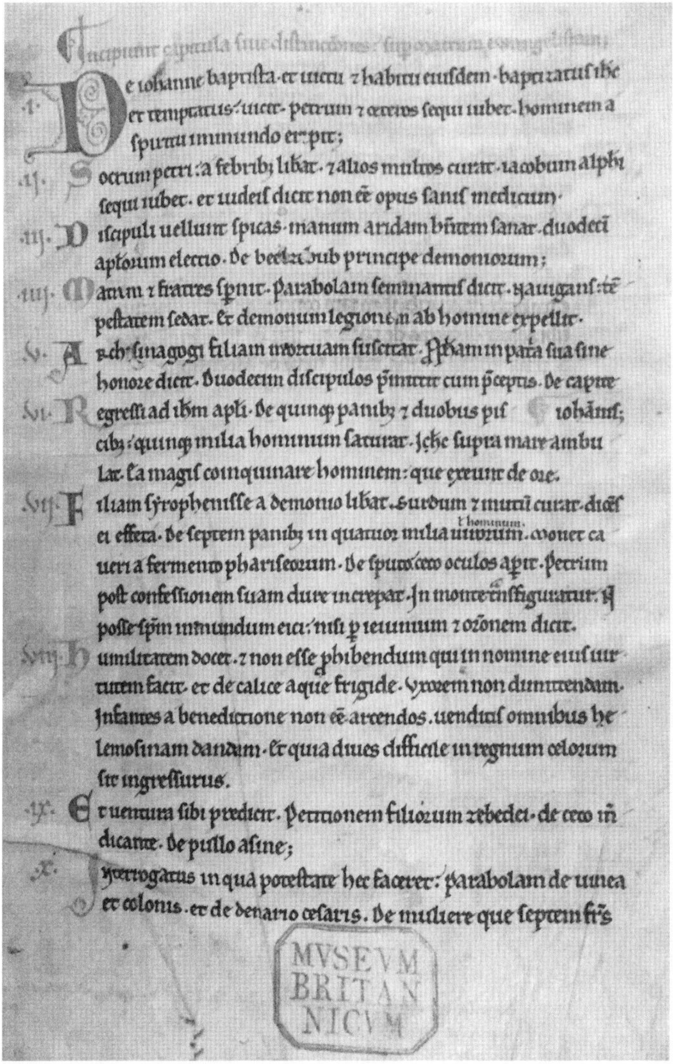

圖9 〈馬可福音〉評註的目錄（十二世紀末的版本）。

（*Magna Carta*）等等，但其實十三世紀初他曾在巴黎教書，同時期或許在大學要求下為聖經分章，完成時間不會晚於一二〇四年。[10] 學子們完成學業回國，將朗頓版聖經帶回故鄉，這套系統也就傳遍歐洲大陸。[11] 二十多年後，等同於現代出版社的巴黎「撰經閣」（*scriptoria*）大量發行聖經，也採用了朗頓系統，更確定其流行地位。[12]

至於更細的分節得再等幾百年，到了一五五〇年代初羅伯特．艾蒂安（Robert Estienne）的印刷版本才算塵埃落定。朗頓分章系統存續至今，提供快速精準的對照工具，為課堂省下很多時間，也成為聖謝爾的休將聖經拆分為個別詞彙時運用的位址標記。其實這套分章系統為聖經語彙索引和字母語彙索引兩個排序系統打下基礎，這部分我們之後會再詳細說明。回到書本改造的下一頁，也就是索引的老大哥「經文辨析」。

在十二世紀後半的一次教會議事場合，倫敦主教吉爾伯特．福里奧（Gilbert Foliot）對在場眾人講道，開頭是個譬喻：耶穌
65 好比磐石。為了描繪得更加生動，福里奧就整理了聖經裡提到岩石的部分，從「匠人所棄的石頭已成了房角的頭塊石頭」（詩篇118）、雅各當作枕頭的大石（創世記28:10-22）到尼布甲尼撒夢中擊碎偽神的石塊（但以理書2:34-35）。每舉例一次，福里奧都會停下來解釋抽象含義，自不同角度觀察，藉此輝映出他所做的比方。當天與會學者「康沃爾的彼得」（Peter of Cornwall）全神貫注聆聽，對主教的演講深感欽佩，想不到有人能在經文間轉換得如此流暢靈巧。幾年後他回憶起那天演說，形容說「來回往復卻不

離其道」，其妙舌慧心「以經典權威的滋養使口中開出花朵」。[13]最重要的是，彼得觀察到講稿有其結構，「整場佈道圍繞在幾種**經文辨析**之上」。

福里奧的講道奠基在經文辨析的原則，也就是針對主題如「石頭」進行剖釋並擴展出不同意涵，就像字典會列出一個詞彙在不同場合的各種不同定義。而且經文辨析確實和字典很像，不同意涵可以整理為一部巨著。「經文辨析集」收錄經文分析，通常匯聚數百篇之多，可協助宣道或作為文獻保存。然而，經文辨析與字典條目仍有差異，不以窮盡詞義為目標，而是透過多角度的解釋輔助記憶、補充意見，本身就好比濃縮的佈道演講。[14]瑪麗·卡 66
魯瑟斯（Mary Carruthers）分析：

> 經文辨析是為了佈道而生，原意就並非客觀分類工具，而是協助使用者輕鬆調配各種材料以及文章架構。一套簡單卻縝密的定序系統能「指引方向」，對於常態性演講工作非常重要……講者可以擴展主題，可以遊走在不同主題之間，也可以興之所至就另闢蹊徑。[15]

經文辨析的條目就像備忘錄，將與主題相關的資料梳理排列方便取用。

每本經文辨析集有各自的頁面呈現方式。此文類最早的範例出自領唱人彼得（Peter the Chanter），其圖像手法或許最容易理解經文辨析的運作機制：大約六百個詞條按照字母從*Abel*排列到*Zelus*，每個條目開枝散葉成樹狀圖。舉例而言，*Abyssus*這個詞

圖10　領唱人彼得的經文辨析集內*Abyssus*（現代英語 Abyss）條目。

的意思是「深淵」（參考上圖10），標題為紅字，五條波浪線指向五種理解詞語的角度——神的正義有多深、人心有多深等等。每個角度的解釋後面附上對應此觀點的經文，如「他聚集海水如壘，收藏深洋在庫房」（詩篇33:7）、「深淵就與深淵響應」（詩篇42:7）。可想而知，這種方式對於福里奧那樣的講道場合很有幫
67 助：視覺輔助記憶的效果絕對優於文字段落，大量文獻搭建出堅實架構的同時還有即興揮灑的空間，撰稿者自己決定保留和割捨什麼元素以組織為通順的口語表達。

康沃爾的彼得聽完福里奧的演講之後深受啟發，決定自編一套大型經文辨析集以幫助佈道人士，他的最後成品《神學總匯》（*Pantheologus*）約百萬字，現代讀者難以下嚥，但當年的使用者可不同。約瑟．高林（Joseph Goering）指出，雖然現代學者面對充滿歷史的中世紀抄本會想要從頭讀到尾，「多數經文辨析集設計上似乎並非供人連續閱讀。」[16] 確實如此，因此經文辨析集的存在點出另一個現象：人類也可以摘錄式閱讀**其他**書籍。早期修道院透過單調的閱讀功課希望大家一輩子沉浸在聖經世界，但經文辨析引領讀者在文本中鎖定目標，可以是詩篇裡的某個單字、福音書的某個場景、創世記的某個時刻。每個條目在經文上投射出不

同形象，就像每片雪花都不一樣，有屬於自己的詮釋。 68

經文辨析集證明人類可以採取索引式閱讀。多數書籍開頭的目錄主要著重在內容順序，從頭讀到尾的情況下，讀者可以預測自己會讀到什麼、何時讀到何者。索引則不同，本質就與照順序的閱讀無關。反過來說，想從索引重建書籍順序，會需要巨大的列表與非凡的耐心，恐怕也比直接從頭讀起慢得太多。經文辨析同樣並非完整呈現內容的地圖，而是閱讀當下靈光乍現可參考的導覽；它不依時序，甚至不怎麼有條理，仰賴的是**聯想**，單一字詞或概念擦出的火花能朝四面八方蔓延。它快接近現代人熟悉的書後索引了：如果領唱人彼得的經文辨析裡，「深淵」標目下的引用文字全部刪除，只留下檢索位址供讀者查閱原文呢？經文辨析的用途與索引不同，重心放在詞條含義與引申，所以闡釋比列舉定位更多。但到了充滿實驗精神的人手裡，例如格羅斯泰斯特，經文辨析的格式就可以升級重製為嶄新的發明。

一套認真的學術工具

繞了一圈我們終於可以回到格羅斯泰斯特與聖謝爾的休兩位主角身上。格羅斯泰斯特出身低微且生平紀錄並不詳盡，大約一一七五年前後生於薩福克郡，父親應該是個佃農。縱使大半輩子貢獻給教會又成績出色，清貧背景依舊是個話柄：明明都當上林肯郡主教了，還是有人口出微詞，不甘在身分卑賤的他底下做事。然而，無論同儕多想從他背景挑毛病，格羅斯泰斯特的 69

成長過程沒有太多文獻可供確認，實際上「格羅斯泰斯特」是姓氏，抑或是他展現才能後得到的尊稱，我們都無法肯定——原文Grosseteste可以拆解為*Grosse tête*，字面意義即「大頭」。十七世紀教會歷史學家托馬斯·富勒（Thomas Fuller）認為格羅斯泰斯特的「姓氏來自他厲害的腦袋：不僅能裝的東西多，也真的裝滿了東西」[17]。總而言之，他的智力很早就得到眾人認可。有跡象顯示格羅斯泰斯特在地方仕紳資助下接受基礎教育，並得到歷史學家威爾斯的傑拉德（Gerald of Wales）推薦函而得以投效赫里福德主教：

相信他能成為閣下的一大助力，不僅是財務或法律，甚至也能給您診療配藥。他在這些方面的知識都令人十分安心，當今世道下是個難得人才。而且他文藝基礎扎實又博覽群書，至今仍舊努力精進。[18]

寥寥數語就突顯出格羅斯泰斯特「博覽群書」，宛如活的百科全書，財務法律醫學文藝無一不精，難怪不斷得到賞識。

他曾在赫里福德郡與林肯郡兩位主教的旗下效力，亦有記載他曾就讀牛津或前往巴黎教書，可惜中年生涯與年輕歲月同樣只有斷簡殘篇，許多部分無法確定真偽，唯一能肯定的就是他開始寫書。一部分著作的主題是科學，如《論曆法》（*On the Calendar*）與《論行星運行》（*On the Movements of the Planets*）是對亞里斯多德《後分析篇》（*Posterior Analytics*）的評註。比較明確的事蹟出現在一二二〇年代晚期，當時格羅斯泰斯特已經五十多歲，人在牛津對學生和居民佈道，還會前往新成立的方濟會修道院內授

課。也就在這個時期，格羅斯泰斯特著手編纂更加細緻生動的新 70
版本《經文辨析總表》（*Tabula distinctionum*），將其一生博古通今的才識融入主題索引中。

可惜這份總表流傳至今只剩下一份不完整的抄本，目前收藏在法國東南部里昂市立圖書館。抄本上紅色墨水的標題為「林肯郡主教羅伯特閣下經由亞當．馬旭修士協助製作的表格」，底下堪比符咒的東西其實是由標點、花體字、幾何圖形、小插圖、太陽、花朵上下蜿蜒組成的三大欄，而且持續四頁。（見圖11）每個符號代表一個概念，諸如「永恆」、「想像」、「真實」等等。它們就是格羅斯泰斯特這份索引的主題。領唱人彼得的經文辨析集按照字母順序排列，但格羅斯泰斯特的《經文辨析總表》則根據概念排列，共四百四十個主題，再劃分為更籠統的九大類如「心靈」、「造物」、「神聖經文」。以第一個大類「神」為例，底下包括三十六個題目：神存在、神是什麼、神的整體性、三位一體等等。

《經文辨析總表》的第一部分列出主題與對應符號，功能是幫助讀者熟悉記憶各個標誌的意義。它們被設計得簡單但獨特，就像是格羅斯泰斯特自己讀書時看到特定主題出現就會在空白處留下記號，方便日後查詢。有些標誌與主題本身關係明確，例如三位一體就是三角形，想像則像是一朵花。但由於此系統涉及數百個主題，標誌整體而言還是具有高度的任意性。第一位真正注意到格羅斯泰斯特這套索引的人是現代學者薩繆爾．哈里森．湯姆
森（S. Harrison Thomson），他對標誌下的評論很透澈：「用上所 71
有的希臘和羅馬字母，接著是數學符號，再來是傳統符號的組合、

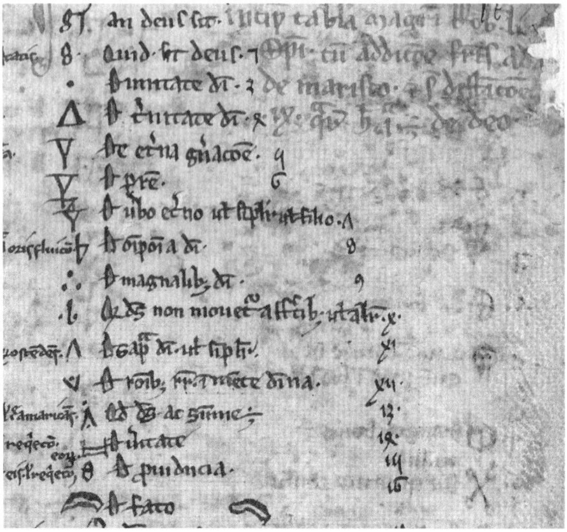

圖11　格羅斯泰斯特《經文辨析總表》的開頭，列出與「神」有關的主題和對應記號。右上一段文字標示出「林肯郡主教羅伯特閣下經由亞當．馬旭修士協助製作的表格」。

修改後的黃道符號，最後還可以添上點、線與曲線做區別。」[19] 格羅斯泰斯特的書庫中每一本書上大概都畫滿這些記號，彷彿頁緣的空白被一堆表情符號占滿。

不過這些終究不是索引，只是它的開場白。經過滿滿五頁的符號與解釋以後，《經文辨析總表》終於進入正文，每個主題按照
72 順序回歸，但這次它們不再只是表單內的一個項目，而是獨立的資料組。標目底下有一連串的參照，或者說檢索位址，首先連結聖經篇章，再來是神父著述，右邊單獨一欄保留給異教人士或阿拉伯世界作者。每個條目有標題與一連串的定位碼。格羅斯泰斯

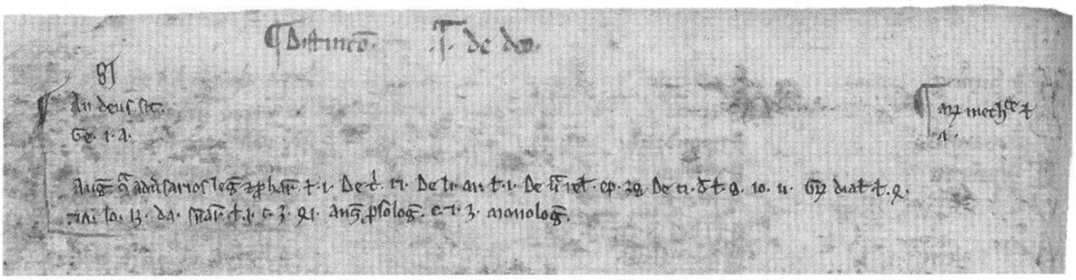

圖12　格羅斯泰斯特對「神存在」這個主題做的參照表。

特的《經文辨析總表》不只是一本書的索引，它是**很多書**的索引。這套主題索引就像它的作者一樣，能夠與百科全書媲美。

來看看第一條：*an deus sit*（神存在），我們可以更加理解他的表格機制。當然開頭就是主題標目以及格羅斯泰斯特使用的分類標誌，再來是位址標記列表。將縮寫都還原回來會得到：

an deus sit

ge· 1· a·

augustinus contra aduersarios legis et prophetarum· ł·1· De trinitate ·12 · De libero · arbitrio · ł' · 1 · De uera religione · epistola · 38 · De ciuitate · dei ł ·8 ·10 · 11 · gregorius dialogi ł · 4 · 27 · Ieronimus · 13 · damascenus · sentenciarum · ł· 1· c · 3· 41 · anselmus prosologion · c · 2 · 3 · monologion·

〔*右側空白*〕aritstoteles methaphisice ł · 1·[20]

這串拉丁文的意思是：若讀者想深入理解**神存在**這個主題，適合的切入點是〈創世記〉第一章（也就是ge. 1. a）。查閱後得 73
到「起初，神創造天地」這個句子，提醒讀者萬物存在的前提是造物主存在。接著它又指引讀者參考奧古斯丁的多本著作，例如《天主之城》的第八卷、第十卷、第十一卷，或者教宗額我略的《對話錄》（*Dialogues*）、耶柔米、大馬士革的聖約翰（John of Damascus）、安瑟莫（Anselm）的論述。它還顧及願意接觸非教會文獻的人，指出古希臘哲學家亞里斯多德在《形上學》第一卷也討論了第一因的概念。

格羅斯泰斯特的藏書有少數留存至今，因此我們可以測試這套索引系統成效如何。比方說他收藏的《上帝之城》（*De Civitate Dei*）目前保存在牛津大學博德利圖書館，找到第八卷、手指在頁邊滑到有主題標誌的地方（這個標誌神似抓著機關槍的蛇，遠一點看可能像字母ST），就會讀到奧古斯丁說神的存在無法以物質角度驗證、古代偉大哲學家早已明白這道理。

既然翻開了格羅斯泰斯特收藏的奧古斯丁著作，對照《經文辨析總表》的電腦掃描圖檔也很容易針對反向操作進行驗證。同一

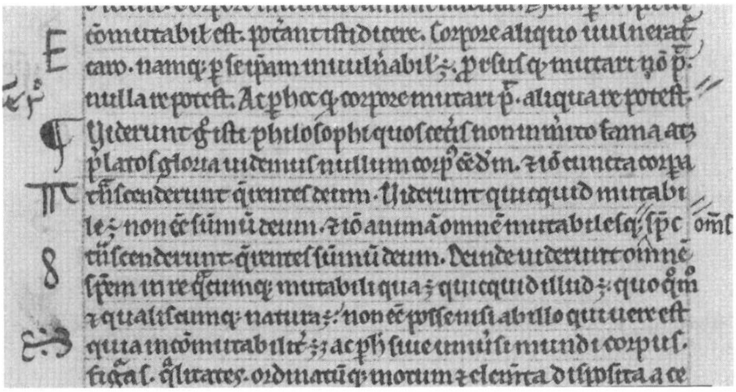

圖13　格羅斯泰斯特收藏的聖奧古斯丁《上帝之城》，頁緣空白處有他留下的標誌，狀似花朵的符號代表*ymaginacion*（想像）。

段文字旁邊的空白處又出現標誌，像張三隻腳的桌子。從標誌可以判斷主題為*de videndo deum*（見神），查詢《經文辨析總表》自然會發現該主題下有個參照指向《上帝之城》第八卷。以本書和他遺留的藏書兩相對照就能理解索引使用方式和編纂過程——每本書裡滿滿的主題標記，一頁頁翻閱登錄就能完成分類整理。 74

遺憾的是，《經文辨析總表》並不完整，只有主題列表的前兩百個條目可以真正找到對應的索引。菲利普．羅斯曼（Philipp Rosemann）推測其製作進度到一半左右，就被格羅斯泰斯特的某些學生拿去抄錄，其中又有幾個人後來到了里昂的方濟會修道院講課，所以我們才會在那裡找到抄本。[21]說不定格羅斯泰斯特本人希望《經文辨析總表》永無止境，活到老編到老，而他還有幾十年光陰要投入其中，所以里昂那份手稿充其量只是試閱本。事實上，正因為歷史文獻指出格羅斯泰斯特熟讀過其他書籍，但某些書名完全沒有列入里昂抄本，學界反而能據此推斷抄本成書時間。舉例而言，格羅斯泰斯特的一大文學成就是翻譯原為希臘文的亞里斯多德《尼各馬克倫理學》（*Nicomachean Ethics*），若他翻譯時《經文辨析總表》仍在進行，理應將其收錄在內。既然格羅斯泰斯特一輩子愛讀書，透過類似方式逐步排除，就得出里昂抄本大概是公元一二三〇年的版本。

格羅斯泰斯特是否有意將索引提供給別人或學術圈使用，目前無從得知。能肯定的是若《經文辨析總表》完成，條目下不會是一堆小文章，價值也不在於節省佈道者的時間，而是非常認真的學術工具：使用者手邊得有對應的文本，必須花時間跟隨參

75 照點，找到的文字如何詮釋還要靠自己思索。更何況格羅斯泰斯特這套索引過度詳盡，每個主題底下還要細分幾十項，反而不適用於一般佈道場合。他的野心遠遠超過先前提到的經文辨析，涵蓋經文、神父著作、古典哲學，甚至伊斯蘭思想家如伊本·西那（Avicenna）★與安薩里（al-Ghazali），無所不容的程度可謂打造了十三世紀的搜尋引擎、羊皮紙上的Google，也可以比喻為一面發散透鏡，將每個主題照進當時已知的所有文獻中。不過正當牛津的格羅斯泰斯特與方濟會修士一同在頁面空白處做記號，英吉利海峽對岸也產出另一套建立在不同模型上的索引，詳盡程度恐怕更勝《經文辨析總表》，卻是將史無前例的巨量心力投注在單一文本：以一二三〇年的巴黎道明會修道院為舞臺，在後世想像中應該戴眼鏡的休正式登場。

歷史久遠的閱讀模式

去巴黎的旅人多半會參觀左岸區先賢祠向法國歷史人物致
76 敬，站在階梯最下面向西邊順著索弗洛路（Rue Soufflot）眺望能看見艾菲爾鐵塔，周邊樓閣林立、車水馬龍，盤踞道路兩旁的奧斯曼式建築一樓通常作為營業店面，可能是診所或不動產仲介，還有咖啡廳座位不夠連人行道也擺上桌子。很難想像在八百年前，同樣地方竟只是道明會聖雅克（St. Jacques）修道院的南牆罷

★ 譯按：伊本·西那（Ibn Sina）為其本名，但西方學術界基於歷史上其名曾經拉丁化因此習慣稱呼他Avicenna（意為「西那之子」，實為誤植，他的高祖父才叫做「西那」）。

了。儘管往北延伸至索邦大學的聖雅克街以其名稱為大家做個提醒，現代人終究無法從如今的繁忙鬧區感受到昔日的院樓、禮拜堂和庭園多麼幽靜。回到十三世紀，聖雅克修道院內的修士聚集在圖書館內參與一項大工程。

一二三〇年，這所修道院與道明會本身一樣未滿十歲。新任院長頗有才識，他原本叫做休葛（Hugo），但名字經過英語化歷史演變成為現代人口中的「休」（Hugh）。他幼年在現今法國東南的聖謝爾鎮長大。這裡有個小插曲：格羅斯泰斯特的《經文辨析總表》抄本輾轉到了里昂，里昂往南幾英里就是聖謝爾鎮。一二三〇年時的休才三十歲，卻已經在巴黎住了大半輩子，因為他十四歲來此求學，學成後留在大學教書。後來教宗賞識休的才華，準備委以外交重任，所以他在修道院其實也只待了五年。然而，這段期間他負責一個很重要的計畫，對後世影響深遠，導致他後續其餘成就相形失色——在休的領導下，聖雅克修道院製作了世界上第一本聖經的語彙索引。[22] 77

修士們分工合作，每人一個字母或一個字母底下的一部分，將這個字母開頭的詞彙與經文中出現的位置全部記錄下來。他們最初多頭並進、凌亂不精確，空白與插入都很多，整理排序要留待最後進行。這麼大規模的編輯工作不只需要人力，還需要監督和規畫。完成的聖雅克語彙索引將拉丁文聖經超過一萬個詞語按照開頭字母排列，最先是驚嘆詞 *A, a, a*（通常翻譯為「唉」或「哀哉」），最末則是 *Zorobabel*（有時拼作 Zerubbabel〔所羅巴伯〕，為公元前六世紀猶太行省的長官）。除了專有名詞或感嘆用語，這套索引將聖經裡的日常字彙也收錄在內，包括各種一般名詞、動詞、形容詞，每個條目都列出包括何卷何章何節的出處位置。聖雅克修道院眾人採用朗頓版的篇章劃分，再加入自己的巧思切割出更小單位：每一章分為七節，賦予由a到g的標示。於是靠近該章開頭的字詞就會得到次位址標記a，中間的大概是d，靠近結尾的就是g。舉例而言，「起初」是〈創世記〉1a，「耶穌哭了」是〈約翰福音〉11d。

回到全索引的第一個條目，書上是這樣呈現：

A, a, a. Je.i.c. xiiii.d. eze.iiii.f Joel.i.f.

將縮寫全部還原回陳述句就是：讀者搜尋的詞條*A, a, a*出現
78 在〈耶利米書〉第1章的c節（所以是那一章中間靠前面），還有〈耶利米書〉第14章d節、〈以西結書〉第4章f節、〈約珥書〉第一章f節。循著這些指示去查閱，就會得到：

Jer. 1:6 Et dixi: A, a, a, Domine Deus, ecce nescio loqui, quia puer ego sum.

〈耶利米書〉1:6，「主耶和華啊！我不知怎樣說，因為我是年幼的。」★

Jer. 14:13 Et dixi: A, a, a, Domine Deus: prophetæ dicunt eis: Non videbitis gladium, et fames non erit in vobis: sed pacem veram dabit

★ 譯按：此處採取網路聖經資料庫的現代中文版本，感嘆詞因中文語感問題與原文句型有出入。

vobis in loco isto.

〈耶利米書〉14:13，「唉，主耶和華啊！那些先知常對他們說：『你們必不看見刀劍，也不遭遇饑荒，耶和華要在這地方賜你們長久的平安。』」

Ez. 4:14 A, a, a, Domine Deus, ecce anima mea non est polluta: et morticinum, et laceratum a bestiis non comedi ab infantia mea usque nunc, et non est ingressa in os meum omnis caro immunda.

〈以西結書〉4:14，「哎，主耶和華啊！我素來未曾被玷汙，從幼年到如今沒有吃過自死的或被野獸撕裂的，那可憎的肉也未曾入我的口。」

Joel 1:15 A, a, a, diei! quia prope est dies Domini, et quasi vastitas a potente veniet.

〈約珥書〉1:15，「哀哉，耶和華的日子臨近了！這日來到，好像毀滅從全能者來到。」

短短半行字集結了一切資訊，足夠指引讀者找到他們需要的
經文片段。字母排序也很方便，一下子就能鎖定目標詞條。聖雅 79
克語彙索引令人驚喜的地方是體積：由於善用縮寫和五欄排版，明明資訊量巨大卻能塞進一冊小書內。例如牛津大學博德利圖書館內收藏的一冊，其面積接近索引卡（短一點和寬了些），與市面上較厚重的手機非常接近。很難想像小小一本手抄書居然收錄整理了整部聖經的所有字詞。[23]

可惜輕便性是個好處卻也造成嚴重問題，看看第一頁另一個詞彙就能感受到了。底下是*Abire*列出的頭幾個檢索碼：

> *Abire, Gen. xiiii.d. xviii.e.g. xxi.c. xxii.b. xxiii.a. xxv.b.g xxvii.a. xxx.c. xxxi.b.c xxxv.f. xxxvi.a. xliiii.c.d*

光〈創世記〉就有十二個位址，所以完整列表有幾百條、橫跨好幾欄。雖然這種例子不常見，但此時語彙索引無法幫助讀者找到目標，因為需要自己處理的部分仍舊太多——翻開書，找到對應的卷、對應的章、對應的大略段落以後，還得地毯式搜索才能得到想要的語句，相當不切實際。

作為新形態閱讀的工具，索引要發揮作用，必須將讀者鎖定目標的時間壓縮在合理的範圍。如果讀者只能得到一連串位址代碼卻無從辨識，索引就失去輔助搜尋的意義。聖雅克修士們的原罪在於這個形式才剛發明出來，但其他索引編輯者就不該以此為
80 藉口。漫無章法拋出定位代碼的做法依舊普遍，伊恩．克爾（Ian Ker）為紅衣主教紐曼寫的傳記裡就有下列這麼嚇人的一大段：

> 威斯曼，尼古拉斯 69, 118-19, 129, 133-4, 135, 158, 182-3, 187, 192, 198, 213, 225, 232, 234, 317-18, 321, 325, 328, 330, 331-2, 339, 341, 342, 345, 352, 360, 372-4, 382, 400, 405, 418, 419, 420, 424-7, 435-6, 437, 446-7, 463, 464, 466-8, 469, 470, 471, 472, 474-5, 476-7, 486-9, 499, 506, 507, 512, 515-17, 521, 526, 535, 540, 565, 567, 568, 569-72, 574, 597, 598, 608, 662, 694, 709.[24]

伯納德·列文（Bernard Levin）在《時代周刊》對此不留情面地抨擊：「浪費空間在這一串數字上面幹嘛？能有什麼用處？出版社怎麼**有臉**在『索引』這個高貴有意義的標題下面印刷這種東西？」[25]在此得幫喬納森·凱普（Jonathan Cape）出版社說句話：第二版的索引大幅度改善。同樣得替道明會修士說句話：他們也很快製作了第二版的聖經索引。

新版本語彙索引後來通稱為*Concordantiae Anglicanae*，直譯就是「英國人的語彙索引」，原因在於雖然編纂地點仍是聖雅克修道院，但編輯成員都是英國人，包括史塔芬斯比的里察（Richard of Stavensby）、達靈頓的約翰（John of Darlington），以及克羅伊登的休（Hugh of Croydon），最後這位的名字真是個美麗的巧合。[26]英國人的語彙索引有所突破：在每條出處加上簡短引文，也就是現代人口中的「關鍵詞索引」（KWIC, keyword-in-context），Google Books的部分預覽也是同樣設計。牛津博德利圖書館收藏的英國人聖經語彙索引裡，*regnum*（王國）底下條目長這個樣子： 81

Regnum

Gen. x.c. fuit autem principium .R. eius Babilon et arach

（〈創世記〉10:10：他國的起頭是巴別）

xx.e. quid peccavimus in te quia induxisti super me et super .R. meum peccatum grande

（〈創世記〉20:9：我在什麼事上得罪了你，你竟使我和我國裡的人陷在大罪裡？）

xxxvi.g. cumque et hic obiisset successit in .R. balaam filius achobor

（〈創世記〉36:38：掃羅死了，亞革波的兒子巴勒哈南接續他作王）

xli.e. uno tantum .R. solio te precedam

（〈創世記〉41:40：惟獨在寶座上我比你大）[27]

新版索引不只指名何卷何章及大概位置，讀者還有了一個句子能快速比對。

可惜英國人的語彙索引並非毫無缺陷，最顯著在於引文分量多體積自然得膨脹，變成好幾冊的大部頭。畢竟初版半欄長度的詞條現在可能四、五行才寫得完，再加上某些字詞如「神」或「罪」太常見，只放檢索位址都能塞滿好幾頁，而且為每個位址附上引文造成極大累贅，瓦解了索引本身實用性。於是十三世紀
82 快結束時，聖雅克修士們又製作第三版，保留預覽設計但縮減到三、四字內，這個格式成為之後幾百年的標準。一個太小，一個太大，最後這個剛剛好 —— 語彙索引的誕生呼應了金髮女孩闖熊屋的童話故事。

語彙索引成功之後，索引正式進入主流文化並蓬勃發展。它規模龐大且造成典範轉移，做個比較就能理解：領唱人彼得的經文辨析裡，「深淵」這個詞條底下只有五種不同經文釋例，語彙索引卻給了讀者超過五十種。經文辨析集能收錄數百條詞彙，但語彙索引卻囊括成千上萬。有人會質疑數大是否一定美，佈道者以前用經文辨析集不也很習慣？然而，經文辨析集在十四世紀初已

經退出歷史舞臺，牛津大學的神學大師托馬斯・瓦利斯（Thomas Waleys）反而在文章裡稱讚字母排序的索引：

> 拿著權威人士的著述來佈道會容易很多，有了聖經的語彙索引，要引經據典非常方便……按照字母排列，很快就能找到需要的文獻。[28]

更重要的是，聖雅克語彙索引問世之後不過幾年，社會各界開始實驗索引這個新形式。法國北方特魯瓦（Troyes）公立圖書館內收藏兩本群芳錄（florilegia），其實就是神父或古人的作品集錦。它們都採用字母排序的索引，內容完整清楚、使用便利。[29]編纂者威廉・蒙塔古（William Montague）於一二四六年去世，可見與聖雅克語彙索引是同期。

蒙塔古走的也是語彙索引路線，不過目標書籍的字數沒有聖 83
經多，針對個別字彙提供十分詳細的用例搜尋。其他編輯嘗試不同形態的索引，融合經文辨析集不求徹底但精選主題的特色，以及語彙索引清晰陳列檢索位址的特性。《福音道德論》（*Moralia super Evangelia*）的作者有可能是老朋友格羅斯泰斯特，遺留後世的四個抄本其中之一收藏於牛津郡林肯學院（文物代號 Oxford, Lincoln College MS 79），推測完成於十三世紀前中期，特徵是附有兩份索引。[30]（嚴格來說狀況更詭異，總共是四份索引：正文前方有兩份，但正文之後又有不同人抄錄的另外兩份。）前一份索引不採取字母排序，關鍵詞大致根據主題相近程度分組，規則就像是經文辨析集，只是將標題、波浪線和條目分隔摘掉，所以會看到一連串罪孽如憤怒、爭吵、仇恨、誹謗、惡言、謀殺、矇騙的後面就是仁慈、耐性、寧靜這些美德。但翻頁就看到同樣筆跡抄寫出更細緻的字母排序索引，重點從概念轉移到形式。

十三世紀中期，字母排序的主題索引出現了。艾瑞克．約翰．道布森（E. J. Dobson）猜測格羅斯泰斯特撰寫《福音道德論》之初就對索引有構想，而讀者也很快開始為原本沒設計索引的書籍加上自己的巧思。有些道理古今皆然，至少我跟中世紀讀者做
84 了同樣的事情：課堂要用的書，備課時就拿鉛筆在封面內側寫下清單，列出重要場景、名句、需要仔細閱讀的段落等等，幾乎每本都有。利用索引進行摘錄瀏覽與快速查找是一種歷史久遠的閱讀模式，和大學本身同樣古老。

〔第三章〕

少了它，我們怎麼辦？頁碼的奇蹟

我覺得講分章的那章是全書最棒的一章。——勞倫斯·斯特恩 Laurence Sterne，《項狄傳》*Tristram Shandy*

85 我在牛津大學博德利圖書館，桌上攤開一本小書，內容是佈道文，一四七〇年印刷於科隆，負責印刷的店主名字叫做亞諾·瑟荷南（Arnold Therhoernen）。古書本身比現代平裝本還小，文字簡短只有十二張（即二十四頁），然而坐在圖書館裡、看著眼前的古籍，我深深感受到文物保存的重要性，於是大嘆不可思議：如此寶貴、意義難以言喻的珍品，怎麼會和筆電、筆記本、鉛筆這些辦公用品一起擱在桌面呢？應該說我能親手觸碰、翻頁都是很奇怪的事情，它可不是我在車站隨手買來的小說，應該收藏在展示櫃裡避免被學子弄壞，大家排隊透過放大鏡欣賞才對吧？上述感受有個名字叫做「司湯達症候群」（Stendhal Syndrome），源於法國小說家前往佛羅倫斯接近文藝復興大師墳墓後的心情悸
86 動。此刻我也一樣，都快落淚了。

佈道書作者維爾納·羅列文克（Werner Rolevinck）是科隆修道院的僧侶，成名作《簡明世界史》（*Fasciculus temporum*）從天地初開說到成書日期，也就是一四八一年五月三日。根據羅列文克的資料，那天鄂圖曼皇帝穆罕默德二世因為違逆基督終於下了地獄。[1]不過撰寫上一段提到的佈道書時，《簡明世界史》尚未完成。佈道書要用在十一月二十一日的聖母奉獻日。但老實說這本小書令我感觸良多原因既非羅列文克，更不是講道內容，而是書本身有個特徵：每一頁的右側空白中間偏下都印了個大寫J，墨水還有點暈開，看來是壓印力道過大導致字體模糊，不像正文部分的哥德字母那般細緻清晰。可是這份朦朧使我更喜歡，姑且稱作個性美吧，與正文裡Joachim（聖若亞敬，聖母的父親）那個完美

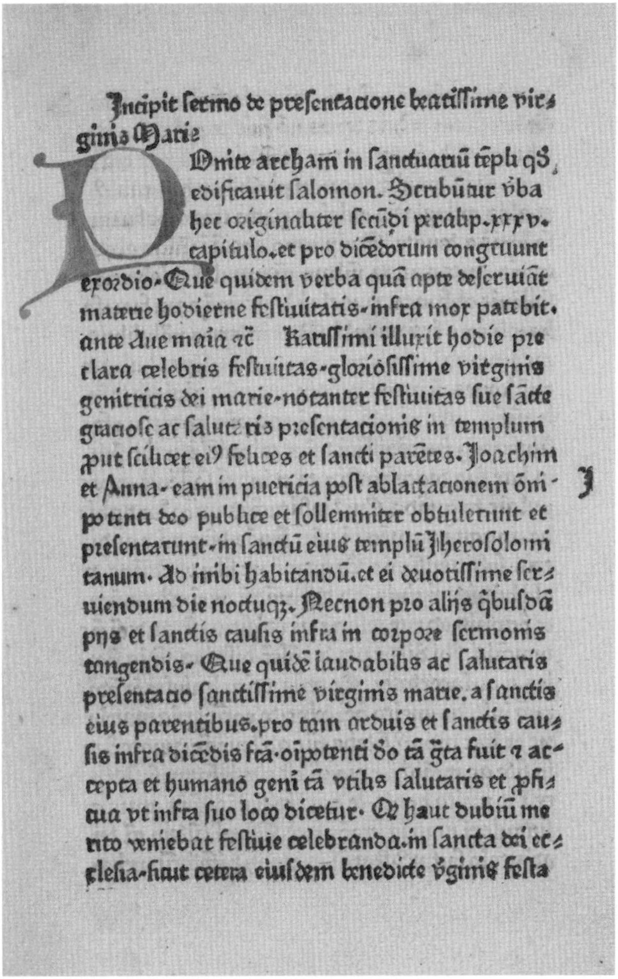

Incipit sermo de presentacione beatissime vir-
ginis Marie

Ponite archam in sanctuariū tēpli qđ
edificauit salomon. Scribūtur vba
hec originaliter secūdi paralip. xxxv.
capitulo. et pro dicēdorum congruunt
exordio. Que quidem verba quā apte deseruiāt
materie hodierne festiuitatis. infra mox patebit.
ante Aue maria ꝛc Beatissimi illuxit hodie pre
clara celebris festiuitas. gloriosissime virginis
genitricis dei marie. notanter festiuitas sue sācte
graciose ac salutaris presentacionis in templum
quod scilicet ei9 felices et sancti parētes. Joachim
et Anna. eam in puericia post ablactacionem ōni- J
potenti deo publice et sollemniter obtulerunt et
presentarunt. in sanctū eius templū Jherosolomi
tanum. Ad inibi habitandū. et ei deuotissime ser-
uiendum die noctuq3. Necnon pro aliis q̄busdā
piis et sanctis causis infra in corpore sermonis
tangendis. Que quidē laudabilis ac salutaris
presentacio sanctissime virginis marie. a sanctis
eius parentibus. pro tam arduis et sanctis cau-
sis infra dicēdis fcā. oīpotenti do tā grata fuit ꝛ ac-
cepta et humano generi tā vtilis salutaris et pfi-
cua vt infra suo loco dicetur. Que haut dubiū me
rito veniebat festiue celebranda. in sancta dei ec-
clesia. sicut cetera eiusdem benedicte vginis festa

圖14 維爾納・羅列文克《聖母奉獻日佈道書》（*Sermo de presentatione beatissime virginis Marie*, 1470）第一頁印刷的頁碼。

無瑕的J比起來好多了。空白處那個J和聖若亞敬毫無關係，會出現在這裡純粹巧合。嚴格來說它根本不是J，而是數字1，代表這是本書的第一張紙。換言之，這個J是世界上第一個印刷出來的頁碼，掀起書籍編排的革命。此後頁碼融入書本成為慣例，常常擺在眼前大家也不會注意。[2]

索引結合兩種排序系統：條目根據字母順序，檢索位址則根
88 據頁碼順序。以字母排列是方便讀者快速鎖定想找的標題，用頁碼標示則是方便讀者快速移動到目標所在之處。本書頭一章講了字母順序的故事，這章就來討論頁碼、數位搜尋，甚至傳統章節等等定位設計，其精確程度或高或低各有不同，但都能為索引提供座標，協助人類探索文本。

> 等等！看頁碼！見鬼了，怎麼從三十二跳回十七？你心想這會不會是作者的精心設置，沒料到只是印刷工人犯錯，同一頁放了兩遍。錯誤發生在裝訂過程，這本書採十六臺印刷……每一臺印好才組合，弄混就會導致同一臺頁面重複。★

因為裝訂失誤，於是同一頁出現兩次。伊塔羅．卡爾維諾（Italo Calvino）的小說《如果在冬夜，一個旅人》（*If on a Winter's Night a Traveller*）開頭敘事令人眼花繚亂，主角碰上頁碼重複，閱讀經驗戛然而止，並由此衍生出失控的一連串發展——其他書籍的頁面混進來了，一下是私家偵探、一下變成義大利式西部

★ 譯按：現代印刷流程將全紙分為特定「臺」數（亦稱「帖」、「疊」等等，淵源不可考），也就是一張大紙上印很多頁再裁切、分組、裝訂，裝訂時若從同一組取兩次就會出現重複頁面的問題。

片，還有契訶夫自然主義文學與波赫士風格的奇幻……這本小說反覆中斷、毫無章法，作者利用翻頁書的媒介形式製造混亂。順序排錯了，製作流程有缺失，會發生什麼事？卡爾維諾自己的答案是：「這類意外三不五時就要來一次。」大家應該都看過印錯的書，也會遇上印刷太濃或太淡、排版歪斜沒對齊等狀況。書籍終究屬於大量生產的消費性商品。 89

通常提起書籍與文獻，我們的腦海中並不會浮現特定形態。大眾在乎的不是具體物質，而是其中的抽象概念，如詞語、情節、角色。因此你的書與我的書、第一版與最新版、精裝平裝或網路版的差別，一般而言不重要，反正簡愛都是要嫁給羅徹斯特先生。但作為讀者，我們應該意識到文本都有載體，物質層面的對錯很重要，譬如眼前的字詞是否正確、順序是否紊亂。卡爾維諾利用書本的物質形態作為故事舞臺，顛覆讀者習以為常的僵化思考。

書面作品的編排方式當然不只有頁碼。先前就提過，亞歷山卓圖書館的學者將荷馬史詩《伊利亞德》、《奧德賽》分為二十四卷以對應古希臘文二十四個字母，聖雅克修士也以聖經篇章編纂語彙索引。這是根據意義與文本內容進行的切割，通常分隔點放在觀點、主題、場景轉換的階段。這個傳統保留至今，現代人的日常生活依舊以章節來記測閱讀進度。反觀現代索引幾乎棄章節於不顧，稍微瞭解篇章概念就會明白個中緣由。

討論現代作品，也就是與《奧德賽》或聖經相比成書更晚近的作品，我們通常都認為作者會自主分割，動筆之初可能就對

90 章節架構有想法和設計。然而，實際情況未必總是如此，有可能是蓋斯克亞爾夫人（Mrs Gaskell）匆匆完成了草稿，之後交給編輯——或許是狄更斯吧——負責切割文本變成好幾部連載。[3] 確實在多數情況下，作者對於章節會有想法，例如亨利．菲爾丁（Henry Fielding）一七四二年的小說《約瑟夫．安德魯斯》（*Joseph Andrews*）分為四卷，第二部開頭花了一整章討論作者為什麼要給作品分卷分章。菲爾丁形容切割敘事就像小說家公會不外傳的商業機密，但他願意分享給外行的讀者知道：在他看來，章節轉換是漫長旅途上的補給站。「將每章之間短短的空白當作旅舍或歇腳處，在這裡稍作休息、拿杯飲料。」他又表示多數人每天閱讀不超過一章，因此每章應設定為讀者能一口氣看完的長度。分章節是為了誘導讀者定期暫停，別被逼著向前推進度，以免「非得折頁做記號破壞了書本的美」。

菲爾丁這段話或許沒那麼認真，卻頗有幾分道理。篇章的設計是為讀者考量，因此不同書籍、文類的標準也不一樣。床邊故事就該半小時內能收尾，懸疑或通俗類型就走短小但吊人胃口的路子。然而，至此也可以發現：分章的用意是讓作品好讀，而不是好搜尋，因此以章作為索引的位址標記顯得太粗略。一口氣能讀完的量也不算少，要從裡面找到特定字詞或敘述，依舊有種大海撈針
91 的無力感。菲爾丁還補上一句：「作者切開作品，就像肉販切開肉品，一個幫讀者，一個幫客人。」至於索引？旁邊涼快去吧。

十三世紀結束前，中世紀的索引編纂者已經開始尋求新形態的位址標記，希望精細程度能得到進一步提升，而且同樣適用

於從未有作家或編輯為其分割的作品。不過新的位址標記必然與文本建立新的關係，不再以思緒連貫為第一優先，即使句子中間，甚至字詞中間，也毫不留情將之切斷，效忠對象並非內容或論述，而是書這個實體。本章接下來，或者應該說本章之後這幾頁，就將重點放在書本如何製作，亦即書本的物質特性。「頁」（page）、「張」（leaf）、「臺」（signature）、「位」（loc）是什麼？還有為何它們的編號在十四世紀與二十一世紀都不大可靠常出狀況？

頁碼與索引

另一間圖書館，另一本古書。時間來到十二月中的午後，冬雨打著窗戶，外頭陰冷潮濕，但我舒舒服服窩在室內與文字相伴。學生放假去了，劍橋大學聖約翰學院圖書館裡只剩下我和館員，對方幫我取來檯燈、閱讀架和代碼為St John's MS A.12的《萬國史》（*Polychronicon*）抄本。《萬國史》作者是十四世紀中葉英格蘭北部柴郡的僧侶拉諾富．黑格登（Ranulf Higden），主題自然是歷史，從規模來看和維爾納．羅列文克的《簡明世界史》一樣頗具野心，因此英語版首位譯者形容它是「自世界之初至我們的時代」。黑 92
格登以古文獻、聖經與中世紀歷史編織出自己的敘事，地球被分為三塊大陸（亞洲、歐洲、非洲），最後停在愛德華三世加冕。這本書甫問世就獲得巨大迴響，可謂中世紀的暢銷冠軍，留存至今的抄本超過百份，幾百年裡遺失損毀的數量很難估算。

撇開內容，書本身是什麼情況？我面前的抄本製作於一三八六年，距離黑格登手稿有幾十年了。抄本兩百多頁，紙張是淺黃色，邊緣發黑泛油光，畢竟是獸皮材料所以有些斑點。中世紀抄本都飄著淡淡皮革味，像是略酸的線香，味道還會附在手指上和沾染衣服。羊皮紙較厚、微捲，翻動時沙沙聲特別大，底部若頻繁摩擦會變薄，甚至透明，我看的這份就是。它經過好幾人收藏才被聖約翰學院取得，第一頁能找到伊麗莎白一世的顧問，身兼數學家、占星學家、神祕學家多重身分的約翰．迪伊（John Dee）的簽名。迪伊找到這個抄本的時候，它也有將近兩百年歷史了，不過資歷最老的名字不在開頭而是在最後——正文最後一段結束，底下有較大字體的一句話是抄寫者留下的註記：「內容到此結束，願上帝賜福於書寫此書之人，其名為約翰．盧頓（John Lutton）。」盧頓耐著性子從另一本書上一字一字抄寫完世界歷史，難怪會覺得自己該得到上蒼保佑。但事實上盧頓這段版權宣告卻又不能算是書的結尾，因為好的史書如《萬國史》自然要附上詳盡索引，
93 或許索引編輯者就是黑格登本人。於是盧頓在自己名字後頭立刻起了新的一欄繼續抄。

《萬國史》索引還是早期的形式，開頭放了一段解釋文告訴中世紀讀者如何運用，我就拿眼前的抄本實驗看看。「首先注意右上角的張碼，這是每張紙的編號。」有點繞口，看得懂就好。再來？「從表格中找到需要的項目。」也就是索引條目。說明書接著說：

> 舉例而言，「亞歷山大摧毀泰爾城（Tyre），只留下斯特拉托（Strato）家族 72.2.3」，這裡的72代表項目標題位於右上角

標註為72的那一張紙上，後面的2和3則代表亞歷山大與斯特拉托的相關內容位在第二和第三欄裡。[4]

唔……還是解釋得很累贅，但我懂，照著做吧。翻到標記72的那張……然後很好笑，完全沒看到亞歷山大，第二欄沒有，其他地方正面反面都沒有，反而找到後繼者塞琉古（Seleucus）的故事。從時代可以推論這張內容是亞歷山大死後的種種發展，所以我往前翻，倒著追溯到亞歷山大的衰亡、最後幾次戰役、總算來到泰爾城被滅，是這張紙的背面，翻過來看到張碼66。[5] 怎麼回事？前面的說明書不能信？還是索引做壞了？

答案是，索引沒壞，至少**原本**可以正常發揮功用，只是碰上 94
這本書是特例。六百年前，盧頓手抄《萬國史》時，會找另一份抄本放在面前當作範例。問題在於古時候抄寫員很難嚴格遵守分張分頁，常遇上書大紙小或書小紙大的情況。聖約翰學院這個抄本與我筆電的大小差不多，算是中間尺寸。倘若盧頓當初的示範樣本稍微小一點，本來位在張碼72的字句就會往前挪到66，這很合理。儘管對於索引功能而言這個現象至關緊要，可惜約翰·盧頓似乎對索引技術毫無概念，將索引表格的張碼原封不動搬過去。內文是完美的，索引不是。

仔細一看就明白狀況了：索引前面的使用說明還在，索引表單的張碼卻被刪除——而且是被人拿刀子刮掉，這位讀者應該真的很火大，而我們則因為這幾張羊皮紙表層變薄、重量變輕而得以還原事情經過。抄本的上方，或者偶爾在側面，會出現後人留下的中世紀紅墨水筆跡（與盧頓明顯不同），這些標示就能對

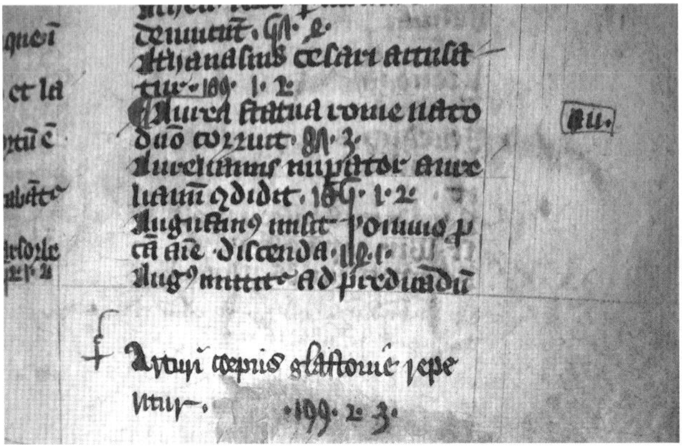

圖15　中世紀版本的「失效連結」。羊皮紙上，數字底下的深色部分就是原本錯誤的位址標記，被刮除之後重新寫上正確的檢索位址。

得上，可見很早就有人察覺索引出問題無法正常運作，也證明中
世紀讀者一樣想要在歷史文獻中**查詢**資料。頁碼或當時只在單面
標記的張碼可以提升查詢精準度，代價則是可轉移性下降：每次
95 重抄都得重新編碼。幸好索引對不上的問題主要只困擾中世紀抄
本，十五世紀中葉某一天忽然就徹底解決；當然對盧頓而言為時
已晚。

古騰堡的印刷發明

恩尼亞．席維歐．皮可洛米尼（Enea Silvio Piccolomini）的人生經歷曲折，後來他甚至也不叫做恩尼亞了，而是大家熟知的教宗庇護二世。他擔任過前教宗派遣到英格蘭的大使、維也納

神聖羅馬帝國皇帝的桂冠詩人，還分別在史特拉斯堡與蘇格蘭生過孩子，遺憾的是都沒能長大成人。當上教宗以後，他說動瓦拉幾亞大公「穿刺者」弗拉德．德古拉對鄂圖曼開戰。弗拉德三世以手段殘酷在歷史留名，例如他將鄂圖曼帝國使者的頭巾釘入對方頭顱。這些還不夠精彩的話，從皮可洛米尼自己留下的文字來 96
看，六百年前發生了撼動世界的大事件，而他是目前所知最早的見證者，甚至在其中占有一席之地。

一四五五年春季，皮可洛米尼再過幾個月就滿五十歲，神職生涯卻只爬到山腰，距離他的巔峰還有好一段路要走。他當上故鄉義大利西恩納的主教，但居住在維也納腓特烈三世的宮廷中。三月十二日，他坐下來要寫信給自己的導師紅衣主教胡安．卡瓦哈爾（Juan Carvajal），寒暄過後話題接到兩人的上一封信，有條消息引起對方不小興趣。首先皮可洛米尼打趣說：「閣下您派的人比天馬飛得還快，想必很關心這件事！」[6]他們討論的是法蘭克福商展上有個「厲害人物」推銷一種新發明，能夠快速大量產出聖經卻無需僱人手抄。可想而知，那位厲害人物就是約翰尼斯．古騰堡（Johannes Gutenberg）。前次通信時皮可洛米尼只是耳聞風聲，今天他則向紅衣主教報告自己對印刷術的第一手印象：「人家告訴我法蘭克福有位厲害人物，這事情千真萬確。雖然還不是完整經書，但我已經看到很多疊稿子，字體整齊清晰，非常容易閱讀。」皮可洛米尼不忘補上一句，「閣下就算不戴眼鏡也能輕鬆分辨每個字。」紅衣主教和眼鏡似乎特別有緣。他承諾會為卡瓦哈爾購買一本印刷版聖經，卻又表示或許力有未逮：「怕的是買不到……據說書還沒出來，買

97 家已經排隊等著。」西方首次以活字印刷術大量產出的書籍《古騰堡聖經》在預購階段即銷售一空。

儘管古騰堡的發明（應該說一系列發明，包括可重複使用的小型金屬字模與其鑄造技術、能夠快速上色又不像一般墨水容易散開的油墨、如何在頁面上平均施壓等等）最初是其故鄉德國美因茲（Mainz）市的商業機密，但後來擴及全歐洲是無可避免的結果。一四六二年，美因茲捲入戰亂，許多居民逃離，其中不少人接受過印刷術訓練，他們輾轉到了烏爾姆、巴塞爾、威尼斯、羅馬等地開設印刷廠。一四七三年前後，英國商人威廉．卡克斯頓（William Caxton）在工作之外遭遇難題，前往法國科隆接觸到印刷時覺得如獲至寶。卡克斯頓住在布魯日多年，打進了勃艮第公爵婦人約克的瑪格麗特（Margaret of York）的社交圈。他本身喜歡翻譯，將一部特洛伊傳奇詩歌譯為英文並在宮廷英語人士間大受好評，可是詩歌分量極長，若要以抄本分享給所有人實在規模浩大。「我的筆鈍了，」卡克斯頓曾留下這樣的文字：「我的手累得舉不穩，我的眼睛看不清白紙黑字，我沒有勇氣像過去那樣焚膏繼晷。」[7] 只要靠印刷，卡克斯頓不必眼睛乾澀手腕痠痛也能產出足夠數量送給所有人。（反正可以雇用工人從早到晚盯著小活字做排版與出力氣操作笨重的機器。）

他翻譯的《特洛伊歷史集》（*Recuyell of the Historyes of Troye*）
98 是英格蘭首次的印刷品。他在文末的說法是書籍印刷「當天開始、當天結束」，這顯然有點誇大其詞和廣告不實，但重點傳達到就好——生產書籍的時間大大縮短了。古騰堡的發明開啟印刷時代，促成書刊量產。卡克斯頓吹捧其速度，但他那時代的人尚未記錄到另一個更重要的特徵，而且或許只是個副效應：量產導致一致性，每次印刷出來的每本書刊不只內容一樣，連版面、分頁也一樣。讀者不再需要靠章節來描述自己讀到的位置，能夠描述得更加精準。只要手上的書版本相同，「最後一張、正面、中間偏下，他說自己一天就把東西都印出來了」這個句子必然會在同一個位置，大家看著同一頁總沒有誤會★。

乍聽很棒，可是在這個例子裡，引用的句子正好在最後一張紙才容易找到，萬一想找的東西藏在幾百頁中間的某處呢？譬如亞歷山大與泰爾城可能落在世界史的三分之一前後？印刷術確實使頁面形態穩定，但這種一致性真正得到活用得再等十五年：科隆印刷的佈道書終於採用頁碼，書頁邊緣暈散模糊的數字是不同讀者的共同語言。頁碼成為最普遍的位址標記，僅次於字母排序的基礎元素，兩者活躍於過去五百年內幾乎所有書籍索引中。翻
到本書最後，或者說翻到任何一本書的索引看看——千篇一律以 99
明確頁碼指引讀者。它們都是佈道書上那個J的子子孫孫。

除非……你看的是電子版，於是換成百分比進度條和「本章剩餘時間」訊息（或許是菲爾丁夢寐以求的功能）？因為版面「可重排」（reflowable）†，讀者能夠擴大或收縮邊界、放大或縮小字體，甚至字形想用大氣的帕拉提諾（Palatino）還是規矩的泰晤士

★ 譯按：此處以英文俗語on the same page（通常指相互理解或立場一致，直譯則為「在同一頁」）做了個文字遊戲。

† 譯按：亦稱流式、流動版型。

（Times）都悉聽尊便，但這麼一來可靠的頁面排版再次脫軌。換個角度思考，螢幕不能說是頁面，當然為了使用者方便以及不同格式轉換時的連續性，電子書**也**可以加上頁碼，如此一來無論讀者怎麼更動顯示設定都能與實體版對照。不過沒人規定出版社得這樣做，因此電子書也有可能帶領人類回到約翰．盧頓的情境，你的亞歷山大比我的亞歷山大早了六個螢幕率先兵臨泰爾城下。

即使如此，每本電子書的搜尋欄裡還是藏著索引（精確地說是語彙索引），只要輸入想查找的字句，軟體就會列出所有出現位址，點一下就將畫面轉移到對應段落。既然不是頁碼，這些檢索位址怎麼標記？電子書的檢索定位不依附於裝置硬體，直接包裹在下載檔案內，而且與印刷品一樣：同版本的每個檔案都一模一樣。就算兩個讀者用了不同字體大小，只要檔案是同一個，檢索位址就沒有差異。以Kindle為例，每一百五十位元組（bytes）會下一個名為「loc#」的定位碼，好比切割內容後貼上數字標籤。「loc#」和頁碼一樣獨立於內容而強行插入，不考慮思緒是否連
100 貫、語氣停頓是否合理，無論權威人士談話或者斜體縮排超連結的控制代碼，只要湊滿一百五十個位元組就必定被切斷，是相當無情的演算法。好處在於很精細，目標詞語的可能範圍小於一則推特貼文長度。

儘管很準確，電子檔定位碼尚未成為社會主流，例如《芝加哥格式手冊》（*The Chicago Manual of Style*）似乎對它就不大滿意，指出即使引用電子書，篇章或段落編號這類基於**文本**、不具任意性、沒有自創格式的分割標準依舊比較好，轉換便利優先於切割

精細。手冊建議大家若真的不得不引用電子定位碼，至少要記得附上總數，例如「位置碼3023之444」，如此一來其他格式的讀者至少能大概推算索引條目落在什麼部分。

五百五十年前的狀況沒有比較好，頁碼概念不似預期般迅速流行，元老J出現後的幾十年內頁碼依舊罕見，十五世紀末依然僅約一成印刷書刊會附上頁碼。[8] 想瞭解現象成因可以比較兩個文件，詳細觀察並模擬其製作過程與使用情境。它們生在同一年，都是一四七〇年的印刷品，其中對照組不消說自然是亞諾・瑟荷南幫羅列文克印製的佈道書；實驗組則要回到印刷術的搖籃德國美因茲，有個人一開始就在那裡等著了。[9]

索引與印刷術的合作

彼得・薛佛（Peter Schöffer）原本是古騰堡旗下的領班，兩人 101
決裂之後他獨自經營印刷廠也很成功。某天他印了單張單面的廣告推銷自家產品，傳單與書本經由銷售人員帶往全國各地，目標客戶為學生、神職人員或其他受過教育的人。推銷員每到一個新城鎮就將傳單放在那些人能看到的地方，並且留下聯絡方式。當年印了多少傳單我們不得而知，目前留存的只有一張，過了四百年在十九世紀末才被發現，夾在一本書的封面內側。它是已知最早的「書單」，收藏在慕尼黑的巴伐利亞國立圖書館（Bayerische Staatsbibliothek）。

雖然一般都說它是印刷出來的書單，但這個敘述有點簡化實際情況。它的真正用途稍微複雜些，而且不是純粹的印刷品。單子頂端華麗的哥德體請有意購買表列書籍的人前去「下面寫的場所」，所以單子底部褪色褐墨水真的是手寫地址：*Venditor librorum reperibilis est in hospicio dicto zum willden mann*，「可在野人旅舍找到書商」。因此這份傳單是印刷品與手寫字跡的互動，而且是可以「填入地址」的表單形式，同時利用印刷的複製能力與人工書寫的彈性。書商今天落腳紐倫堡野人旅舍、明天投宿慕尼黑修道院也無妨，同樣一張廣告全部適用，只要他帶著足夠分量的傳單與筆墨就好。這張書單提醒我們：所謂「印刷時代」（print
102 era）是十分籠統的說法，其實手寫這個行為從未徹底消失，即使古騰堡掀起出版革命，後續幾十年內印刷和手抄之間維持著複雜的關係，之後我們會再回頭詳談。先來看看薛佛的書單上有些什麼項目。

二十項商品為首的，不意外是「以羊皮紙印刷的精美聖經」，接下來有宗教、法律、人文經典，包括聖歌和經文集、西塞羅和薄伽丘等等。多數商品列出的書名和作者名只占一行字，只有第五項奧古斯丁《論基督教教義》（*On Christian Doctrine*）得到比較多介紹：「附有清楚表格方便佈道者使用。」換言之，薛佛與他聘請的銷售員認為書籍附有索引是個主要賣點，必須要讓客人瞭解。畢竟這也是印刷書籍的頭一遭。[10]

然而，傳單並未強調索引的新鮮之處，也就是說薛佛並不認為索引是新發明。那本書的索引相當不錯，首先它極為詳細，正文只有二十九頁，卻做出了七頁的索引；再者，結構縝密，有副

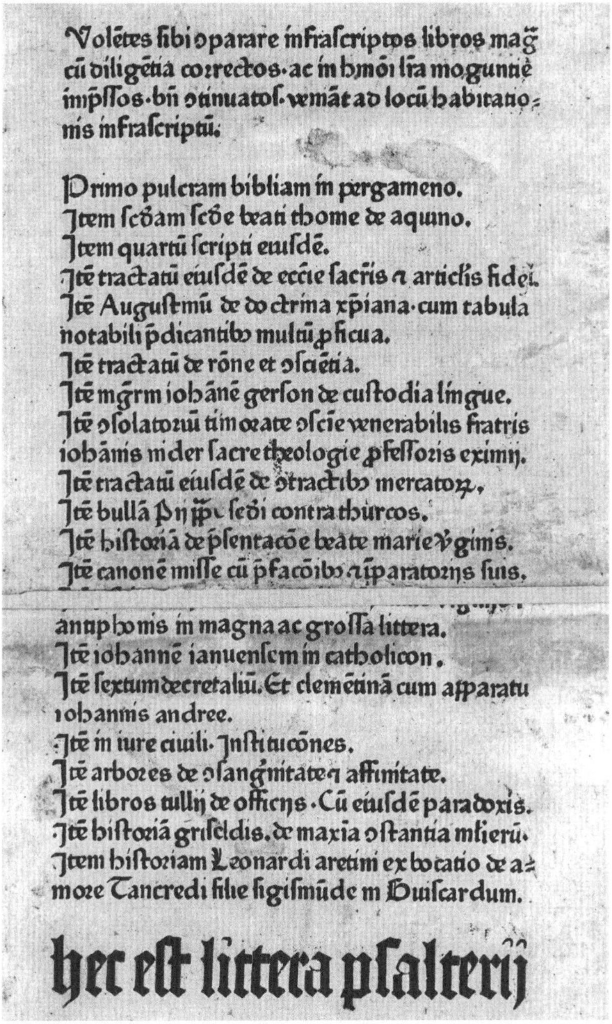
Volētes sibi ꝯparare infrascriptos libros mag
cū diligētia correctos· ac in h'mōi lra moguntiē
impssos· bn̄ ꝯtinuatos· veniāt ad locū habitatio-
nis infrascriptū.

Primo pulcram bibliam in pergameno.
Item scđam scđe beati thome de aquino.
Item quartū scripti eiusdē.
Itē tractatū eiusdē de eccie sacris ⁊ articlis fidei.
Itē Augustinū de doctrina xpiana· cum tabula
notabili pdicantibꝯ multū pficua.
Itē tractatū de rōne et ꝯsciētia.
Itē mgrm iohānē gerson de custodia lingue.
Itē ꝯsolatoriū timorate ꝯscie venerabilis fratris
iohānis nider sacre theologie pfessoris eximij.
Itē tractatū eiusdē de ꝯtractibꝯ mercatorꝝ.
Itē bullā Pij pp· sedi contra thurcos.
Itē historiā de psentacōe beate marie v'ginis.
Itē canonē misse cū pfacōibꝯ ⁊ ꝑparatorijs suis.
antiphonis in magna ac grossa littera.
Itē iohannē ianuensem in catholicon.
Itē sextum decretaliū. Et clemētinā cum apparatu
iohannis andree.
Itē in iure ciuili· Institucōnes.
Itē arbores de ꝯsanguinitate ⁊ affinitate.
Itē libros tullij de officijs· Cū eiusdē paradoxis.
Itē historiā griseldis. de maxia ꝯstantia mlierū.
Item historiam Leonardi aretini ex bocatio de a-
more Tancredi filie sigismūde in Guiscardum.

hec est littera psalterij

圖16　彼得．薛佛印刷廠的廣告書單（約一四七〇年印製）。底部是銷售員手寫自己駐紮「於野人旅舍」。

標、交叉引用，複雜的詞彙也提供多個切入點。[11] 由於潛在買家或許會先翻翻前言，那邊也特別強調「精心整理索引並以字母排序」，並聲稱正文因索引而易讀易用，光索引部分就對得起售價。[12]

透過傳單與作品，薛佛嘗試以索引吸引客人，主打品質與實用而非創新。收錄仔細、條理分明的索引在手抄本幾百年的歷史
104 裡自然也曾出現過，薛佛代表了印刷時代初期的社會心態，並非想與過去切割乾淨。恰好相反，他們希望印製出來的書本與手抄本盡可能相似，若讀者無法分辨就再好不過。若要給頭十年的印刷業下個座右銘，大概會是「物美價廉」。挑選字體時盡量貼近筆跡，還在篇章開頭放上花俏大紅字以模仿手工雕琢感。薛佛書單的招牌是聖經，居然採用羊皮紙印刷。至於位址標記，薛佛版《論基督教教義》為每個段落做編號，其依據為抽象內容而非實體書本。索引表格本身沒有突破，提早一世紀同樣做得出來。索引與印刷術的初次合作延續手抄本時期的特徵，形式完整典雅並複製手寫風格，印刷頁面的種種潛在可能性遭到忽略是刻意為之。

薛佛忙著將印刷機當影印機生產傳單給推銷員的同時，北方一百英里外科隆也有亞諾．瑟荷南經營的印刷廠。羅列文克佈道書第一頁印出來了，油墨未乾掛在房間裡的一條繩索上。瑟荷南換上工作圍裙拿起放大鏡仔細檢查還會反油光的字母，忽然停下動作瞇起眼睛，低頭仔細打量後轉身對領班搖頭：那個J印壞了。

為什麼說印壞？看看第一頁其他地方，撇開手工加上的花體
105 大紅字，可以發現幾乎所有文字都被包在一個長方形範圍內，只有那個J例外。活字字模必須鎖緊，以免印刷過程中掉落，因此單

一長方形最完美；頁邊或首尾的附加內容不僅要多一道工序，失誤與版面混亂的機率也會倍增。像那個小J就很麻煩，必須單獨固定，若有鬆動就會稍微高於其他字母或沾到過多油墨。

想像瑟荷南看著印出來的書頁，腦袋快速轉動。不過是墨漬而已，調整一下就能解決，鬆開字模敲一敲再塞回去重印試試。（博德利圖書館這本的J模糊了，但柏林國立圖書館有另一本的J清晰乾淨。）他對工人說，印刷就這樣，偶爾會出狀況，但至少那個頁碼還算看得懂，不必大驚小怪。然而，他心裡也不斷計算：花這工夫划得來嗎？有人需要頁碼？為小節日印製的小佈道書，放上頁碼能提高多少銷量？

索引有附加價值，因此書商會拿來宣傳，聲稱「對得起售價」。頁碼則沒有這麼好命，直至此時尚無法證明自己值得工人費心。其實部分早期的印刷廠有察覺到印刷術是索引的新契機，卻沒朝頁碼這個方向思考，原因是已有別的位置標記能夠滿足需求。比方說，大約一四八六年於聖奧爾本斯鎮印製的《英格蘭編年史》（*Chronicles of England*），也是一部談歷史的大部頭，與聖約翰學院收藏的《萬國史》一樣在索引開頭有簡單的使用說明：

> 以下為本《編年史》的詞彙簡表。首先，請留意每張紙都 106
> 有標記，標記開頭為字母A到Z，字母後面接有ij. iij. iiij.一直到viij.的編號。本表查到的詞條會出現在標記對應的頁面。

看來頗怪，字母接數字，而且全部字母都用上？沒錯，其實這些不是我們認知的「頁碼」，而是印刷及裝訂使用的臺號——這個環節出錯導致卡爾維諾《如果在冬夜，一個旅人》的時空混亂。

印刷業有自己的一套流程。想像報紙，短一點的，只有十六頁，從中間打開。標示為第八版和第九版的兩頁其實位於同一張，只是從中間對折。翻到背面的話，左右分別是第七版與第十版。

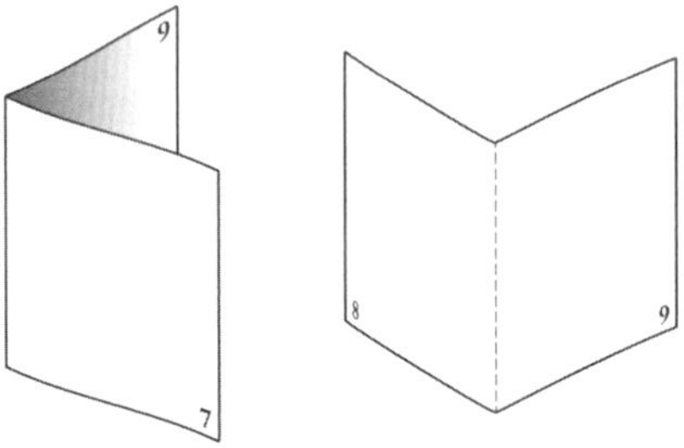

圖17a　兩張、八頁的結構。

107 上述報紙實際上是四張紙疊合後對折。讀者希望頁碼照順序從1排到16，但負責疊報的工人只需要確保四張紙（姑且以i-iv稱之）的組合順序正確。問題是張碼和頁碼的轉換沒那麼直覺：

張碼	頁碼
i	1,2,15,16
ii	3,4,13,14
iii	5,6,11,12
iv	7,8, 9,10

想避免報紙散開可以由中央裝訂後對折，很多雜誌與漫畫也這樣處理。更仔細一點就用線裝，常見的有小本故事書和詩集。

再大一點的書，至少以精裝書而言，實質上就是反覆這個重疊裝訂的工法並加以組合。每張紙一「臺」，內容越長臺數越多。如果 108 將臺以A、B、C排序，便能夠為每張紙做記號，知道上面是哪幾臺又如何分佈：

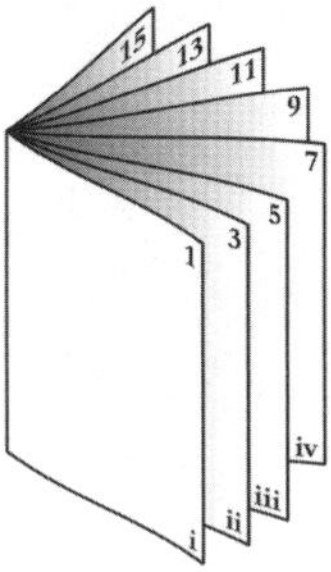

圖17b　四張、十六頁的結構。

臺碼	頁碼
Ai	1, 2, 15, 16
Aii	3, 4, 13, 14
Aiii	5, 6, 11, 12
Aiv	7, 8, 9, 10

臺碼	頁碼
Bi	17, 18, 31, 32
Bii	19, 20, 29, 30
Biii	21, 22, 27, 28
Biv	23, 24, 25, 26

臺碼	頁碼
Ci	33, 34, 47, 48
Cii	35, 36, 45, 46
Ciii	37, 38, 43, 44
Civ	39, 40, 41, 42（以此類推）

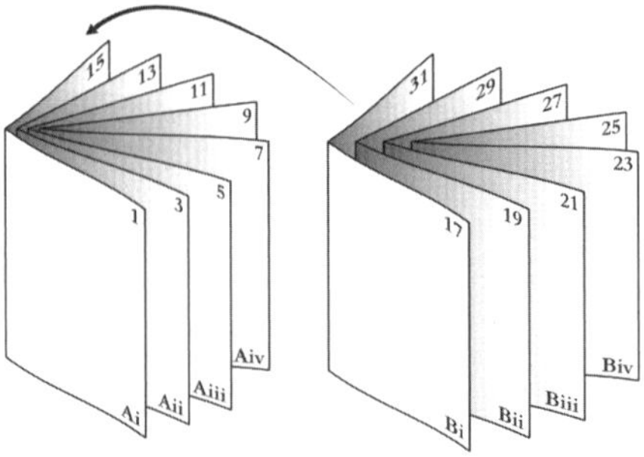

圖17c　兩臺、三十二頁的結構

109 在卡爾維諾的小說裡，B臺後面本該接C臺，但裝訂工人不小心又抽了B臺的一張疊進去，於是：「看頁碼！見鬼了，怎麼從三十二跳回十七？」

回頭看看《英格蘭編年史》，聖奧爾本斯那間印刷廠的做法挺精明，不仰賴章節或段落編號，索引表格直接對應書本實體，畢竟為了避免裝訂錯誤原本就需要臺號。只可惜他們忘了一個慣例：若以十六頁報紙為例，紙張重疊、從中對折，意思是工序上只需要一半臺號，前面順序正確時後面都是同樣幾張紙不可能錯。因此八張紙裝訂時工人通常保留前四個臺號，一本書翻起來下方角落的標示是「a1、a2、a3、a4、空白、空白、空白、空白、b1、b2、b3、b4、空白、空白、空白、空白、c1……」。由此可見，聖奧爾本斯印刷廠的做法並非最佳解決方案，但至少起步了。儘管只是一小步，他們開始朝更簡便的位址標記邁進。

其他印刷廠沒這麼細心。一四八二年於倫敦出版的法律教科書《新地產法》（*New Tenures*）也採用對應臺碼的索引，卻按照常規只在每一疊的前半做記號，所以有一半條目指向根本沒有記號的頁面。想知道「合謀」（Collusion）是什麼？在*b viii*，先找到*b iv*再數四頁……太偷懶了，不具實用性，原本或許很方便的工 110
具在敷衍了事之下白費工夫。然而，這也是個提醒——印刷書刊在這個階段開始與手抄本競爭，讀者似乎並不抗拒，願意自己標上頁碼。大英圖書館收藏的《新地產法》能看到手寫頁碼，但只出現在索引提到的頁面。就連當時最負盛名的印刷商阿爾杜斯．馬努提烏斯（Aldus Manutius）也曾對讀者做過這種要求，他在一四九七年出品的《希臘語辭典》（*Dictionarium graecum*），書中有大分量的索引卻沒有對應的編號，反倒附上紙條請讀者「在每頁角落標記數字」。[13] 這也算是DIY的先驅吧。十六世紀初，索引就像混血兒，介於抄本與印刷本之間，但從《新地產法》到《希臘語辭典》，我們可以看見趨勢從若隱若現的臺碼逐漸轉移到尚未成型的頁碼。

雖然索引存在數百年，但其普遍化的最大推力來自印刷品頁碼。古騰堡之後的一世紀間，頁碼出現在各式作品，除了前述的宗教歷史法律，也延伸到醫學數學、故事歌謠等等。路德維柯．阿里奧斯托（Ludovico Ariosto）一五一六年著名的史詩創作《瘋狂奧蘭多》（*Orlando Furioso*）裡有段插曲很有趣，說到英格蘭騎士阿斯托爾福（在幾章前遇上慷慨妖精餽贈魔法寶典）被丟進幻

111 影城堡，但他毫無所懼，因為他很清楚如何應對：

他翻開寶典開始查表，
打算破除此處魔法。
索引明白列出一條：
「富麗堂皇的宮殿幻象」。（22.14-15）★

所以說阿里奧斯托的時代連妖精的藏書也有完整索引（這裡採用的翻譯版本略過一個細節：索引有附頁碼）。

索引開始普及，精細度也逐步提升。十六世紀中葉，瑞士巴塞爾的席奧多・茲溫格（Theodor Zwinger）或蘇黎世的康拉德・格斯納（Conrad Gessner）都製作出最頂級的索引，細緻度至今難以被超越。[14] 格斯納曾讚揚索引對學術研究大有裨益，還將索引與印刷術的發展加以連結，認為索引是僅次於印刷的第二項重要發明：

如今公認書籍應附有詳盡且按照字母排列的索引，越龐大繁雜的內容越需要。索引對學者的好處太大了，只輸給活字印刷這樣奇蹟般的發明⋯⋯生命已經很短，對於涉獵多種領域的人而言，索引有絕對的必要性。[15]

★ 作者注：此處採用約翰・哈林頓（John Harington）版譯文。伊莉莎白女王為其教母，他還發明了抽水馬桶，卻一度被逐出宮廷，回宮的條件是翻譯《瘋狂奧蘭多》——沒想到他真能做到，還做得很好，一五九一年完成全文。《瘋狂奧蘭多》義大利原文中提到妖精羅傑斯娖拉的魔法書索引時這樣說：all'indice ricorse, e vide tosto/a quante carte era il rimedio posto，直譯其實是：「他翻到索引片刻之後，便找到解法所在的頁數。」

但格斯納也呼籲大家小心運用這項工具。他的另一段話指向索引用法有對錯之分：

即使有些人掉以輕心過分依賴索引……沒有按照順序有條 112
有理完整閱讀作者陳述的內容，書籍本身的價值也絲毫無損。一樣東西不該因為方便有效而被貶低，要怪就怪無知與偷懶的人為何誤用。

換言之，有「無知與偷懶的人」將索引**當成**正文使用卻又反過來詆毀索引。格斯納一眼洞穿，明白問題並非出在索引本身，可惜下面一章、下面幾頁、下面好多個定位碼裡就會看到其他人炮聲隆隆。

〔第四章〕

是地圖還是疆域★？遭到公審的索引

我無法保證本書的索引精準到絕對沒漏掉任何名字。——托馬斯·富勒 Thomas Fuller，《從毘斯迦山看巴勒斯坦》*A Pisgah-sight of Palestine*

★ 譯按：此句改編自俗語「地圖不等於疆域」。

113 一九六五年十一月二日，紐約民眾投票選出新市長。兩位主要候選人的票數十分接近，最後由共和黨的約翰·林賽（John Lindsay）以四十五對四十一的得票率，勝過民主黨的亞伯拉罕·貝姆（Abraham Beame）。票數遠遠落後的第三位候選人小威廉·巴克利（William F. Buckley, Jr.）是保守派知識份子與《國家評論》（*National Review*）雜誌編輯。勝選之於他本就難如登天，他在六月宣布參選時，《紐約時報》曾挖苦他不懂大眾觀點、缺乏自知之明：

> 他視紐約為水深火熱急需救援，以一如既往毫無自信的態度站出來力挽狂瀾。不過紐約民眾似乎尚未做好得救的準備，對他參選可謂萬人響應、無人到場。

然而，他不妥協的保守作風仍舊具有影響力，選民傾向逐漸
114 右傾，最終營造出對林賽有利的局面。★但巴克利真正有名的是乍看高高在上、實則詼諧機智的演講風格，選舉過後不久他便開始主持政論節目《火線》（*Firing Line*）直到二十世紀結束。儘管表面上只拿到一成四的選票，實際上他不僅是左右選情的關鍵，還產出許多名句。其中最為人所知的，是臨場忽然被問到若是勝選會怎麼做？他回答：「要求驗票。」競選過程受到矚目，選後的他也不出所料，與許多敗選得閒的政治人物一樣：利用冬日在家的時間寫本書聊選舉。

翌年十月，巴克利《解構市長》（*The Unmaking of a Mayor*）

★ 譯按：小威廉·巴克利其實是因為不滿約翰·林賽而出來參選。

一書出版。書中各種大爆料之外的一個小爆料發生在註腳，對象是和他亦敵亦友的另一位公共知識份子諾曼．梅勒（Norman Mailer）。（諾曼本人描述雙方關係是「辛苦的友誼」。）巴克利說梅勒不讓自己引用兩人的通信內容，「或許他後悔說過我的好話」，不難看出他們互動方式很矛盾。既然對於私人通訊是否可以公開沒能達成共識，梅勒會收到贈書還真不叫人意外。書中第三百三十九頁上，索引條目「梅勒，諾曼，259、320」旁邊有巴克利拿紅色原子筆親手寫下的留言：「嗨！」

這個小故事的笑點在於：巴克利算準梅勒拿起書的第一個動作，是往後翻到索引找出自己那條，因此能這樣戳中他的自戀，也戳中兩人帶著火藥味的友情。梅勒想知道關於自己的事情，這一點我們看了或許會心一笑，也或許心裡會冒出微微的尷尬—— 115
這跟很多人曾試著上網Google自己幾次，本質上有何不同？當然有些人真的覺得差多了，無法相提並論，還有些人早就聽過這件趣聞。我提起自己要寫書聊索引時，不少人直接就想到巴克利和梅勒。另外，這件事情是真的，因為梅勒過世後，他的藏書與文件由德州奧斯汀市哈利．蘭森展覽館（Harry Ransom Center）保存，其中就有那本索引寫了「嗨！」的《解構市長》。

索引與文本

不過每次我聽完這個故事，總覺得事情不單純。這個惡作劇 116
如何能夠成立？姑且放縱想像吧，事情或許如此展開：曼哈頓上

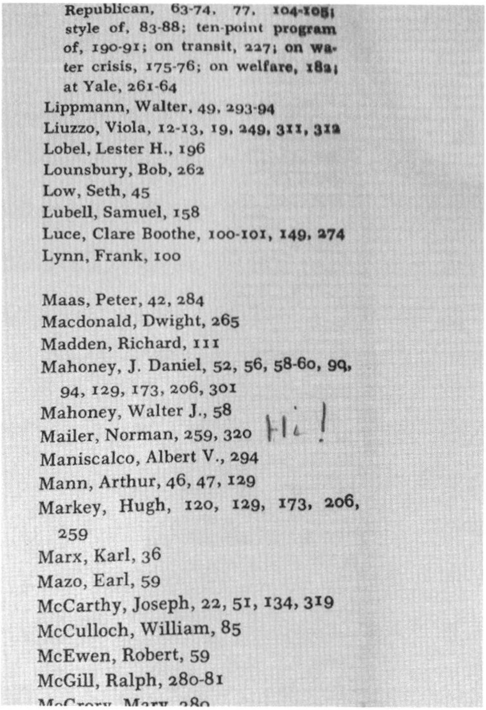

Republican, 63-74, 77, 104-105; style of, 83-88; ten-point program of, 190-91; on transit, 227; on water crisis, 175-76; on welfare, 182; at Yale, 261-64
Lippmann, Walter, 49, 293-94
Liuzzo, Viola, 12-13, 19, 249, 311, 312
Lobel, Lester H., 196
Lounsbury, Bob, 262
Low, Seth, 45
Lubell, Samuel, 158
Luce, Clare Boothe, 100-101, 149, 274
Lynn, Frank, 100

Maas, Peter, 42, 284
Macdonald, Dwight, 265
Madden, Richard, 111
Mahoney, J. Daniel, 52, 56, 58-60, 90, 94, 129, 173, 206, 301
Mahoney, Walter J., 58
Mailer, Norman, 259, 320 Hi!
Maniscalco, Albert V., 294
Mann, Arthur, 46, 47, 129
Markey, Hugh, 120, 129, 173, 206, 259
Marx, Karl, 36
Mazo, Earl, 59
McCarthy, Joseph, 22, 51, 134, 319
McCulloch, William, 85
McEwen, Robert, 59
McGill, Ralph, 280-81
McCrory, Mary, 280

圖18　巴克利送給諾曼‧梅勒的《解構市長》和索引裡的「嗨！」

城的雞尾酒會，豪宅內都是巴克利和梅勒在電視、政治、文學界等各個圈子的熟人，見到彼此並不意外。巴克利將書交給梅勒時態度嚴肅認真地說：「去年特別辛苦，多謝朋友你一路支持。」梅勒沒擺好臉色，接過書之後頭也不抬立刻翻開，跳到索引看見了那個字。巴克利冷笑中伸出手指，指著自己在幾小時前留下的字跡——不對，未必那麼久，說不定就幾分鐘前，可能是最後一刻倚著門框竊笑中寫好才走入會場。梅勒大惑不解，抬頭冒出一句：「這是？」巴克利拉長聲音回答：「老諾你真不讓人失望！」將軍。其他賓客沉默半晌、抽了口氣，然後歡呼嬉笑交織為現代主義交響樂，大家捧腹指著梅勒幸災樂禍——不可一世的他總算栽了跟頭。苦主又羞又怒卻無能為力，滿身大汗中書也脫手落地，Google自己或直接查索引竟如此罪不可恕……

等等，上述情境完全不可能發生。出了這種事一定會傳開，「一九六六梅勒大鬧劇」會成為文學界的年度焦點。麥可．藍儂（J. Michael Lennon）接下整理老作家藏書的重責大任，根據他的回憶，梅勒每天都會收到五、六本書，所以更貼近現實的設想是，《結構市長》一書隨著早報一起出現。[1] 而且梅勒或許穿著睡衣拖鞋站在信箱旁邊就翻開索引看，也可能書放在書桌上過了好幾天好幾週，甚至直到最後都沒被打開過。事實上，這些都不重要。 117
巴克利的惡作劇厲害在於，明明沒人見證梅勒翻書，無法**肯定**他用索引查過自己，卻總覺得他一定有。巴克利留下字跡那一刻，整個事件就**有可能**成真，所以他動筆時已經成功了，這是設下瞬間即觸發的陷阱。反過來說，梅勒真的先看索引又如何？雙方為內容起過爭執，梅勒要求巴克利不可引用私下通信，收到贈書先確認對方有否逾矩也是人之常情。全文從頭讀到尾要花好幾個鐘頭，得特別留時間處理，但透過好的索引輔助，檢查引用文字用不了幾秒。

之於我，這才是故事精華。雖然對一個玩笑想太多有點煞風景，況且通常大家討論的是兩人互別苗頭，可是我忍不住被挑起興趣，開始琢磨人類閱讀過程的認知矛盾。徹底讀完一本書、從書中尋獲特定資訊，兩種行為的時間比例與上下關係怎樣設定？我們是否**不應該**在完整閱讀之前先翻到索引，這是不好的行為？一五三二年，當時最偉大的學者鹿特丹的伊拉斯謨（Erasmus of Rotterdam）在公共知識份子中的地位是巴克利與梅勒夢寐以求，而他曾經以索引的形式寫完一整本書，並在序言中表示自己是不得已而為之，因為那年代「很多人只讀索引」。[2] 很可愛的一句諷刺，而他的前輩康拉德．格斯納十年後才擔憂「無知與偷懶的人
118 誤用」。印刷品索引問世不久便敲響警鐘，許多人擔心它會鳩占鵲巢**取代**書本的地位，導致大眾閱讀方式不再**合宜**並自食惡果——就像梅勒那樣，書從後面看起。這股焦慮與日俱增，在十八世紀初達到巔峰，下章會詳述。現代人或許對於數位媒體有類似感受：Google讓人變笨了嗎？但話說回來，到底誰**真的**讀書只讀索引？伊拉斯謨和格斯納是不是誇大其詞、危言聳聽，以突顯自身優越？

審判開始，來看看第一項證物：一五一一年，羅馬史學家盧修斯．弗洛魯斯（Lucius Florus）的著作在威尼斯出版，書末附有字母排序的長篇索引，以當年流行的花俏寬式字體編排，一頁兩欄，最前面附上短文：

> 親愛的讀者，細看以下列表，
> 遵循指引可將全書收於心中，
> 第一個數字是章，第二個是卷，第三個則是段落。[3]

上面文字是翻譯，無法呈現原文的典雅筆觸，與其他說明

文字差別頗大。最後一句解釋了如何判讀定位碼，由於頁碼尚未成為主流，當時仍依賴張碼、臺碼、篇章段落等等。但此處想討 119
論的自然不是定位碼，而是前兩句：細讀索引，或者該說**讀完**索引，從頭讀到尾（拉丁語原文用了*perlege*而非*lege*，代表不是普通的讀，而是徹底地讀）。這個提議頗令人吃驚，通常來說我們不會真的去**讀**索引，而是**運用**、**參照**，甚至只是**瞥**個兩眼，滿足當下需求就好，否則又何必要以字母排序？然而，這本書卻提出另一種做法：細讀索引就能將全書收於心中。其實我不認為那段文字真的鼓勵大家**不**讀正文直接讀索引，或者先讀索引才去讀正文，只是想突顯索引的完整詳盡。可是若很多人認知中的索引就是整本書的濃縮，不難想像會有格斯納和伊拉斯謨譴責的那種學者——為求省時乾脆只讀索引，畢竟人生苦短，就像《項狄傳》主角也感慨過日月蹉跎。既然索引能夠更簡潔地列出所有重點，慢慢讀正文的意義是什麼？

第二項證物得跳到一五六五年冬天。比利時安特衛普出身的名律師彼得．弗雷仁（Peter Frarin）受邀前往魯汶大學演說，十二月十四日他忍著寒冷講了足足兩小時，譴責新教徒是異端的「劊子手、叛徒、狂人、十惡不赦的教會強盜」。[4] 講座非常成功，講稿即刻印刷，不到五個月《談當代新教徒的非法叛亂》（*An Oration Against the Unlawfull Insurrections of the Protestantes of our Time*）一書就在安特衛普出版上市，除了拉丁文版本，還有專門銷往英國的英語譯文。發行人為了擴大受眾無所不用其極，書後附上很奇特的索引與一段說明：「本書索引不按字母或數字順序排

120 列，改採圖片呈現，無論識字或不識字的教徒都能看懂。」資訊很多，比較令人訝異的是「不識字」居然也能使用索引。底下有以演講片段為題的一連串板畫，例如放火燒毀教堂、男子在公開處刑中被開腸剖肚、大學校園內焚書等等。

121 圖片就是索引條目的標題，圖後提供的臺碼指向演講與圖

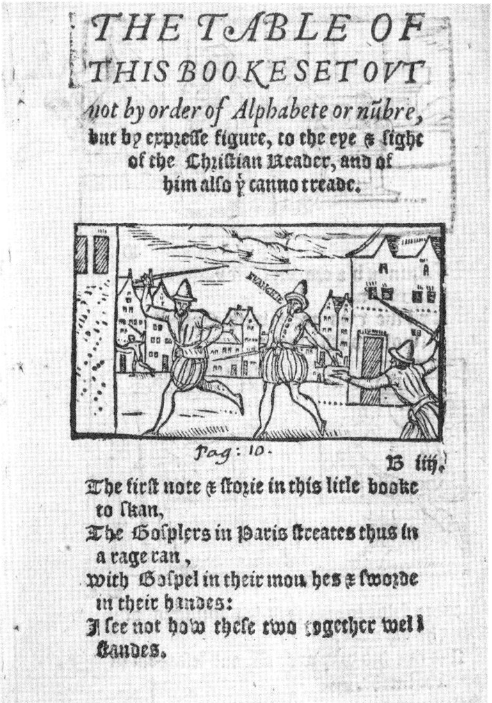
THE TABLE OF
THIS BOOKE SET OVT
not by order of Alphabete or nūbre,
but by expresse figure, to the eye & sighe
of the Christian Reader, and of
him also ẙ canno treade.

Pag: 10. B iiij.

The first note & storie in this litle booke
to skan,
The Gospelers in Paris streates thus in
a rage can,
with Gospel in their mou hes & swozde
in their handes:
I see not how these two together wel
bandes.

圖19 《談當代新教徒的非法叛亂》索引第一頁，位址標記是臺碼，圖文形式對當年的目標讀者同樣新奇。照片內還有早期讀者直接寫上「第十頁」。

片有關的段落。既然看圖說故事，自然不可能採用字母排序。但更妙的是除了插圖和檢索位址，居然還有粗糙的四行詩簡述圖畫情境。第一個條目的板畫裡，穿著合身罩衣的男子們拔劍上街暴動，有人高喊EVANGELIE，也就是「福音」。圖畫下面有位址標記，翻到那頁是弗雷仁譴責新教徒偽善，口口聲聲愛好和平卻行事暴虐，生動描述為：「人模人樣走上巴黎大街，結果好勇鬥狠胡作非為，高舉著刀劍大叫『傳福音！傳福音！』」可是弗雷仁的文字原本用於演說，講到這裡自是慷慨激昂、情緒火熱，但被索引強制轉換為韻文就顯得彆扭：

本書開卷第一回，
新教巴黎上大街，
口喊福音手拿劍，
自相矛盾難理解。

這類型的韻文讓人很難嚴肅認真。最後一句「難理解」想表達鄙視還是憤怒，調侃還是錯愕？本書索引的打油詩語調曖昧，嘲諷與驚恐糾纏難分。還有個很前面的條目是弗雷仁指控神學家 122
約翰．喀爾文與女房東生了小孩，而且房東曾是修女：

五年歲月修女伴，
腹有經綸亦有胎。

挖苦得詼諧逗趣，聖俗對照十分鮮明：「腹有經綸亦有胎」戳的當然是喀爾文不只傳授經文，還傳了別的東西。可是索引條目到後面會涉及新教徒暴虐事例，韻文卻無法跳脫框架。下面這則故事頗為驚世駭俗，一位僧人先被強迫吃下自己的生殖器，然後又被劃破肚皮：

暴徒逞凶施毒手，
可憐老僧失下體，
炭火烤過塞嘴吞，
剖腹開腸看肉滾。

又「吞」又「滾」，此處的輕佻譏諷妥當嗎？顯然並不符合弗雷仁的原意。不過這份索引本就古怪特殊，加上韻文筆觸單一，要讀者得到其他感受很不容易，何況前頁戲謔、後頁悲慟需要強大的情緒換檔彈性，不適用於本質該化繁為簡的索引表格。

其實這本書採用圖文並茂的方式製作索引，追求的是兩全，甚至三全其美。這套索引在一部分讀者手中確實具有檢索功能，從插圖判斷場景並得到位址代碼就可以查詢正文。同時圖集本身
123 是講稿的精華濃縮，不過調性也因此轉變，染上小報風格的諧謔和冷血。再來則如其說明，不識字的人也能當作繪本，看到演講者描述的絞刑、火刑、肢解等等暴行。對於最後這類讀者，或許該說是觀眾，索引已經與原本的魯汶講座脫鉤，是自成一格的獨立作品。

第三項證物是一六六四年詹姆斯．豪威爾（James Howell）的《王者群像》（*Proedria Basilike*），這本書沒有索引，末頁後記由發行人克里斯多弗．艾克勒斯敦（Christopher Eccleston）署名：

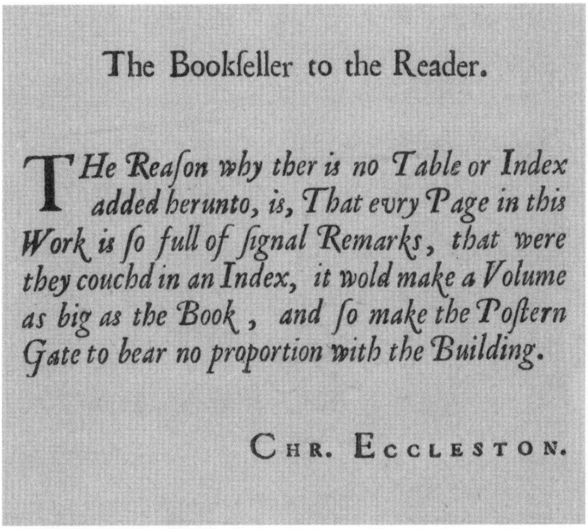
The Bookseller to the Reader.

THe Reaſon why ther is no Table or Index added herunto, is, That evry Page in this Work is ſo full of ſignal Remarks, that were they couchd in an Index, it wold make a Volume as big as the Book, and ſo make the Poſtern Gate to bear no proportion with the Building.

CHR. ECCLESTON.

圖20　詹姆斯．豪威爾《王者群像》中，發行人對於書末未附索引一事做出非正式致歉（non-apology）。

發行人致讀者： 124

本書之所以未附索引乃因內容處處引經據典，全數製表恐與正文同等篇幅，若後門與房子一樣大成何體統。

克里斯多弗．艾克勒斯敦 敬上[5]

十分大膽的藉口，而且語氣中那股傲慢睥睨顯屬故意。[6] 艾克勒斯敦賭了一把：既然不想道歉，就別低聲下氣。但除了根本沒有想道歉，他還試圖將缺乏索引轉變為書的賣點，否則原本可以什麼也不說，印完豪威爾寫的部分就結束，祈禱讀者不會察覺少了些什麼，在認罪的沉默中劃下休止符。但他反向操作，主動提起沒有索引這件事，聲稱這是無可奈何，畢竟內容「引經據典」

太過豐富，進行篩選和壓縮是不可能的任務。換句話說，就是要豪威爾的讀者們別想抄捷徑，乖乖從第一頁讀到最後一頁。

當然艾克勒斯敦的說辭只是打腫臉充胖子，書的內容沒有精彩到那種地步，豪威爾的文字密度也不足以鶴立雞群，傲視一干歷史書籍。別人並非自認作品不扎實才需要附上索引。然而，有趣的是艾克勒斯敦以建築為比喻，突顯某種不證自明的先決條件：索引和正文的規模不應該相近。說起來確實理所當然，兩者就該一小一大，令人不禁聯想到阿根廷作家豪爾赫．路易斯．波赫士（Jorge Luis Borges）曾經描繪幻想世界的地圖繪師：

125 件：索引和正文的規模不應該相近。

帝國的地圖技術臻於完美，一省地圖如一座城市大，一國的地圖則覆蓋整個行省。但久而久之，這樣不合比例的地圖也無法滿足他們了。繪測公會終於製作出與帝國同面積的地圖，每個地點都完美重合。[7]

笑點在於其實不合比例才完美。地圖和土地一樣大有何意義，就像索引本就不該與文本同樣長度。毫無省略悉數呈現並不是這兩種工具的存在意義。

莎士比亞也覺得規模差異很重要。《特洛勒斯與克瑞西達》的背景是特洛伊戰爭，希臘和特洛伊的兩位英雄阿基里斯與赫克托爾即將決鬥，表面上只是友誼賽，年邁睿智的涅斯托爾王子卻認為比賽結果是戰爭趨勢的風向標：

……孰勝孰敗，
看似偶然卻可一窺堂奧，

斷局勢好壞；
索引短小，
不及其後正文宏大，
然若見微知著，
可得未來演變。（第一幕第三場）

見微知著，小是大的精華版——索引**怎麼可能**有其他解釋？ 126
波赫士與艾克勒斯敦巧妙引導讀者踏入誤區，以為一比一的地圖才叫做完美，「小」的部分太小應該要自慚形穢。精簡過程中必然會有折損，但是有什麼影響嗎？如果對象是中世紀神職人員使用的聖經則不大需要考慮，索引只為了提升效率，他們對經文滾瓜爛熟，濃縮導致的空白沒有影響。可是索引普及了，讀者**先**看索引的機率大大增加，於是它不僅僅是提醒我們已知內容的備忘錄，也成為理解書籍的新途徑。其實現代人很多閱讀也以Google搜尋結果為起點，索引本來就有可能是進入書本的第一站，是我們對全書的第一印象。

索引的使用說明

莎翁構築的意象也是如此：索引成為先導，正文反而作為「演變」的結果在「其後」。阿基里斯和赫克托爾的比試是個預兆，象徵特洛伊戰爭如何收場。《哈姆雷特》也有類似橋段，王子厲聲質問躲入櫃子的王后，王后反問：「我做了什麼，你竟放肆口舌／待我如此蠻橫無禮？」（第三幕第四場）接下來十二行，哈姆雷特激動但迂迴的答案並未切入重點，王后幽幽嘆息：「所以我究竟做了什麼／讓你翻到索引就這樣敲鑼打鼓？」★索引還是在前面的，只不過分量和音量都不該喧賓奪主。

127 這句臺詞不僅反映王后眼中一般人如何使用索引，還對書本的物理結構做出提示。雖非全部，但十五及十六世紀的印刷書籍常常將索引放在正文前面（目錄也是），經歷過渡期到了十八世紀初才轉移到正文之後，成為我們熟悉的模樣。一七三五年《格拉勃街日報》（*Grub Street Journal*）有篇文章提到，「說到**索引**……據我所見，一六〇〇年之前印刷的書，都會將索引安排到現在**序言**的位置。」[8] 不過這個出處不明的感想稍微誇大了些，實務上裝訂工人或購書人都可以決定索引放在前面或後面，因為正文與索引通常分開印刷，甚至索引有非字母排序的臺碼，以符號取代（例如*1、*2、*3之類）。[9] 不可否認，早期印刷品有許多並非書末索引而是書前索引，不過索引先於正文這個概念仍是抽象意義大於實體結構，莎士比亞的舉例也說得明白：透過索引見微知著就能掌握「演變」。[10]

索引排在正文前面**未必**是壞事。上一章我們就看到了，格斯納認為對學術而言，索引是僅次於印刷的重要發明，只可惜有些誤用者因此不好好讀書。但我們仔細看看格斯納的詳細說法：

> 我覺得生命已經很短，對於涉獵多種領域的人而言，索引

★ 譯按：此處莎翁原文有提到index，但多數中文譯本為了通順好理解會略過此詞，改以「一開場就……」或者「先要這樣……」等句型表達。

有絕對的必要性……**無論從索引想起讀過的內容，或者在索引裡得到新發現**。即使有些人掉以輕心過分依賴索引…… 128

由此可見格斯納也認為索引有兩種可能的用法，一是後於正文，二是先於正文，也就是索引能作為**提醒**，也能作為**試探**，而且兩者都成立。讀完全書才藉索引回顧是一種閱讀模式、一種運用方法，卻不是唯一。寫論文、講稿，甚至只是站在書店裡拿起一本**從來沒讀過的書**，想確定裡頭究竟有沒有適合自己的主題時，就可以利用索引進行預測。格斯納並未主張兩種方式有對錯之分，只不過行文思緒正好將話題從「絕對的必要性」帶到「掉以輕心過分依賴」。對索引有焦慮的不只格斯納，威廉．卡克斯頓將印刷方式引入英格蘭，出品的書籍在索引前附有索引序，也就是索引的使用說明，內容有過幾個階段的變化。

《黃金傳說》（*Legenda aurea sanctorum* 或 *Golden Legend*）講述聖人生活，是十三世紀中葉非常受歡迎的書，一四八三年由卡克斯頓在英格蘭首次出版。他做了個小創新，將索引從一份改成兩份，首先按照書中出場順序將兩百多名聖人做了編號，隨後在相同標題下排列相同名單卻改以字母排序。簡單來說，卡克斯頓同時給了目錄和索引，然後留下這麼一段話： 129

And to thende eche hystoryy lyf & passyon may be shortely founden I have ordeyned this table folowyng / where & in what leef he shal fynde suche as shal be desyred / and have sette the nombre of every leef in the margyne.

（為快速查閱聖人生平與事蹟，以下表格整理出處與頁數，讀者所需盡在其中。每頁邊緣都有編號供對照。）

這本書貼心附上列表與頁碼，就是要方便讀者**快速**鎖定某位聖人的生平，而且「所需盡在其中」，看上去非常厲害，意思似乎是「無論你要找什麼，索引一定有，照著指示就對了」。卡克斯頓沒打算公開討論是否會有讀者想查的東西沒被列進索引、索引是否不足以代表全文。他又有何理由主動挑起這些問題？「盡在其中」，不要鑽牛角尖的話，他這麼說也沒錯。

卡克斯頓的下一次說法也很合理。一四八一年他出版西塞羅文集，索引前面提到：「以下表格可用於回憶《論老年》的重點內容，閱讀正文會更加清晰且詳盡。」直接表態原書更清晰、比索
130 引來得詳盡。這是理所當然的，地圖不等於疆域，懷有別種期待就是徹底誤會了索引的本質。此外，「回憶」（remembraunce）一詞露出端倪。前面幾章也曾提到：「索引」（index）這個稱呼其實很後期才確立，歷史上英語圈用過很多詞彙，如tables、regisiters、rubrics，定義模糊還可互換通用，有時候是指字母排序的索引，有時候卻可能只是根據正文內容排序的章節列表。[11] 認真研究會發現，中世紀後期還有更多字詞如*repertorium*、*breviatura*、*directorium*都代表現代人口中的索引。十六世紀英語有時稱之為*pye*；奧帕瓦的馬丁（Martin of Opava）以拉丁語說是*margarita*。這麼多詞彙卻沒一個夠精確，無法肯定說的是字母索引或章節目錄，相比之下remembraunce（回憶）則十分特別，與tabula（表格）、register（註冊）有明顯區隔，重點不放在形式而是如何運

用：作為備忘錄，很明顯是附屬品，暗示了應該先讀完正文，別讓索引表成為初次進入主題的捷徑。

卡克斯頓於一四八二年印刷的《萬國史》的索引說明中出現警語：「序言後附上表格，涵蓋本書大部分內容。」只是大部分內容？好像信心不足，與「讀者所需盡在其中」的豪氣有明顯落差。或許是坦誠，也或許是告誡：和正文相比，索引條目勢必較簡短，也勢必不那麼清晰，而且暗示書籍內容或許存在索引沒能觸及的未知領域。有人會認為這叫做過度詮釋、偏執的文學評論、 131
疑心生暗鬼，但兩年後（一四八四）卡克斯頓印刷的拉丁諺語家卡托（Cato）的文集裡講得更明白，索引末尾附上一段話：

And over and above these that be conteyned in this sayd table is many a notable commaundement / lernynge and counceylle moche prouffitable whiche is not sette in the sayd regystre or rubrysshe.

（除表列者外，書中仍有許多值得細品的格言、智慧與忠告，此處未能一一收錄。）

才給了索引表格就打自己嘴巴？其實這樣很棒，而且很現代，教授通常在研究方法的開頭就會告訴學生：善用索引能省下很多工夫，但切記地圖不等於疆域。唯有在使用說明中就展現謹慎勤勉，才得以堵住控訴索引的悠悠之口。因此卡克斯頓選擇直接在索引後面貼上警告標語，聲明它是用於回顧，切莫大意才是正途。若仍有讀者不聽勸諫一意孤行，應當自負其責，而非歸咎於索引。

索引得到的評價

對於濫用索引和過度依賴索引的焦慮，在最早期的英語印刷品中已經顯而易見，與二十一世紀現代社會害怕Google影響深度
132 閱讀能力可以相互對照。本章結束之前，我們將時間拉回這種擔憂的歷史源頭：柏拉圖《費德魯斯篇》（*Phaedrus*）描述蘇格拉底與年輕人費德魯斯在雅典城牆外散步，後來在法桐樹下休息時發生的對話互動。（兩人似乎不像單純朋友，開場的調情都快滿出來了，還扯到「斗篷下面藏著什麼」這種旁敲側擊。）如同柏拉圖許多著作，《費德魯斯篇》隱含對於四世紀雅典文學界的諷刺。故事裡兩人相遇時，年輕人早上剛聽過偉大演說家呂西亞斯（Lysias）講情愛，於是蘇格拉底請他邊走邊複述內容，費德魯斯訝異地回答：「親愛的蘇格拉底，你說什麼傻話呀？你覺得我這樣一個普通人，能夠靠記憶背誦出呂西亞斯煞費苦心準備的演講嗎？人家可是當代最聰明的作家。」[12] 蘇格拉底則調侃：**我敢打賭，你會聽人家講兩遍，還把講稿借過來背**。還真的完全說中，於是費德魯斯從斗篷內取出呂西亞斯的講稿，在樹下朗誦給哲學家聽。聽完以後，蘇格拉底深受感動，讚美方才的演說好比「神蹟」、說得自己「五體投地」，然後強調其實不是呂西亞斯的文字，而是費德魯斯的臺風牽動情緒：「是因為你，費德魯斯。因為我看著你，而你為自己的朗誦感到喜悅。於是我也認為你比我瞭解更多，便乘著你的思緒進入慶典般的狂喜。」

133 《費德魯斯篇》說到這兒都在愛情上打轉——呂西亞斯透過

出色的演講闡述愛的本質、蘇格拉底與費德魯斯之間若有似無的打情罵俏。但其實它的內容隱約點到演講與書寫的關係：費德魯斯因為無法記住呂西亞斯演講內容而對自己感到失望，以及享受演出與享受文本之間的差異。經由次要細節，我們能察覺演講的某個特徵，或許稱之為「存在感」（presence），是書面文字所欠缺。這個主題一度從兩人對話間溜走，卻在即將收尾時由蘇格拉底直接破題，成為《費德魯斯篇》裡有名的段落。哲學家引用埃及神話，他說發明與智慧之神托特賜給世界算數、幾何、天文、跳棋、骰子，然而其造物中最偉大的莫過於文字。某天，托特將各種發明呈給諸神之王塔摩斯，表示想要分享給埃及的子民。塔摩斯仔細品鑑，有些得到好評、有些直接被祂丟掉。最後看到文字，托特趕緊解釋：「這項發明……能增進人類智慧和記憶，是幫助他們的靈丹妙藥。」塔摩斯聽了卻不以為然，回應裡帶有一股鄙夷：

> 聰明的托特，有能力發明是一回事，但評判一項發明對人類是好是壞又得另當別論。你是文字之父，對它們有感情，才會說出與事實正好相反的評語。學會文字的人不再磨練記憶力，信任外在符號而非內在知識，越來越少運用記憶的結果是 134
> 他們會更加健忘。你發明的靈丹妙藥並非增進記憶，只能充作提醒，那樣的智慧只是表象不具實質。往後不明就裡的人以為讀很多書就叫做有學問，他們大半變得愚昧無知還很難相處，畢竟真正的睿智無法假造。

蘇格拉底以這段故事闡述寫作為何輸給演講。即便如呂西亞斯那樣精心撰寫的講稿，一旦內容化為文字就是死的語言：「字詞被寫下就好像物品被任意擺放，理解的人能讀，沒興趣的人也能讀。它們無法選擇自己給誰看、不給誰看，若遭到曲解濫用還是得請父親出面，連保護自己的能力也沒有。」托特與神王的對話還指責書寫培養陋習，人類不再練習專注，記性會越來越差，仗著文字的便利不將話語聽進心底，以為大不了之後再讀一遍就好。（回想一下，這個論點呼應剛開始費德魯斯記不住呂西亞斯的演說內容，於是直接將講稿借來看。）徒具表象沒有實質的智慧——買書供在書架一直沒翻開的人，或許對蘇格拉底心有戚戚焉。至於不好相處？太人身攻擊了吧？

提起《費德魯斯篇》不是純粹開玩笑，人類對資訊科技產生
135 懷疑和焦慮的首例收錄在此。這種恐懼與文字本身同樣古老，也並非全是空穴來風，畢竟能比蘇格拉底敏銳的人也不多。然而，即使我們能認同他的論點，現在有誰會認為人類的知識和智慧因為書寫文字走下坡？光是讀托特與塔摩斯的對話都會不自在才對，無法理解他們貶抑文字的價值有何意義。或許可以說「學習」作為**概念**具有適應性，能隨當時科技展現不同形態，曾經被視為缺陷或違反理念的行為，可能反過來成為標準，甚至理念自身。所謂學問也並非恆常不變，而是與時俱進，因為學者鑽研的主題常常取決於手邊能用的工具。

印刷術問世之後兩百年內，書本索引得到的評價莫衷一是。陪審團大致分為兩種聲音：蘇格拉底派對快速普及的新技術感到惶恐憂慮；費德魯斯派則是開開心心充分運用。衝突還沒結束，

下一章才是高潮，「索引學者」竟在十七世紀末的咖啡館慘遭公開羞辱，但這些批評卻又反過來鞏固索引的地位，使其成為啟蒙時期不可或缺的一環。

〔第五章〕

「我的《歷史》不給該死的托利黨編索引！」：卷末鬥法

我加上荒謬的索引，就是為了讓（愚蠢的）人知道我是開玩笑的。——威廉·申斯通 William Shenstone，《女教師》*The School Mistress*

136 僅僅二十年，網路搜尋技能的成長就快得出奇。記得搜尋引擎剛問世時，大家還不善於尋找需要的資訊。於是一九九〇年代末，有個網站嘗試將自然語言引入程式碼，避免使用者得跳脫日常生活的句法規則，而可以直接輸入例如：「請問外蒙的首都在哪裡？」這個網站叫做AskJeeves，會讓人覺得它像是萬能管家在服侍我們這個駑鈍的網路使用者★。可是後來二十年，我們終究**拋下**日常語法，懂得包裝自己的搜尋（是個比喻），不沿用平時彼此對話的模式，反而更接近搜尋引擎資料庫運作的人工語言（synthetic language）。現在連我媽在搜尋的時候也會直接輸入「外蒙首都」。《哈姆雷特》裡的角色波洛紐斯喜歡說廢話，卻讚嘆「機智
137 的精髓是簡潔」。現代人學到搜尋的祕訣也是簡潔。不過這一點對於編輯索引的人來說毫無新意，已是傳承幾百年的道理。

既然索引要簡明、妙語要精練，文學家們以索引作為表現舞臺只是時間的問題。他們可以藉此一本正經挖苦拙劣詩詞（「朱思貝瑞，小姐，靠貓頭鷹標本欺騙時間，151」），也可以嚴厲批判垮臺政客（「艾特肯，喬納森：欣賞敢冒險的人，59；坐牢，60」），不然還能刻薄打壓同儕（「彼得學院：高層意見不合，46；變態主要出身地，113」）。總而言之，索引可謂短小精悍又能暗箭傷人。[1]

諷刺的是，這類短幽默看似活用了索引形式提供的機會，卻是源於前章提到的焦慮，擔心索引會被濫用或根本沒用，又或者

★ 譯按：此處引用英國戲劇《萬能管家》（*Jeeves and Wooster*），劇中主角是文雅愚鈍的貴族Wooster和知識淵博的男僕Jeeves。

如柏拉圖《費德魯斯篇》的寓意，認為其便利會扼殺了人類的智能。接下來，我們要跳到十八世紀初，對索引的焦慮來到高點，連強納森．綏夫特（Jonathan Swift，代表作《格列佛遊記》）也以詼諧筆法點出閱讀習慣古今有別：

> 古人與我們在做事方式上有根本不同，現在大家自然是更聰明的，於是找出更快速、更穩健的辦法躋身學者智者的行列，不再需要承受閱讀和思考的疲憊。書本有兩種使用方式，第一種是如僕從侍奉主人，牢記其頭銜身分並熟悉其一切；第 138
> 二種辦法則更明智、更深入、更合乎禮儀，就是透過索引得到洞見。抓著尾巴魚就跑不掉，掌握索引就是掌握整本書。[2]

他拐彎諷刺大家不讀書了，最糟糕的情況連書名都不知道，只看索引其他就不管不顧，內容知道個大概就行。綏夫特對這個現象很感興趣，同年在另一部作品裡非難某些人抄捷徑卻自詡有了學術成就：「這些人翻翻索引就裝作自己懂書，彷彿旅人借用茅廁就自認逛過宮殿。」[3] 宮殿和茅廁？上一章克里斯多弗．艾克勒斯敦還停在房子與後門的比例，綏夫特的比喻更是直接。當代酸言酸語第一把交椅亞歷山大．波普（Alexander Pope）不讓兩人專美於前，他說道：「透過索引學習，頭腦更加聰明。學術像條鰻魚，抓住尾巴就行。」[4] 他們的意思就是，只看索引**應該**不會太聰明，獲取知識必須付出代價，閱讀耗費的時間體力、挑燈夜戰的辛苦疲累都是必經歷程。

究竟怎麼會走到這一步？這些智者與大文豪到底在罵誰？又

怎麼與諧謔式的索引條目扯上關聯？本章將鎖定介於一六九八至一七一八年間的三大爭議，或者說三大文學辯論，而且都發生在索引裡。既然圍繞三場對抗賽，本章結構變得有點像是拳擊俱樂
139 部的對陣名單，而每場比賽中間會稍作喘息。

索引條目作為武器

回到十七世紀之前，我們先來講講不那麼久遠的事情。現在主流的非小說書籍，如歷史或傳記之類，幾乎一定會附上索引。只要是稱職的出版者，大半會請專業人士協助編纂索引，這些專家很有可能來自美國索引學會、尼德蘭索引編輯網、澳洲與紐西蘭索引編輯學會、加拿大索引學會這類組織。其中歷史最悠久的是英國索引編輯學會，一九五七年起步不久後就收到首相哈羅德．麥米倫（Harold Macmillan）來信預祝發展順利，信上還提到了幾個他個人喜歡的索引小故事。這實在是相當少見的情況：國家首長竟有時間祝賀一個剛成立、說穿了無足輕重的組織，而且他正好有自己喜歡的索引，連「我得忍住別引用一長串……」這種話也說得自然。其實換個角度看，哈羅德．麥米倫身體裡流淌著出版業的血液，祖父丹尼爾創辦以家族姓氏為名的出版社，迄今成績出色，哈羅德從政前後都在裡面工作過。

哈羅德．麥米倫提到的索引小故事裡，最後一個特別引起我的注意，而且也只有這個涉及政治。身為托利黨員的他談起索引就（「十分遺憾地」）想起「麥考利曾明白表示：『我的《歷史》

不給該死的托利黨編索引！』」此處主角為十九世紀人物托馬斯．巴賓頓．麥考利（Thomas Babbington Macaulay），他是輝格黨員 140
也是歷史學家，一八四〇年代開始撰寫代表作《英格蘭歷史》，一八五九年亡故前還沒寫完第五卷。所以說不定事情發生在他臨終前，他不忘用最後一口氣交代出版社：「我的《歷史》不給該死的托利黨編索引。」麥考利顯然心裡有數，一方面索引編輯若是有意可以大幅轉移文本重心，另一方面他很清楚大家如何閱讀歷史書，尤其五大本的歷史巨著──多數人會從後面讀起，翻開索引搜尋自己想瞭解的部分在第幾頁，然後直接跳過去。以此為前提，讓不懷好意或立場偏頗的人編索引，確實會引發**嚴重的**後果。麥考利能想這麼遠，恐怕是因為距離他寫書的一個半世紀之前，曾有過風潮是以逾越界線的索引條目作為武器，倒打正文一耙。

十八世紀初，英國政壇大略分為托利黨與輝格黨兩個主要陣營★，雙方爭鬥的核心議題是君主扮演何種角色、天主教背景的斯圖亞特王室居於何種地位；當然斯圖亞特王朝最終在一六八八年光榮革命後就遭到罷黜。彼此較勁的主戰場是政治宣傳小冊，戰況混亂激烈，作者筆觸刁鑽刻薄、通常不公開姓名，甚至反串敵方成員以營造對手或偏激或遲鈍的負面形象。火熱氣氛催生出諷刺性索引，這一派的某人出書了，卻由另一派的某人編纂索引，設計出來的條目根本是挖苦正文，故意突顯其陳腐或傲慢、對外邦人或天主教的同情，也有時候就只是取笑文法不精準。麥考利 142

★ 譯按：托利黨為保守、保王傾向；輝格黨為自由、立憲傾向。

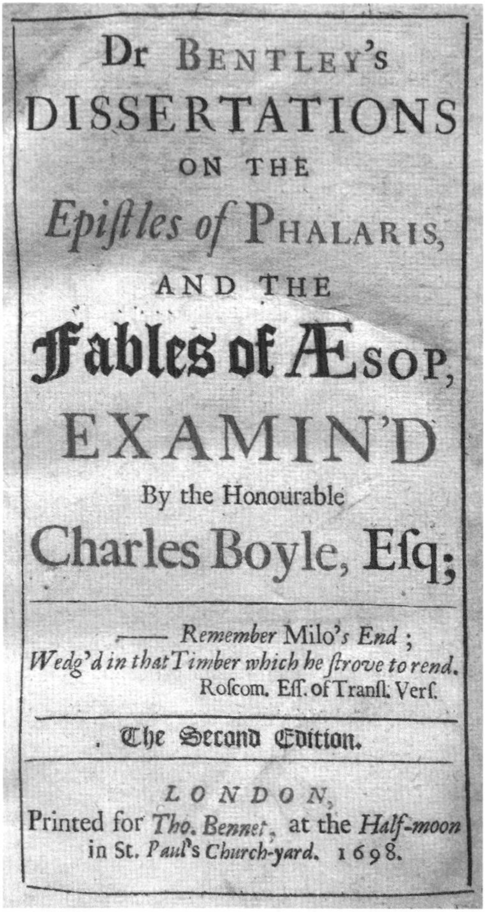

Dr BENTLEY's
DISSERTATIONS
ON THE
Epistles of PHALARIS,
AND THE
Fables of ÆSOP,
EXAMIN'D
By the Honourable
Charles Boyle, Esq;

——— *Remember* Milo's *End* ;
Wedg'd in that Timber which he strove to rend.
Roscom. Ess. of Transl. Vers.

. The Second Edition.

LONDON,
Printed for *Tho. Bennet*, at the *Half-moon*
in St. *Paul's Church-yard*. 1698.

圖21　光看書名頁很難察覺《博伊爾對賓特利》★大部分是博伊爾的老師與大學時代友人所寫。

★ 譯按：《博伊爾對賓特利》即《審視賓特利博士「論法拉里斯書簡集」》後來的俗名。

或許曾被諷刺性索引挑動情緒，害怕十九世紀中葉的自己仍然會落入圈套，但同時他承認這種手法很有創意，其藏書內有一冊現在轉移到博德利圖書館，是一六九八年的諷刺作品，內容高潮就在極盡奚落之能事的索引。完整書名《審視賓特利博士「論法拉里斯書簡集」》（*Dr Bentley's Dissertations on the Epistles of Phalaris, Examin'd*），書後空白頁有麥考利以鉛筆筆跡評為「獨樹一格的傑作」。[5] 想瞭解他的心得從何而來、為何評語特別強調「獨樹一格」，就直接進入本章第一場對戰：博伊爾對賓特利。

博伊爾對賓特利：以索引略述之

一六九五年，一個名為查爾斯．博伊爾（Charles Boyle）的年輕貴族發表了古希臘文本的新研究。他是基督堂學院（Christ Church）的學生，學校背景是滿滿的保王黨色彩，半世紀前的校園曾是內戰時期查理一世的議會場地。雖然十七世紀後半許多貴族子弟前去就讀，據說只有博伊爾真的完成學位，於是他在教授鼓勵下發表自己對《法拉里斯書簡集》的詮釋，透過明星學生來為學校打廣告。

所謂的《法拉里斯書簡集》相傳作者即法拉里斯，他是西西里的阿格里真托（Agrigento in Sicily）在公元前五世紀的暴君。不 143
過書信真偽難以確定，博伊爾的翻譯促使國王圖書館館員里察．賓特利（Richard Bentley）跟著發表《論法拉里斯書簡集》，並在文章裡論證那些書信絕對是法拉里斯死了幾百年以後其他人的創

圖22　左為查爾斯．博伊爾（1674-1731），右為里察．賓特利（1662-1742）。

作。儘管賓特利在學界有不錯地位與聲望，卻特別容易捲進口舌之爭，因為他雖非好鬥性格但拿捏不住說話分寸，太過直白毫不遮掩，於是能惹的對象都惹過一輪。

他對博伊爾《書簡集》的回應也一樣。其實那本書並非博伊爾獨力完成，各界理所當然推測背後有基督堂學院教授團的強大
144 支援，因此該校傾全力反制賓特利的評論也不足為奇。打響第一炮的是安東尼．奧索普（Anthony Alsop），當時他仍在大學就讀，他編撰伊索寓言卻在序文裡提到，「有位里察．賓特利十分勤於翻字典」。[6] 單單這麼一句有點叫人摸不著頭腦，但經過前面幾章應該不難猜到弦外之音——又是**完整**閱讀與**摘錄**閱讀的路線之爭；

前者專注於文本自身，後者只熟悉參考文獻。奧索普抨擊了賓特利的研究方法，給他貼上出賣勞力、機械作業、只會查資料的標籤。[7] 後來基督堂學院以此為基調火力全開。

我們固然想要瞭解奧索普**為何**以查字典這個形象對賓特利的批評進行反擊，但首先看看威廉·譚波（William Temple）對書信真偽提出的觀點，透過對比會更加明白戰線如何形成：

> 我知道有些學者（或者說，自稱的評論家）不認為這些書信是真的……但我認為他們一定不懂得藝術，才無法感受到其中的真。書信呈現複雜的情感、靈活的手腕，細膩描寫生命與國家的起落興衰，思緒自由奔放、表達大膽明快，歌頌盟友、睥睨敵手，講究學識與尊嚴，知生卻不懼死，性格剛硬、作風激烈。這些特質不是本人根本不可能重現。[8]

邏輯而言，「證偽」比「證真」容易，文獻只要有一個漏洞 145
就像假的，要證明它**不是**假的卻只能基於種種假設和機率，並盡可能排除負面證據。即便如此，譚波的論證就現代人來看是說漂亮話、打模糊仗，主軸建立在文采無法模仿，流露滿滿霸氣的書信文字必然出於著名暴君本人之手。

賓特利的證偽手法截然不同。首先他綜合不同史家資料推論法拉里斯在位年代，然後藉此檢驗書信內容是否合理。譬如其中一段提到與芬提亞（Phintia）城借款，但根據古希臘歷史學家狄奧多羅斯（Diodorus）所言，芬提亞建城時間約為公元前二八〇年，代表法拉里斯「向一個還要三世紀左右才會完工命名的城市借錢」。[9] 賓特利又讀到法拉里斯以十對「瑟瑞克里斯式陶杯」賞賜御醫的敘述，再次指出此處應是偽造書信者筆誤，因為陶杯設計者是科林斯城陶藝家瑟瑞克里斯，他的年代也比法拉里斯晚了一世紀。賓特利特別引用古典和中世紀好幾部文獻，證明「瑟瑞克里斯式」（Thericlean）一詞的確得名自發明者（Thericles），且二世紀的語法家阿特納奧斯（Athenæus）提供了瑟瑞克里斯的生卒年份。

除了上述論證方式，賓特利還有隨意在英語、拉丁語、希臘語之間切換的寫作習慣，導致文章資訊密度高、充斥專業詞彙、兜著小細節打轉，讀起來相當吃力，因此對手陣營主攻他的學究
146 形象。譚波的辯護辭藻華麗、層層堆砌；反觀賓特利則是詰屈聱牙、艱澀龐雜，每個引用都與論證主軸環環相扣。至此就不難理解奧索普怎麼會以查字典作為譏諷了——對賓特利而言，單一字詞及其背後歷史確實就是研究方法的核心。譚波或許言不及義，賓特利卻錙銖必較。

奧索普對賓特利的嘲弄算是玩笑程度，而且是以拉丁文藏在序言內。基督堂學院的下一波攻勢，規模全然不同：他們出版《審視賓特利博士「論法拉里斯書簡集」》，後世通常簡稱為《博伊爾對賓特利》，本質是以一本書的篇幅來對國王圖書館的館員進行人格抹煞。儘管書名頁聲稱作者是博伊爾，實際上是基督堂學院內好幾人構成的聯合戰線，除了博伊爾本人，還有其師法蘭西斯．安特伯里（Francis Atterbury）帶著新子弟兵威廉．弗萊因德（William Freind）、威廉．金恩（William King）一起來助陣。[10]《博

伊爾對賓特利》的開場白是很眼熟的恐慌論述，主張「學術」會毀在當代編輯與注釋者手上。序文則重申奧索普的觀點，挖苦賓特利靠字典寫文章，不過立場更加極端，進一步宣稱這樣做學問根本走錯路子：「因此我根本不需要〔對書信集真偽〕提出辯駁，包括賓特利博士在內，現在任何人只要有時間、有字典，就能當個評論家。」如果隨便一個人拿著字典、花些時間就能對偉大的文學著作指指點點，言外之意是這種評論毫無價值、不值一哂，自然沒必要隨之起舞。話說得十分大膽，但別懷疑博伊爾等人是 147
否認真，相同論點在整本書裡反反覆覆多次出現，例如「賓特利博士〔在《論法拉里斯書簡集》〕的附錄極盡賣弄卻華而不實」，接著指控對方**只**靠索引與字典做研究，「在我看來賓特利博士應該更深入鑽研文獻內容並諮詢原作者意見」，最後有兩個形容特別生動：「二手評論」（*Second-hand Critic*）取笑賓特利的學問都是抄來的；「字母讀書法」（*Alphabetical* Learning）諷刺他過度依賴參考文獻。字母讀書法當然不限於字典，索引也陷入了火網，博伊爾（或當時以他名義發言的某人）批評：「埋首索引捕撈字詞與猜字謎、離合詩差異甚少，不過是人類最低階的消遣罷了。」

但《博伊爾對賓特利》並非只有尖酸，還有詼諧。其中威廉·金恩負責的部分模仿賓特利的論證法，想像若遙遠未來還有人拿起《論法拉里斯書簡集》閱讀（「我認為不大可能」），必定會從累贅澀滯的語句得到結論：這本書絕對不是英國人寫的，一定是後世仿造。《博伊爾對賓特利》最有創意和喜感的部分同樣是金恩的手筆——他做了一份索引。

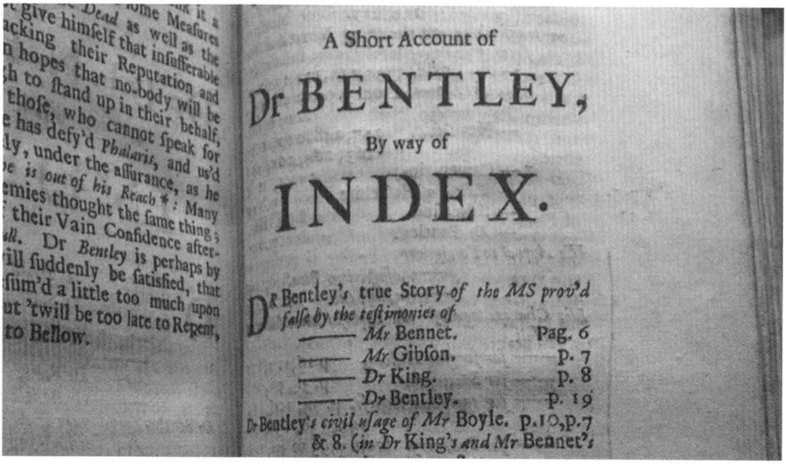
A Short Account of

Dr BENTLEY,

By way of

INDEX.

DR Bentley's true Story of the MS prov'd false by the testimonies of

——— Mr Bennet. Pag. 6

——— Mr Gibson. p. 7

——— Dr King. p. 8

——— Dr Bentley. p. 19

Dr Bentley's civil usage of Mr Boyle. p.10,p.7 & 8. (in Dr King's and Mr Bennet's

圖23 《博伊爾對賓特利》卷末，威廉．金恩撰寫的「關於賓特利博士，以索引略述之」。

148 索引放在書末，總共四頁，標題是「關於賓特利博士，以索引略述之」。想當然耳，條目標題旨在詆毀賓特利。讀者查詢後可以瞭解很多重點，例如：

出了名的無趣，P. 74、106、119、135、136、137、241

愛掉書袋，P. 93-99、144、216

受外邦人吸引，P. 13、14、15

從未讀過的書卻滾瓜爛熟，P. 76、98、115、232

精彩的雙重打擊。有趣之處在於威廉．金恩附上的頁碼是真的，比方說「收集與驢子有關的諺語，P.220」這一條，翻過去會
149 看到賓特利竟在文章兩處寫了同樣的驢子諺語。再者，「以索引略

述之」是個很表面的笑話，如果讀者沒時間卻又想知道賓特利這個人多差勁，發現有能用的索引一定很開心。言外之意是諷刺所謂的「二手評論」，奠基於索引卻遠離文本自身。

《博伊爾對賓特利》的效果非常好。賓特利的論點雖然滴水不漏但很多人看不懂，所以基督堂學院眾人將矛頭指向他自身，好讀好笑的謾罵使賓特利淪為酒館和咖啡館內的笑柄。當年有風聲說如果賓特利還敢回嘴就會加重處分力道，咖啡館傳出過這樣的對話：「叫那個博士趕快出來回應啊，人家早就準備好了。據我所知……鞭子都泡在尿裡啦，就等他露臉。」鞭子泡馬尿是個比喻，騎師的習俗是將馬鞭泡在馬尿內維持柔韌。[11] 這本書雖然惡毒卻又很有娛樂性，與賓特利自己的論文是天壤之別。所以麥考利將其評為傑作，前提是放在以人海戰術打壓優秀對手這種特殊情境。他後來特別解釋「這是站錯邊、根本不瞭解問題內容的人能寫出來的最棒作品」。雙面刃般的一席話，算是給博伊爾等古典派人士的才智下了精準註腳。[12]

但《博伊爾對賓特利》只是雪球效應的起點。威廉·金恩
發明假索引嘲弄依賴索引的學者，結果胃口越養越大。他看見這 150
個文體的強大潛力，隨時準備動用假索引對付敵人。問題是界線十分微妙：若假索引不再是反身性的笑話，亦即以索引開索引自身的玩笑、以索引貶低索引自身的價值，那麼假索引會朝相反方向前進——抬高索引的地位、突顯索引的優點。下一場對決開始前，讓我們先進入第一次中場休息。

中場：威廉・金恩的新玩具

《博伊爾對賓特利》開創了諷刺型索引。[13] 之後兩年，威廉・金恩又產出三本諷刺作品，其中兩本有滑稽索引；另一本《亡者對話》（*Dialogues of the Dead*）則老調重彈，回到書信真偽的爭議上，主角賓特沃里奧是個將字典當文學讀的人。即使跳脫法拉里斯，金恩還是沒放下戲謔索引；《倫敦之旅》（*A Journey to London*）的受害者是馬丁・利斯特（Martin Lister）的《巴黎之旅》（*A Journey to Paris*，出版於一六九九年），因為遊記內容在他看來過分美化法國。[14] 利斯特那本書沒有索引，威廉・金恩的卻附上了，這回不是針對作者的人身攻擊，而是讓人莫名其妙，條目雖然按照索引排序，卻能找到「蘑菇」、「讚美裸體雕像」、「打氣筒裡的小貓」這些東西，意思是文本自身很愚蠢，而這份愚蠢當然來自模仿的對象。[15]

翌年威廉・金恩精益求精，做到近乎逐字還原諷刺對象。這回目標是《自然科學會報》（*Philosophical Transactions*），發行單
151 位是英國皇家學會（Royal Society）。學會成立於一六六〇，五年後才發行期刊，內容不單純是由學會倫敦總部內有頭有臉的成員撰文，還募集全國各地業餘科學家一同參與。[16] 一七〇〇年，漢斯・史隆（Hans Sloane）擔任《自然科學會報》總編輯，表面上工作順遂，但私底下金恩不喜歡他的寫作風格與題材選擇，於是在不具名出版的《會報人》（*The Trasactioneer*）一書中作序質疑：

> 無論海內海外，任何人看過他編的《自然科學會報》都忍

不住大嘆主題怎會如此庸俗可笑，而他竟能將內容寫得更加空洞，文字雜亂無章難以理解。顯而易見，別想靠他得到實用知識，畢竟是個文法都沒學全的人。[17]

威廉·金恩認為諷刺該期刊的最佳做法就是直接引用內容，因為可笑本質不證自明。他認為史隆的問題「太過嚴重，發表的每個句子和他自己寫出來的文字，都印證我的評價。我仔細重現，以免他拿別人移花接木當藉口」。至於索引部分，金恩仍將挑選的句子總結為簡短條目，透過諷刺性提綱暴露原作荒謬之處並戳破假象。他從《倫敦之旅》開發出這個技巧，不過《會報人》一書則將裝瘋賣傻、明知故犯推到新高峰。下面這個例子談的是鴉片效果，挑了早幾年《自然科學會報》裡的文章。[18] 作者提到康沃爾郡藥劑師查爾斯·沃斯（Charles Worth）「進行了以前述罌粟製作餡餅的動作」：152

> 吃下前述罌粟餡餅之後，他身體發熱，同時陷入一種特別的精神錯亂，導致他妄想眼前所見大半都是黃金，先要人送了便盆過去，明明是白色陶瓷，而且還自己用了；後來他把便盆敲碎，卻又叫在場的人幫忙組好，因為都是黃金……但黃角罌粟功效不僅如此，他家中男女僕役也吃了同樣餡餅，後來脫到一絲不掛貼著彼此跳舞跳了很久……他夫人從市集回來，見狀詢問怎麼回事，大家都在做什麼？女僕轉身朝她露屁股用力擠出糞便，跟女主人說是給她的金子。[19]

資訊太多？金恩也這樣想，所以《會報人》的索引萃取事件精華，簡單說了句：「查爾斯．沃斯的男傭女僕開開心心拉屎。P.39」其他條目還有：

> 雷伊先生對假具的定義。P.11
> 陶瓷挖耳棒。P.15
> 挖耳過度，危險。同上：死人無法吞嚥。P.28
> 硬殼不是脆皮。P.31
> 李斯特博士被鼠海豚咬了以後手指是什麼感覺。P.48
> 其實是袋子的頭。P.56
> 閹豬拉的是肥皂。P.66
> 乳牛屁股會噴火。P.67

153 金恩的索引誘惑讀者採用同樣的態度閱讀《自然科學會報》——拘泥於字面，刻意忽視其中是否隱含科學研究價值。

威廉．金恩以三本著作鍛煉出諷刺筆力，在索引中讓原作者自己打自己。而且他的索引乍看之下很正常，只有熟悉索引編輯的人能留意到其編輯方式的荒唐可笑與前後不一。但很快就有人模仿金恩的風格。現在進入本章第二場賽事。

布榮利對艾迪生：托利、輝格與遊記

下一波假索引大戰的導火線是一七〇五年下議院議長選舉。現任議長為羅孛．哈利（Robert Harley），挑戰者之一是前基督堂學院學生兼托利黨員威廉．布榮利（William Bromley）。

那個年代的名門子弟有壯遊傳統，因此一六九一時年二八的布榮利也前往法國和義大利，回國後同樣效法許多貴族撰寫並出版遊記。然而，其序文略顯戒備，年輕的布榮利直言報告旅遊見聞的風俗已顯俗濫。話雖如此，他終究出書了，不過為免遭人指責口是心非便索性隱去作者姓名，書名頁僅簡單表示此書出於某「上流人士」之手。

可惜縱使不具名出版，十三年後仍瞞不過政敵。十月二十二 154
日，也就是選舉前三天，時間計算得非常巧妙——流言剛好傳得開而且正新鮮——布榮利遊記忽然再版，序文仍在，距離初版已有十餘年。當然布榮利根本沒有授權，書名頁點出了初版與再版

圖24　左為威廉・布榮利（1663-1732），右為約瑟夫・艾迪生（1672-1719）。

最大的差異：「第二版，新增重點索引。」

《壯遊記趣》（*Remarks in the Grand Tour*）第二版仿照《會報人》，留下布榮利原文未做更動，增加的索引則引導讀者放大檢視
155 書中內容。例如布榮利偶爾過分拘泥細節而莫名其妙，索引便會特地揪出：「查塔姆鎮之地理位置，即羅徹斯特大橋彼岸，但通常認為是此岸，P.1。」如果他講了顯而易見的事情，索引也會點破其中累贅：「那不勒斯城，那不勒斯王國的首都。P.195。」與教宗扯上關係更是不可能逃過審查命運：「作者親吻教宗涼鞋，雖身為新教徒卻**接受其祝福**……P.149。」但索引最好笑的地方其實發生在布榮利傻里傻氣的時刻，比方說他曾在加爾達湖看著游魚思考，索引故作正經重述了他的思緒：「*Carpioni*，加爾達湖的魚類，作者就其義大利語名稱和外觀懷疑是否與我國Carp實為同種。P.50。」

布榮利落選後十分氣憤，認為遭到諷刺索引羞辱是失敗主因。他自己也拿到一本，在扉頁上寫了一段話反擊：

> 從這部遊記的新版本能看到輝格黨人多麼善良、多麼客氣。我有理由相信出版《壯遊記趣：新增重點索引》就是針對自己，而且幕後主使在內閣，這位（擅長誹謗中傷的）先生竟還被英格蘭教會眾人選為下議院議長……惡毒至極，我的文字與想法處處遭到扭曲，更何況就算有什麼不妥、瑣碎、冒犯，自然是因為寫遊記時我還年輕不成熟。[20]

156 布榮利沒猜錯，事情確實牽扯到內閣成員，畢竟重印遊記又

製作新索引的不是別人，正是羅孛·哈利。他印了一大堆新版遊記藏在家裡，開開心心發給任何前去拜訪的人。[21]

從布榮利的評語不難想像《壯遊記趣》遭到抨擊令托利黨極為憤慨，但他們也因此發現原來政敵的著作能夠以這種新模式化為己用。輝格黨名人約瑟夫·艾迪生（Joseph Addison）也是倒霉，就在議長選舉過後幾週出版了自己的遊記。他是文壇政壇雙棲，一七〇五年那時身上還有政務次長的頭銜，撰寫的《義大利漫遊記》（*Remarks on Several Parts of Italy*）在托利黨諷刺作家眼裡是不可多得的好機會，當然要好好為他做索引，細數缺失以報布榮利的一箭之仇。因此即便艾迪生原版就附有正常的字母排序索引，卻有兩份獨立小冊形式的索引沿襲幾乎相同書名出現在市面上，甚至隔年追加了二合一豪華版。

第一本小冊同樣保留艾迪生原文不動讓他自曝其短，同時每個條目後面以斜體加入註解，主攻艾迪生愛說廢話（「野草在卡西斯周圍自然生長」，**哪兒不長野草？**，1）、文法不完美（「Same作為關係形容詞史無前例」，**請回學校重新上課**，20、21）、支持天主教（「教宗通常博學且高尚」，**此為作者對教宗的觀點**，180），或者平凡無趣（「作者尚未見到義大利有值得一提的花園」，**誰在乎呢**，59）。[22]

第二本則仿造威廉·金恩《會報人》的形式，以索引條目簡潔的特性突顯諷刺效果，在此舉兩個條目為例：「顏色不透過鑿刀表達，330」、「水在失火時有大用，443」。[23] 這部索引的編輯 157

者甚至逮到機會為布榮利的鯉魚以牙還牙，特別點出艾迪生同樣俗不可耐：「法國賽尼斯山上的湖裡很多鱒魚，445」。與前一本小冊的差異在於這次有序文，開頭提到已有其他編輯拿艾迪生開刀，話鋒一轉就以這個現象取笑《義大利漫遊記》內容精彩必屬佳作：「若有更多人為這部取之不盡、用之不竭的知識寶庫做註編索引，我個人絲毫不覺得意外。」序文到了後面又拐彎，回頭殺向熟面孔：

> 很慶幸這本索引並未與另一本有太多重疊，筆者付出的辛勞也就不至於白費而能對知識界有所裨益。儘管本索引不像荷蘭語字典或辭海那樣厚重，但個人認為（只要是索引）必然能得到博學多聞的賓特利博士青睞和收藏，並為其所用。博士行文繁雜縝密、旁徵博引，論述中採納各家之言和本索引內容一樣與《法拉里斯書簡集》毫無關係，故本索引必然也能夠在博士往後掀起的爭議中占有一席之地。

一番話挖了賓特利的舊瘡疤，順便奚落他是索引大行家，論文裡許多引述偏離主題。這部索引瀰漫著威廉．金恩的味道。

中場：約翰．蓋伊的詩詞索引

158 一七一二年的耶誕節威廉．金恩過世了，差一年就滿五十歲。同儕多半認為他浪費了自己的才華，明明可以成為一個正經詩人或好法官，卻「沉迷於戲謔文字，忽視本業，因而窮困潦倒、死狀落魄」[24]。曾有傳聞他在基督堂學院八年期間讀完兩萬兩千本書（後來詹森博士★經由簡單計算證明這絕對是誇大其詞）[25]，但金恩晚年酗酒又破產，即使綏夫特為其介紹新聞編輯工作，只要求他「清醒且勤快」，他還是只撐了兩個月就被炒魷魚。

但金恩開創了假索引的文體，儘管也是戲謔，卻在他死後持續發展。金恩過世前一年，詩人兼劇作家約翰．蓋伊（John Gay）在〈機智的現狀〉（The Present State of Wit）一文提到金恩，認為他其實是遭遇了事業瓶頸——蓋伊認為金恩確實幽默天賦絕佳，問題是風格太過單調，因此「大眾很快厭倦了一成不變的筆法」。[26] 即便如此，蓋伊自己還是學走了一部分，例如長篇詩《牧人週》（*The Shepherd's Week*，發表於一七一四年）就附上很搞笑的索引，標題是「作者提到的人名、植物、花卉、水果、鳥類、獸類、蟲類及其他，依字母順序排列」，人物被放進其他物品之間而顯得很荒謬，例如「Goldfinch, 6, 21; Ginger, 49; Goose, 6, 25, 45; Gillian of Croydon, 42」†。[27] 不過蓋伊第二次為詩編纂索引才算真正出師， 159
對象是嘲諷式的英雄雙韻詩《瑣事：在倫敦街道行走的藝術》（*Trivia, or the Art of Walking the Streets of London*，發表於一七一六年）。

《瑣事》原本就是雙韻體的都市喜劇佳作，還很類似布榮利或艾迪生的壯遊遊記，只不過記的是十八世紀初走在倫敦市區可能會遇上的人事物。索引部分與金恩的《會報人》很像，笑點建立在條目與正文對照的反差。舉例而言，下面有一段講足球，大致可看出敘事者認為足球並不精彩，反而骯髒野蠻，心智正常的人都不該

★ 譯按：山繆．詹森（Samuel Johnson）的外號。
† 譯按：依序為金翅雀、薑、鵝、克羅伊登的吉蓮。

會想碰（這段文字旁邊還加印了一小句「足球的危險」）：

柯芬園內教堂在，
瓊斯大師藝精湛。
玉柱巍巍勢宏偉，
方廊赫赫氣隆貴。
繞行轉遠佇足望，
足球對陣如沙場。
學徒出門同廝殺，
人多腿亂力待發。
雪地滾球球漸大，
街頭賽球人漸雜。
紛亂近逼人欲逃，
球影飛掠半天高。
玻璃工匠腳勁狂，
一球踢碎閣樓窗。[28]

160 這段內容描述的情景大略是一群年輕學徒跑到店外，在飄雪的柯芬園街道上踢球嬉戲，玩到最後參賽的玻璃工匠把球踢得太高，砸破旁邊房舍的窗戶。索引如何呈現這一小段情節？用了非常呆板的條目，幾乎到了看似無關的程度：「玻璃匠，其足球技術，P.36」。不過仔細思考，會懷疑為什麼這一條沒有併入「學徒」呢？而且他是弄破玻璃的人，為何要強調技術？或許單純是諷刺，就像前面提過的遊記索引，但我認為並非如此，背後應該有更深的含義。此處的機智並非諷刺，而是影射。打破窗戶的是誰？是可以修玻璃的人。這麼剛好。會不會他根本故意的？若是故意，那他必須踢得很準……索引告訴我們的其實是這樣一層關係。只閱讀正文或許以為是意外，但透過索引點出「其足球技術」後，事情變得撲朔迷離。他把窗戶砸壞不就保障了自己與師父能有工作嗎？重點訊息埋藏於索引內，藉由索引才能真正體會詩句到底諷刺了什麼。

《瑣事》的索引還有另一種喜劇效果，而且不依賴詩詞正文，只靠索引自身就能成立，這可就超越了金恩的發明。這種新的幽默奠基於條目排列，索引藉此塑造了自己的小敘事。那個年代的多數索引只針對首字母進行分類，接下來就按照詞條在正文的先後次序，因此蓋伊有空間操作條目的位置關係，在C字頭底下寫 161
了一條接龍：

耶誕節（Christmas），行善（Charity）的季節，同上

馬車（Coaches），乘車者不善（uncharitable），P.42

行善（Charity）最多為行人，同上

　　——路線周延，同上

　　——不會拖延，同上

座椅（Chairs），及其危險，P.46

馬車（Coaches），需注意意外，同上

　　——被行人厭棄，P.49

　　——花花公子和皮條客最愛，P.50

讀者可以拼湊出一個簡短的敘事，開頭說乘車的人囂張跋

扈，最後指出馬車會碰上的問題，以及什麼類型的人愛搭車。B 字頭的條目也看得出來經過設計：

> 掮客（Brokers），通常有搭車習慣，P.8
> 書商（Bookseller），懂天氣，P.11
> 理髮師（Barber），不愛理人，P.23
> 烘焙師傅（Baker），是例外，同上
> 屠夫（Butchers），通常不受歡迎，P.24
> 惡霸（Bully），脾氣需要改，P.25
> 掮客（Broker），及其常散步的地點，P.31

這些條目按照相同句構陳述，彷彿組成小詩將好幾種行業串起來，還幽了一默。其實正文內這些行業並非一起出現，但作者發揮巧思讓它們在索引中團圓。

162 除此之外，蓋伊的索引仍有單獨條目能叫人會心一笑，例如「起司不受作者喜愛」、「驢子，及其傲慢」、「鼻子，及其用途」。至於狡獪的玻璃匠、橫行的馬車、不受歡迎的屠夫等等，儘管是拿都市環境的刻板印象開些小玩笑，卻不令人感受到過往的諷刺索引特有的惡毒陰險。本章的第三場對決則不同，可謂怨氣沖天。

艾柯德對奧彌森：禍心包藏於索引

目前為止，本章提到的索引都還只是一種文學手法，也就
163 是利用索引形式構築的笑話。此外，之前幾部索引無論創作者或

圖25　勞倫斯．艾柯德（生卒年約1670-1730）。

嘲諷對象都是文壇、政壇或貴族圈名人，有足夠文獻供考據，地位高到甚至留下肖像給我們瞻仰。最後這輪的索引就有所不同，儘管仍屬於十八世紀初托利黨與輝格黨的政治角力，卻是一部**真的**索引，由專業人士進行編纂——他是文學產業裡兢兢業業的一員，不具貴族身分，也並非知名作家。

此人名叫約翰．奧彌森（John Oldmixon），雖然沒有肖像可看，但亞歷山大．波普曾以文字描繪他彷彿「穿著國王的新衣」跳進弗利特河渠敞開的下水道。[29] 奧彌森積極宣揚輝格黨的理念，於是又被波普說成「劣質的政黨打手」，聽起來同時兼具拿錢辦事和極端主義兩種不該相容的特質。不過在發行書籍的老闆眼裡，奧彌森作為索引編輯並不像他寫書那樣偏激，因此一七一七年末經營出版業的小杰可布・佟森（Jacob Tonson the Younger）僱用了奧彌森，工作內容是為勞倫斯・艾柯德（Laurence Echard）的三卷《英格蘭史》（*History of England*）編製索引，正文內容十分傾向托利黨。

奧彌森是德文郡默默無聞又生活辛苦的小人物，反觀艾柯德則是林肯教區斯托村（Stow）的會吏長（archdeacon），已經有了名聲，不僅留下肖像，甚至還有殘存的書信，內容是他要畫家將自己畫得好看些，姿態顯得很高。他的畫像放在一七二〇年再版的《英格蘭史》書名頁，另一封信裡有他給發行商的指示：

> 卷頭插畫的臉和假髮還不錯，少數人說應該用假髮把額頭最高到中間的部分稍微遮住，但我自己是不贊同，倒覺得底下的手和衣服還可以再精緻些。[30]

以前的上流社會都這樣講話，將畫像從假髮到手掌都看過一遍，提出別人評價還沾沾自喜——「少數人說……」——最後才進入重點，就是他想叫畫家繼續修改。**其實不錯了，但是**………，這種語氣顯示出很少有人會拒絕他。

奧彌森沒這麼善於社交辭令，只有兩種人格模式：不是哀聲嘆氣，就是大呼小叫。他留下的書信內容也在這兩者間擺盪，譬如打算接下為《英格蘭史》編纂索引的工作時，奧彌森與僱主商量酬勞，還舉出之前為另一出版商（威廉・尼可森〔William

Nicolson〕，作品為懷特．肯涅特〔White Kennett〕的《歷史全集》〔*Compleat History*〕）做編輯的情況加以比較：

> 分量這麼多我收十二畿尼★還嫌太少……之前尼可森要我給肯涅特三卷編索引的價錢是三十五英鎊，所以比例差不多。那時候我也忙了三個星期。低於十鎊我怎麼可能接……記得把書單上的書和艾柯德第三卷給我不然怎麼編索引……一個星期就能好，花我這麼大工夫應該要十二鎊才對吧。你看看我給肯涅特編得如何，才三分之一價錢，尼可森都小氣成那樣了。[31]

怎麼連喊價都喊得很亂，感覺像是有人透過電話絮絮叨叨 165
想賣車，不過這當然是信上的文字。在完全沒人打斷思緒的情況下，奧彌森自己從十二畿尼降到十鎊又拉回十二鎊，順便埋怨了尼可森「小氣」，又說自己上回成果不錯。雖然講話不圓滑，但奧彌森這個人還是有些本事。

一七二九年，距離艾柯德《英格蘭史》初版已經過了十年，市面上忽然出現無名氏編輯的小冊，內容忿忿不平揭發了《英格蘭史》索引的真相。小冊標題為「索引作家」，書名頁直接炮轟「輝格黨歷史學家」（WHIG HISTORIAN，全大寫以表震怒）「立場不公」和「居心叵測」，才會扭曲優秀會吏長的著作。翻到第二頁就更清楚奧彌森究竟幹了什麼好事，連帶看得出來專業索引編輯在十八世紀初的出版業食物鏈給人什麼觀感：

★ 譯按：英國首次以機器鑄造的金幣，最初一畿尼等於一英鎊，但後來金價帶動畿尼上漲。

首先要告知讀者背後的來龍去脈：會吏長完成《英格蘭史》第三卷之後，編纂索引這種打雜的事則由別人代勞。只是給內容做個字母排序的摘錄，如此卑微的工作自然交給身分合適的人，詎料這位編輯恬不知恥，扭曲作者原意的斧鑿痕跡極其顯著，此種不公不義應接受社會大眾檢視。此人維護所屬陣營的立場過分強烈，製作索引時昧於真相、多處與史實矛盾，讀者明察便會發現正文與索引是兩套說法。本冊便是專注於兩者間
166 的出入。[32]

可是這段話卻叫人不由得同情奧彌森。卑微的工作自然交給身分合適的人？一句話不知道激怒多少人，而且至少對現代讀者而言，反而激發出一種以小搏大、以下剋上的快感，原來遭受輕賤的索引編輯也能扳倒那些高高在上的人。結果無論他暗地裡動了什麼手腳，因為對象是油嘴滑舌、愛慕虛榮的會吏長及其黨羽，我們恐怕比較支持可憐彆扭的奧彌森。

奧彌森究竟如何陷害作者？其實與威廉．金恩《會報人》的做法差異不大，就是透過索引條目的短小精悍來使力，塑造出與內文對比強烈的諷刺氣氛。比方說艾柯德講了個故事，主角是捲入黑麥莊園謀反案（Rye House plot）、意圖行刺查理二世的里察．奈梭普（Richard Nelthorp）：

（奈梭普與共犯）從新門監獄到了王座法庭，被問到「既然各位意欲刺殺國王查理二世，犯下謀反重罪而遭褫奪公權，有何理由不處決」，他們無言以對，於是法庭裁定週五行刑，一干

人等上了絞刑臺。[33]

艾柯德著重在奈梭普犯下重叛逆罪遭到處決，奧彌森的索引卻是這麼寫：「奈梭普，里察，在詹姆士王時期未經審判即遭處死。」重心轉移確實太過明顯。對奧彌森而言，值得憤怒的是罪犯沒有接受正式審判，只是被問了還有沒有話說，然後沒回答，太過簡陋也不合程序。然而，小冊作者不以為然：「此處我並非指控索引編輯所言不實，但他刻意淡化為何不經審判即處決犯人，答案是那些人本就被褫奪公權，失去法律賦予的身分和權利。」[34]

奧彌森算計的另一個例子：詹姆士二世與王后在一六八五年產下一子，兩人之前多次流產，大家本以為他不會有男性後代了。由於詹姆士二世夫婦是天主教徒，若沒有子嗣便會由他的侄子繼承王位，而那個侄子是新教徒，因此當時英國國內許多人認為國王沒子嗣反而是好事。隨後輝格黨陣營內流傳穿鑿附會又異想天開的陰謀論，聲稱男孩根本不具繼承權，因為並非瑪麗懷胎所生，而是利用暖床鍋★——類似後來的水暖包——偷渡到王后床上，裝作是自己的孩子養大，延續他們夫婦的天主教政權。

艾柯德對這個事件的說法是：「關於暖床鍋，經過調查……根本不可能容納嬰兒，即便才剛出生，因為一定會悶死。」[35] 但書末索引對這段敘述的條目卻是：「暖床鍋，對詹姆士的王后極有用處。」奧彌森不僅下了與作者背道而馳的結論，還採用含沙射影的諷刺筆法。站在艾柯德那邊的讀者察覺之後氣壞了，所以小冊

★ 譯按：附長柄的金屬小鍋，將燒熱的炭塊裝入便可用於暖床。

炮轟：

> 168 此人嘲弄貞潔女子且以此揶揄作者，十分歹毒。即便作者對國王陛下心有不滿，常理而言收人錢財至少該盡忠職守侍奉其主……所言也並不荒謬，暖床鍋多半寬度在七吋到七吋半之間，新生兒身長則接近十六吋。[36]

義正辭嚴將奧彌森的專業素養與個人操守都罵了一頓，說他編纂索引卻不忠於原文，蔑視王室還忘記自己只是「收人錢財」的身分。罵完以後，話鋒一轉卻無意間使氣氛變得滑稽——居然認真比較暖床鍋與嬰兒的大小，情緒一下子從震怒變成委屈。艾柯德頤指氣使要人把肖像的額頭改小時至少還能裝得若無其事，他的支持者倒是讀個索引就氣得七葷八素。

奧彌森過世前寫下一本抑鬱卻辛辣的《出版業回憶錄》（*Memoirs of the Press*），記下自己如何在業界拚搏又如何捲入政治風暴。回顧艾柯德這件事他並不後悔，因為在奧彌森眼中，那本《英格蘭史》本身就偏頗，充滿「虛假放肆的控訴」，因此他「胸中烈火點燃後熊熊不滅，更堅定認同輝格黨的信念、追求自由與宗教改革」。[37]這番話賦予奧彌森新的形象：雖是被當做索引編輯使喚，卻與恃才傲物的威廉·金恩有所區別，更接近優秀的臥底，令人聯想到
169 約翰·勒卡雷（John le Carré）小說裡的間諜，無聲無息毀了政敵的著作。麥考利撰寫新版《英格蘭歷史》以後，疾呼「我的《歷史》不給該死的托利黨編索引」，心裡想的一定是奧彌森。換言之，麥米倫寫給索引編輯學會的信也間接提到他。奧彌森的事蹟經由輝格黨歷史學家與托利黨首相一路流傳至今，不過當年的政治鬥爭

已是過眼雲煙，托利黨核心、基督堂學院將索引化為武器之後也無法獨占，任何陣營的任何人都能加以運用。

十八世紀的開頭幾年，索引既遭受鄙視，卻又是表達鄙視的工具。所幸這種矛盾很快得以化解，索引的地位也即將扶正。還記得波普曾以雙韻詩針砭：「透過索引學習，頭腦更加聰明。學術像條鰻魚，抓住尾巴就行。」意思應該很明顯，以鰻魚的滑溜做比喻，只抓住尾巴恐怕很難抓牢。顯然他想對浮面式的學習提出警告。後來另有一句名句是「一知半解，極其危險」。然而，一七五一年有本幾何教科書的序言不僅高唱索引學習法**實用**至極，還不知羞恥又似是而非引用波普的諷刺詩，並反轉詮釋為贊同立場：

> 仔細觀察不難理解透過論文及索引學習是這個時代的優勢。透過這兩種簡捷管道便足以獲得充分的科學知識，進而研究背後的基本原則，省去透澈理解整個系統的勞神費力。正如名詩人波普的金句所言：「透過索引學習，頭腦更加聰明。學術 170
> 像條鰻魚，抓住尾巴就行。」[38]

彷彿鏡子裡的世界，抓尾巴成了對付鰻魚的正確手段。既然連波普的比喻都能變成正面意義，可見索引學習法的正反之爭已經得到結論。之於索引，十八世紀是實驗階段。隨著啟蒙運動成熟，索引不僅出現在教科書與歷史書，還進入散文、詩詞、劇本與小說，於是連山繆．詹森和亞歷山大．波普這種本來對索引學習嗤之以鼻的人也忍不住開始嘗試，並測試其極限所在。

〔第六章〕

虛構作品的索引：命名自古至今都是一門困難的藝術

我覺得給虛構作品編索引是個很糟糕的主意。——珍特．溫特森 Jeanette Winterson

171 「某天早上走進公用咖啡室，只為了親手觸摸最新的小冊。很巧，我最先碰到的是佈道文。」[1]以此開場的〈一疊紙的來歷〉（Adventures of a Quire of Paper）說了個非常奇特的故事。敘事者拿起佈道文以後，那幾張紙自己扭動起來，接著「低沉卻清晰的聲音從中傳出」。小冊開始講話了，內容與上面印的東西沒關係，因為聲音來自紙張而非文字，它想傾訴自己漫長悲慘的生命歷程——從亞麻籽開始，成長之後被收割，紡為亞麻線再織成手帕，偏偏落到一個浪子手中，總在妓院拿手帕擦拭不方便明說的東西。後來手帕被丟棄、回收、加工後化為不同紙張。品質不高的紙被用在香菸和雜貨店包裝，品質好些的卻也沒比較幸運，由花花公子買下來寫情書送給情婦或寫打油詩給朋友。沒想到情婦收到信之後轉身把它當作衛生紙擦屁股，紈綺子弟們收到詩也當
172 作夜裡用的髮捲，總之最後都要進馬桶。還有一部分紙張拿去印報，廢物利用來包裹死掉的小貓、剪成風箏尾巴、吸附鍋子的油污、折成酒壺托盤湊合用……只有很少很少的紙僥倖撐到現在，印上了佈道文，有機會說出自己的心路歷程。

時而趣味時而淒涼，時而虔誠時而猥褻，〈一疊紙的來歷〉完美示範了創新的「物敘事」（it-narrative）。這個文類在十八世紀中葉蓬勃發展，其他經典作品包括〈鈔票的來歷〉、〈黑外套的來歷〉、〈女性拖鞋與布鞋的歷史與際遇〉，都是物體講述自己流通於不同人物及社會階層的情況，為流浪故事以及可能的諷刺內容提供了絕佳基底，有時也點出了日常生活遭人遺忘的小細節。以〈一疊紙的來歷〉而言，讀者自然而然會注意到人類對讀物的

差別待遇。

你是否還會買報紙？每天？或者只有週末？還是搭公車或電車前順便拿一份免費刊物，在車上看完之後留在位置上給下一個人？這種讀物很短命，其他的又如何？譬如一本小說如果是盜版或在二手書店裡，價錢可能比週末的報紙還便宜，但我們對待它們的方式卻可能相反：報紙是用餐時讀的，不在乎手指沾了什麼，之後可以拿來當杯墊，飲料灑在上面或馬克杯壓出痕跡都無所謂。沒興趣的頁面可以撕掉，特定版面可以留給朋友看，但無論如何很快就沒用，至多幾天內會變得又皺又髒被丟進回收桶。所以有句俗語說：「今天的報紙，明天的紙包。」而小說就不同 173
了，無論多便宜，即使沒資格留在我書架上，最後大概也會交給慈善商店。我承認自己是會折書頁的人，偶爾還會拿鉛筆在頁緣寫字，但這些書都不至於淪落到報紙那種酷刑般的下場。

但也不是所有期刊類都像報紙一樣動不動就被丟棄。某些期刊處在灰色地帶，談不上如書籍那樣受到呵護，卻不至於可有可無。譬如走進大學教授辦公室，通常會看到書架上塞滿學術刊物，一大排完全相同的書脊不知道囤積了多少年。現在多數刊物已經數位化，新舊文章都進入線上資料庫，點幾下滑鼠就可以找到。即便如此，大家還是捨不得扔掉那些舊期刊，原因之一是持有並展示它們能塑造專業氛圍，象徵學術社群一份子的身分和積攢多年的知識。此外，學術期刊能喚起數位時代前的心理需求：將學術同儕的集體智慧透過實體書收藏在房間，隨時可供取用查閱。類似情況發生在一些雜誌上，例如《今日歷史》（*History*

Today）和《紐約書評》（*New York Review of Books*）。這類雜誌每到年末都會出版合訂本或珍藏版，整年度每一期合起來販售，銷量頗佳。換言之，讀者會想擁有並保存它們，雖是期刊，未必「可割可棄」。

十八世紀就有很多定位曖昧的刊物，其中最值得一提的是
174 《觀者》（*Spectator*）。此處說的《觀者》在一七一一年創刊，與同名的現代雜誌並無直接關係。十八世紀的《觀者》其實是單張紙的便宜日報，刊載文學、哲學或旗下作家有興趣的短文，編輯為里察．史提爾（Richard Steele）和約瑟夫．艾迪生（就是上一章寫了義大利遊記被人家用索引諷刺的那位）。儘管出刊僅維持幾年，實際上很受歡迎，創刊號售出五百五十五份，第十期膨脹到三千份，而且真實的讀者數遠不止如此，兩位編輯認為每份至少有二十人讀過，還強調這是「保守估計」。的確，《觀者》瞄準的是越來越活躍的公眾圈，適合在「集會場所、俱樂部、茶桌和咖啡館」這些地方閱讀討論。[2] 也就是說，一個人看完了會遞給下一個人。

《觀者》只是其中最有名的，類似的刊物還有很多，包括《談客》（*Tatler*）、《自由思想家》（*Free-thinker*）、《審查官》（*Examiner*）、《衛報》（*Guardian*）、《直言》（*Plain Dealer*）、《飛報》（*Flying Post*）等等。它們乘著識字率上升、咖啡館文化興起、出版法規鬆綁、有閒暇閱讀的中產階級人口增加這些大趨勢而欣欣向榮。於是十八世紀也逐漸成為現代學者口中的印刷品飽和年代。[3] **飽和**一詞帶著有趣的弦外之音。首先自然是過剩了，可以讀的東西太多；

同時代表報刊多到難以收藏，於是衍生出**可棄性**（disposability）。那疊會說話的紙十分不幸，生錯了年代。大英圖書館還有原版的《觀者》雜誌，翻一翻不難找到在咖啡館內留下的痕跡。相對而言，古騰堡聖經上不可能有那些污漬。但其實這些書報文章在英語世界算是前段班，字字句句都講究，端莊優雅挖苦人。如果購買動機是賞析學習，應該不會看完就丟。

因此這些報刊很快就改以書籍形式重新發行，距離最初的大單張原版沒幾個月。新版明顯針對不同客群，他們預期會想要**全套**《觀者》的人必然有不同需求：不將刊物看成一張紙、一個零碎的想法，又或者咖啡時光的消遣，而是希望有個能長期運用的資料庫。比如班傑明·富蘭克林（Benjamin Franklin）就說過，小時候拿到《觀者》全集以後「反反覆覆讀了又讀」，還做筆記並模仿其寫作風格。[4] 從咖啡桌轉移到書架，代表閱讀模式起了變化，這些書刊成為可重複利用的參考資料，有需要時就去裡面尋找某個想法、某個詞彙、某個畫面。既然《觀者》成了這樣的書籍，就會需要一套索引。

早期《觀者》與前輩《談客》的索引本身就很有趣，與刊載的文章同樣充滿自由奔放的機智詼諧。一百年後才翻開《觀者》的利·亨特（Leigh Hunt）將之比喻為「一群快活人從地窖搬出勃艮第紅酒」，讀者能「嚐到〔該刊物〕幽默的精華」。[5] 的確，讀到「教堂內竊笑者，遭到斥責，158」或「咧嘴笑：令人咧嘴笑的獎品，137」，還有「酒，不是能吞的人就適合飲用，140」這樣的條目之後，誰不會想再多嚐幾口呢？《談客》則出現「艾弗格林．安東尼，專供女士欣賞的無花果葉收藏品，100」★、「愛你的敵人，並未入憲，20」，或者「機器，可謂現代自由思想家，130」。甚至也有兩個條目無視字母排序硬要連在一塊兒的情況：

176 無聊人，他們，43

習慣關注政治或詩詞，同上

這種內容雖然沒用卻讓人想研究。「無聊人」（Dull Fellows）的開頭確實是D，但作為索引標目有用嗎？當然沒有，重點在於勾起讀者興趣才會回頭讀正文。與其當作參照，不如說是種演出，每個條目都像是一小則廣告、一份幽默機智的樣品，推銷了對應的文章。《談客》和《觀者》的索引與上一章介紹的諷刺索引算是同類，但不帶威廉．金恩那種攻擊性和針對性，走的是滑稽荒謬的噱頭路線。「讀讀看這些索引，」利．亨特說：「不可能覺得索引枯燥乏味。」索引適應了十八世紀初的期刊生態，演化出獨特的風格和定位。還不只如此，當時的期刊文章本是因應咖啡館文化每日需求而大量產出，但擁有索引以後它們彷彿能夠接受時代考驗，昇華為歷久彌新、具有價值，甚至地位的新體裁。到了一七一五年前後，索引也對其他文類發揮同樣作用，包括史詩、戲劇，以及即將興起的小說。但現代人已經看到故事的結尾——二十一世紀的小說和劇本並不流行建索引，詩集也不按照主題而是以首句為索引架構。虛構作品的索引為何曇花一現無法長存？想瞭解背後玄機，焦點先轉到十九世紀後期兩位文學大

★ 譯按：此處艾弗格林原文Evergreen亦可解釋為常綠樹（多數無花果為常綠樹）。

家，當時為小說做索引的風潮早已式微，但他們仍在繼續。從遲到的人身上或許反而能看出問題癥結。 177

非虛構作品附上索引，虛構作品則否

「光彩的勝利，是吧？」《愛麗絲鏡中奇遇》（*Through the Looking-Glass*）裡白騎士向主角自介時說了這樣的話。他的確從紅騎士手中救下愛麗絲，但古怪在於贏得並無光彩可言。兩個騎士不但拿著大棒子對打，而且還不是用手而是用臂膀夾著，看上去就像傳統布偶戲。雙方輪番墜馬，毫無懸念總是頭部著地，即使再爬上馬也是重蹈覆轍。最後他們往彼此衝鋒一同摔落，起來卻握手言和，紅騎士主動退讓。白騎士勝出這點沒問題，但到底哪裡**光彩**就令人毫無頭緒。然而，愛麗絲故事裡的語言文字就是浮動變幻之物，常常不朝讀者預期的方向發展。

愛麗絲上前向救命恩人致謝，白騎士以同樣怪異的方式表明自己多才多藝、發明了可攜式蜂窩、驅除鯊魚的馬踝環之類物品，對墜馬這種事經驗極其豐富，還具有吟遊詩人的天分，因此兩人分別前他堅持要為愛麗絲唱首歌。關於那條歌，白騎士是這樣介紹的：

「大家把這首歌的名字喚作〈鱈魚眼〉。」

「喔，所以歌名是『鱈魚眼』？」愛麗絲裝出有興趣的樣子。

「不是，妳沒聽懂。」騎士略顯煩躁：「我說別人那樣稱呼歌名，但歌名其實是〈老了的老先生〉。」 178

「所以我剛才應該要說『這首歌叫做鱈魚眼』才對？」愛麗絲更正。

「不應該——完全兩回事！別人叫這首歌〈方法與手段〉，但這只是稱呼！」

「好吧，所以歌本身到底是什麼？」愛麗絲已經丈二金剛摸不著頭腦。

「我正要說呀。」騎士回答：「這首歌其實是〈坐在柵門上〉，旋律正是在下發明的。」

看似冗贅卻又遵循嚴格邏輯，白騎士對名實分別的論述充分呈現了愛麗絲故事中的卡羅式風趣。事物的本質與人類賦予的名稱未必相符，我們通常會盡力找出最貼切的字詞（*le mot juste*），不過命名這件事自古至今都是一門困難的藝術。

既然作家對於名實之分、主觀與精準對立這個題材如此有興趣，索引很吸引他們也就不是什麼奇怪現象。卡羅從小就編索引，或者說玩索引——當年他還住在北約克郡克洛夫特教區的時候叫做查爾斯．道奇森（Charles Dodgson），取筆名是很後面的事情了（真的很愛玩名字）。小時候他自製名為《教區雜誌》（*Rectory Magazine*）的期刊拿給兄弟姊妹看，「集本教區居民才智所能創作出最棒的故事、詩歌、散文、圖畫」。這些寶貴文獻目前收藏在德州哈利．蘭森展覽館，是卡羅十八歲時親手複寫到新的
180 筆記本上，標題頁聲稱為「精修改進的第五版」。期刊最後五頁整齊的索引展現他孩提時代便具備的特殊幽默，同一件事情有「而言，大體，25」，但也有「言，大體而，25」以及「大體而言，

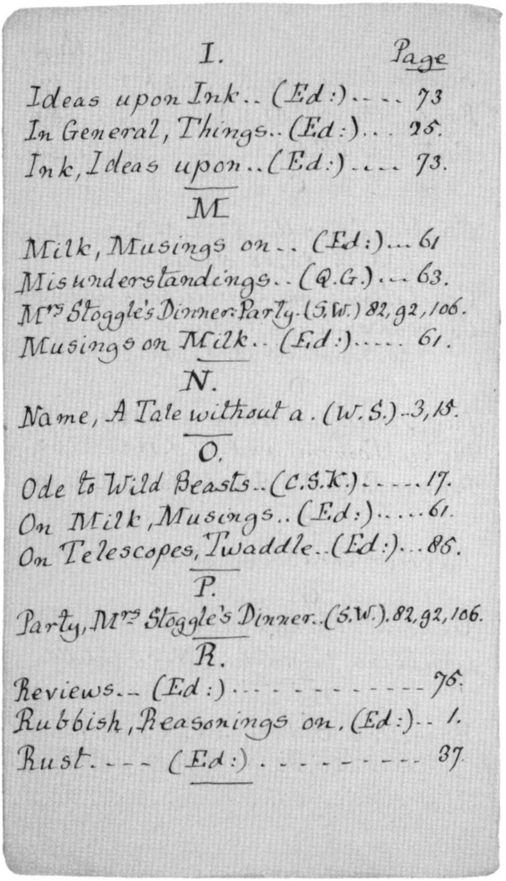

I. Page

Ideas upon Ink.. (Ed:).... 73
In General, Things.. (Ed:)... 25.
Ink, Ideas upon.. (Ed:).... 73.

M

Milk, Musings on.. (Ed:)... 61
Misunderstandings.. (Q.G.)... 63.
Mrs Stoggle's Dinner-Party. (S.W.) 82, 92, 106.
Musings on Milk.. (Ed:)..... 61.

N.

Name, A Tale without a. (W.S.) - 3, 15.

O.

Ode to Wild Beasts.. (C.S.K.)..... 17.
On Milk, Musings.. (Ed:)..... 61.
On Telescopes, Twaddle.. (Ed:)... 85.

P.

Party, Mrs Stoggle's Dinner.. (S.W.). 82, 92, 106.

R.

Reviews.-- (Ed:).............. 76.
Rubbish, Reasonings on. (Ed:)-- 1.
Rust.--- (Ed:).......... 37.

圖26　道奇森家族的手寫版《教區雜誌》索引，標明頁碼與各條目作者，雖然名字只有縮寫但多數都是卡羅自己。他的文章署名包括‘Ed.’、VX、BB、FLW、JV、FX和QG。

25」三個版本，原本名為〈施托格太太的晚餐派對〉的故事連載三期，到了索引還能復刻為「施托格，太太，晚餐派對，82、92、106」這樣一條。索引條目的獨特句法似乎勾起小作家心中某種特別的想像或趣味。

路易斯．卡羅著迷於索引，一輩子沒放下。一八八九年，距離大獲好評的愛麗絲系列已經過去幾十年，他出了最後一部小說《西爾薇與布魯諾》（*Sylvie and Bruno*），可是市場成績並不好。故事發生在維多利亞時期的英國與一個名叫「妖精地」（Fairyland）的異世界，將社會劇與卡羅擅長的打油詩與邏輯辯論融合，並不是非常討喜的設定。此外，內容談論到對於死亡、赤子之心與基督信仰的想法，雖然非常有十九世紀末期的風味，卻又多了種無病呻吟的尷尬。更切中本章主題的特徵在於：《西爾薇與布魯諾》非常罕見，是一部有索引的小說。

不難想見索引內容也很莫名其妙，比方說「床，絕對不上的理由，II.141」、「快樂，過多，如何調節，I.159」，或者「冷靜，極度，不便之處，I.140」。從中可以看到承襲《教區雜誌》的句法幽默。換言之，卡羅重複了四十年前私底下開的玩笑，只是換了更精緻的包裝。而他邏輯嚴謹的機趣沒有缺席，索引諷刺了大家心照不宣的道理，同樣利用條目句型營造出極致的荒謬，譬如「風景，沉浸於，小人物才會」（Scenery, enjoyment of, by little men）的逗號用法累贅又賣弄，令人會心一笑。

181 《西爾薇與布魯諾》索引的另一種累贅源自同樣詞彙經過不

同排列就構成不同條目，這樣的例子非常多。「下墜的房屋，其中的生活」、「在太空下墜的房屋，其中的生活」與「生活在下墜的房屋中」乍看沒有不同，而這也是卡羅從小到大都喜歡的文字遊戲，畢竟他孩提時代也寫過「而言，大體」、「言，大體而」、「大體而言」這種索引條目。不過從中可以感覺到卡羅似乎本能地透過這種可笑的形式刺探深沉的人性。這些內容可以呼應愛麗絲和白騎士的對話，提醒讀者最佳關鍵詞或許就和猜歌名一樣有無窮盡的可能性。索引，尤其是給小說製作索引，其本身就是進行詮釋，臆測未來讀者會想查詢什麼，以及腦海中想的又是什麼字詞。如何選擇？「生活」、「房屋」、「下墜」三者孰優孰劣？與卡羅同時代的偉大索引編輯亨利．惠特利主張，「索引編輯比其他行業更厲害之處，就在於能選出最佳標題詞。」[6] 然而，路易斯．卡羅不做決定，反倒將蓋子掀開來讓大家都能看到候選者。索引是人編的，以語言呈現，因此人和語言會有的矛盾、累贅和主觀性，理所當然能夠透過索引呈現。從《西爾薇與布魯諾》可以連接到愛麗絲與矮胖子（Humpty Dumpty）的對話：

> 「問題是，」愛麗絲說：「你憑什麼可以讓每個字都有那麼多不同意思。」
>
> 「問題是，」矮胖子說：「究竟誰做主——就這麼簡單。」★

《西爾薇與布魯諾》的索引可謂是卡羅在寫作生涯終點做了一 182
次回顧，重返動筆的初心。之後再版時索引常被刪去，但這應當

★ 譯按：人主宰語言，或者語言主宰人類。

算是出版社的疏失，因為這本小說的索引本質並非附屬物而是終章，讓讀者有最後一次機會品味作者的詼諧逗趣，甚至諷刺；儘管放在故事結局之後，卻仍應被視為作品的一部分。

不過編輯感到困惑也可以理解，因為索引存在的本身就是笑話一環。出版業的原則通常是非虛構作品附上索引（或者說，應該要有索引），虛構作品則否。有句話很妙，「傳記只是附了索引的小說」，一般認為語出約翰．厄普代克（John Updike）。多數情況下，我們並不期待在小說後面看到索引，例外是某些作品故意模仿另一種文體，譬如維吉尼亞．吳爾芙的傳記體小說《奧蘭多》（*Orlando*），或之前提到納博科夫藏於詩詞的《微暗的火》。但撇開特例，大原則在十九世紀已經成立，而《西爾薇與布魯諾》的索引破壞常規，故意模糊虛構和非虛構的界線。

就逗人發噱這部分，《西爾薇與布魯諾》或許成功了，但以索引的標準而言，它的品質不佳。「風景」、「蛋」、「床」這種條目對讀者尋找特定片段幾乎沒有幫助，反倒突顯一部正常小說的情節場景變化多端，在敘事中建立地標幫助讀者回憶是個艱鉅任務。一個故事該怎麼做索引？人名地名沒問題，但故事中提到的物品怎麼處理？《奧賽羅》的手帕，《尤利西斯》裡施文尼（Sweny's）藥店「檸檬甜香」的肥皂？概念又怎麼辦，文學常常體現文化思維不是嗎？還有情緒呢？

183 比《西爾薇與布魯諾》還早幾年，另一部小說也有附索引，而且是擺在正文前面不是後面，並非作者手筆而是後世代勞。亨利．麥肯齊（Henry Mackenzie）的《有感情的人》（*The Man of Feeling*）初版其實早在一七七五年便上市，一世紀後出版社想發行經典文學選集吸引更廣大的讀者群，於是「卡塞爾國家圖書館系列」（Cassell's National Library）請到倫敦大學學院英語文學教授亨利．莫雷（Henry Morley）為作品撰寫導讀。該系列售價平裝三便士、精裝六便士，採用最薄的紙張與口袋大小的版面，封底和扉頁滿滿的嬰兒食品、卡士達粉、萊特（Wright）牌焦油香皂的廣告，與現代人會想購買的小說從外觀到觸感都非常不同，完全針對目標讀者群量身打造——卡塞爾國家圖書館系列鎖定想接觸文化卻難以取得傳統版本的人，教育法案通過十年後有很多這樣的兒童或自學者，可謂新生代客層。莫雷教授的導讀多半簡短，畢竟連續四年每週都推出新書，但他寫得寓教於樂還常常帶點揶揄，清楚介紹了作品的歷史脈絡。

在處理《有感情的人》時，莫雷本著維多利亞時代對十八世紀小說情感氾濫的鄙夷，決定帶讀者看清楚麥肯齊這部作品多愁善感到了什麼地步，於是他編輯了「眼淚索引」——整理所有角色落淚的場景並附上頁碼，簡介描述哭泣的文字，有些很平淡（「濕
了眼眶，P.53」）、有些引經據典（「淚彷彿阿芙蘿黛蒂的腰帶， 185
P.26」★）；有的鎮定自持（「落了一滴淚便不再哭泣，P.131」）、有的毫無節制（「難以自抑哭個不停，P.187」）；從簡單扼要（「落了淚，P.165」）到華麗繁瑣（「重病男子吻去她眼角才萌芽的珠

★ 譯按：原文為阿芙蘿黛蒂的另一個名字Cytherea（女神誕生處的地名）。阿芙蘿黛蒂的金腰帶（有些版本描述為披紗）是其神力象徵，其中蘊藏魅力與情慾的祕密。

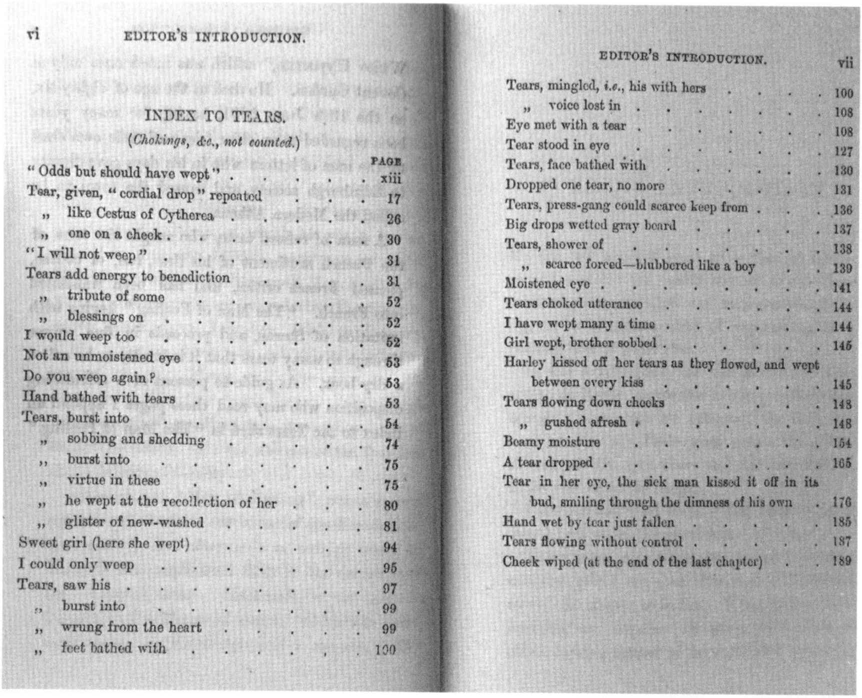
vi EDITOR'S INTRODUCTION.

INDEX TO TEARS.

(*Chokings, &c., not counted.*)

EDITOR'S INTRODUCTION. vii

圖27　亨利·莫雷為亨利·麥肯齊的《有感情的人》所製作的「眼淚索引」。

花，但自己也是淚眼朦朧，P.176」）一應俱全。索引風格介於威廉·金恩「以索引略述之」和王爾德對《老古玩店》（*The Old Curiosity Shop*）的諷刺：「鐵石心腸的人才會讀到小奈兒的死還不笑出來。」★

「眼淚索引」彷彿新時代回頭拆舊時代的臺、後輩批評前輩的做法，看得讓人直呼過癮，但作為索引其操作手法可謂直截了當。它明明抨擊的是感傷小說（sentimental novel）這個特定類型，收錄的條目卻又不是對應的情感情緒，而是以其具體表現（實際的眼淚）為依歸。索引前面還特地點破這件事：「哽咽之類的並未納入。」就像酒令一樣，規則講得一清二楚，忍住眼淚的啜泣抽噎、只看到手帕沾濕都不算數。即便如此，眼淚索引還是能在僅僅兩百頁中找到四十六次罪證確鑿的落淚場面。

為什麼人物常常哭？索引完全沒說。莫雷沒打算給情緒做分類或對角色做深入剖析，因為太麻煩了，會觸及文學批評裡許多複雜層面，像曖昧性、主觀性、抽象事物的標準浮動等等。一旦索引掉進這些領域就會從精準變得模糊，建立在可信賴標目的實用性會因為篩選時的詮釋標準而大打折扣。若從指涉變成推測，索引的地位會動搖。然而，虛構與非虛構的作品不同，內容很難 186
被切割成具體的顆粒，所以十九世紀末的莫雷就精明得只在字面做文章。他和卡羅一樣將不為小說做索引的傳統拿出來當玩具，光是編纂索引這件事就夠調皮了，內容是否荒唐、是否有意義不

★ 譯按：《老古玩店》為狄更斯作品，故事中少女小奈兒經歷波折最終過世，文學界有些人批評是以俗氣手法刻意撩撥讀者情緒。

再那麼重要，諷刺才是最終目的。最有趣之處是他們的索引成功了，而且之所以成功就**因為**做出了很沒用的索引。十八世紀文學大家們認真嘗試耕耘這塊領域，結果後生晚輩直接拿來開玩笑，從這個現象不難發覺虛構作品的索引要成功，追求的恐怕並非一般認知中索引該有的詳細、全面、嚴謹等等，畢竟卡羅和莫雷顯然不在乎這些理念。

輔助讀者與否又是另一回事

回到十八世紀，艾迪生和史提爾為《觀者》做了獨特風格的索引；同時間，偶爾為他們寫文章的一位作者則進行更嚴肅的實驗。單張期刊力求通俗與繽紛多樣，以求在讀者群之間廣為流傳，但亞歷山大·波普翻譯的《伊利亞德》完全是另一個極端，訴求在印刷出版飽和的年代要能夠鶴立雞群，有分量的文學作品就得有精良的品質。如前所述，《觀者》的索引很成功，用意不是檢索文章，而是給文章的風格趣味做預告。就這個層面來看，波普版的《伊利亞德》其實類似，索引表格未必有何妙用，卻能營造尊爵不凡、豐盛華美的印象。

187 波普從一七一五到二〇年間，以每年一部的速度重譯荷馬史詩。分期銷售模式本身也是商業創舉，出版商預支的初始成本大為降低，前一部的利潤變成下一部的預算。而且合約內容裡，每一部會印製七百五十本豪華版由波普獨占銷售權，一個月之後出版商才推出自己的產品。波普因此發了財，他後來在英國特威克納姆（Twickenham）蓋的帕拉第奧式別墅就是這麼來的。

譯本上市以後，里察·賓特利還是不改惹是生非的體質，一不小心就抨擊了新版不忠於原著的問題：「波普先生，您的詩詞非常美，但不能說這是『荷馬』的史詩才對。」[7] 原因在於波普並未沿用荷馬的六步格（hexameter），改採拉丁文學全盛期另一種優雅的雙韻對句。每年一部是賣點，文字華美也是賣點，商品本身當然也得講究和精緻。他在合約中要求出版商為新版《伊利亞德》製作新字體，自己那七百五十本得是附有裝飾花紋與花體字的大開本印刷。可想而知，購買者以王公貴族為主，卡洛琳公主就是其中之一。

第二集出版以後，可以肯定市場成績了。波普寫過一本諷刺小冊，內容是另一位出版商埃德蒙·柯爾（Edmund Curll）埋怨新《伊利亞德》讓他沒生意，連工人都快請不起。故事裡柯爾將旗下作者都找來，有史學家、詩人、諷刺作家、評論家等等，然後他告訴大家說沒錢發薪水並不是自己的錯： 188

> 各位想想，我難道沒盡力嗎？我吃了那麼多苦，你們的精心創作卻仍然沒被世人看見。我失禁過、嘔吐過，被人追殺和囚禁，被手榴彈砸中腦袋兩次，被毯子裹起來丟出去兩次，被人甩耳光揍鼻梁，被打被踹被恐嚇被污衊。各位，你們要看清楚，是林托特那邊的作者〔波普〕要害你們餓死才如此殘害我。當務之急是用最快速度除掉他。[8]

確定要對付波普以後，在場眾人根據自己的專長提出計畫，史學家寫偏頗的傳記、詩人以品達體（Pindaric）頌歌進行攻訐等等。然而，索引編輯似乎無可奈何：「結果索引編輯說，總不能給他的荷馬史詩編索引。」

諷刺的大方向很明確，波普與這位出版商早有過節，故意寫這種文章去挑釁對方。可是有關索引那句就顯得事有蹊蹺、不好解讀，尤其還放在一大段粗言穢語的下流幽默和人身攻擊之後，沒將情緒拉到高潮，反倒像是話沒說完，好好的鬧劇莫名其妙壓低音量結束了。這現象反映了波普自己心中也存有疑慮，如果新譯《伊利亞德》的每個細節都追求最高水準（要將他推上作者生涯的巔峰），那麼有個問題懸而未決。同年蓋伊的《瑣事》也是有
189 索引的詩，但內容本來就是假借英雄體的幽默。波普翻譯《伊利亞德》就不同，是貨真價實的上古英雄傳奇，沒有迴避的空間。荷馬史詩該不該有索引？有的話，是什麼模樣？

四年後，最後一部出完了，波普曾在書信中表示自己精疲力竭，受限於時間無法盡善盡美：「原本計畫四種各有特色的龐雜索引，但時間有限只能完成其中兩種。現在出版的表格雖然完整，但與理想狀態有很大的距離。」[9] 儘管他語氣很氣餒，其實讀者很難想像如何比實際成果還更宏偉浩大。新譯《伊利亞德》的兩個索引各自分成大量表格來切割史詩內容，幾乎涵蓋讀者所能想像的各種面向，除了人物器物、藝術科學，甚至囊括「狀聲技巧」，也就是波普如何以音節模擬詩句描述的場景（例如「以破碎和混亂描寫海上風暴，13.1005」，或者「以大量停頓營造失落絕望，18.101、144、22.378」）。許多元素都有各自的表格，例如史

詩中的寓言故事、比喻、寫景段落、重要發言，連情緒也從焦慮（anxiety）到溫柔（tenderness）依字母排列方便查詢。如此豪華的索引呼應這套書的方方面面，意圖將其提升至傳家寶地位，期待讀者一再回顧，從各種能想像到的角度賞析這部西方文學的偉大經典。藉由索引，史詩化作百科全書，從中可以學到軍事策略如「最差的士兵如何配置，4.344」，也能查詢古典文學使用的象徵譬喻、道德寓意、美學觀念，還有荷馬及波普自己使用的詩詞技巧。實際上讀者未必能如此高規格看待這套書，不過索引的完善精細本就是尊榮版商品的實驗項目之一。 190

之後波普又重編莎翁劇本，理所當然也該有同樣高級的索引才對。然而，這回他沒親自出手，而是寫信給出版商下指導棋：「無論你找誰做索引，按照我之前荷馬史詩的做法就好。能處理這次索引的人想必思路清晰，聽了這句話就會找到方向。」可惜重編版莎劇的索引承襲龐雜架構卻未能妥善執行，成品缺乏條理也不夠詳盡。人物列表分為史實與虛構兩種；馬克白和李爾王屬於前者，哈姆雷特屬於後者。為所有莎劇整理出「心態、情感與其外顯」聽起來很有野心，結果卻落得雷聲大雨點小的下場，僅僅三頁單欄就打發掉。如果查詢「驕傲」，這份索引給讀者的指引只有一處：《特洛伊羅斯與克瑞西達》第三幕第七場的尤利西斯。難道莎士比亞整整三十六部劇作中，其他地方都沒人表現出驕傲？索引就給人這種印象。那麼在這些劇本裡，「嫉妒」的例子有哪些？應該有人會想到《奧賽羅》才對，但答錯了，根據新編版索引就只有《亨利八世》第三幕第五場的沃爾西。所以這樣一份索引究竟何用？它無法幫助讀者找到記憶中的片段。會不會只是針對特定情感提供可作為示範的例子？譬如「憤怒」是《安東尼與克麗奧佩托拉》第三幕第十場的伊諾巴布斯，「希望」則是《理查二世》第二幕第六場的王后。果真如此的話也就還算有道理，
191 或許能從莎翁全集中篩選建立一套常用典故（*loci classici*），概念相近的文選集在十八世紀末已經出現。但這份索引偏偏也不是這麼回事，它在希望、嫉妒、憤怒這種重點情感之間插入了別的東西，比方說「法國庸醫自命不凡」、「休．愛文斯爵士的迂腐」、「葵克莉婦人」這種搭不上的條目，於是整個表格看上去像趕工出來而亂七八糟，根本派不上用場；另一個表格「思想或意見」也是同樣慘況。至於「地點描述」總該沒問題才對，可是以整套莎翁全集的分量，竟然只能從「流水經過岸邊」到「陰暗憂鬱的山谷」這樣列出十五個條目就沒了。

波普新編莎翁全集的索引是一場華麗災難，作品豐富複雜不在話下，若能針對各種心思情感製作詳細索引可謂潛力無窮，可是最終以倉促，甚至荒唐收場。看得出編輯者並未思考表格實際使用情境，讀者也不免懷疑附加索引唯一目的只是增加篇幅和紀念莎士比亞——這樣偉大的作家**就該**從各種角度加以分析，至於輔助讀者與否那是另一回事。換個角度觀察，莎翁全集的索引透露另一個重要問題，也就是一個半世紀以後亨利．莫雷巧妙迴避的陷阱：索引想要站得穩妥，就得以不可分割的事實資訊為基礎單位，例如眼淚而非情緒。荷馬史詩的索引大抵還建立在具體事物上，如科學、比喻、音節效果等等，讀者多半不會質疑條目是

否合理。到了莎翁全集時，索引聚焦在思想、意見、心態、情感這些內心層次。就像白騎士的歌謠，分類名稱與條目內容就不一定相符。

恆久性與重複性

波普新譯荷馬史詩、重編莎翁劇作的同時期，一種新的文 192
學形式逐漸在英語世界成型。長篇小說具備戲劇的內在本質，非常適合呈現史詩等級的事件過程與細節。一七一九年丹尼爾·笛福（Daniel Defoe）的《魯賓遜漂流記》（*Robinson Crusoe*）和一七二六年綏夫特的《格列佛遊記》（*Gulliver's Travels*）都很成功。到了一七四〇年代有印刷商自己寫小說獲得佳績：塞繆爾·理查森（Samuel Richardson）三部鉅作分別為《帕梅拉》（*Pamela*，一七四〇年）、《克拉麗莎》（*Clarissa*，一七四八年）以及《查爾斯·格蘭迪森》（*Charles Grandison*，一七五三年），形式採用書信體，也就是佯裝為私人書信被後世發現並整理出版，內容都是敘述書名人物艱苦的際遇。三部小說都很暢銷，其中最出名的是《克拉麗莎》，市場反響和故事篇幅同樣巨大，初版就將近百萬字並分作七卷，三年後理查森發行增修版還能多出幾百頁，因此這塊英語文學的里程碑也是大學學生想預習時扛不動的大石。至少對於十八世紀中期的讀者而言，《克拉麗莎》之所以精彩在於其道德意涵，無論反派男主角勒夫雷斯如何逼迫，女主角都堅持本心。於是它就像動盪時代的佈道書，讀者很可能會一再複習——但不大可能從頭到尾完整閱讀。那麼如何在浩瀚字海之中鎖定想重溫的段落？

一七五一年三月九日，《克拉麗莎》增修版上市前夕，理查森收到詹森博士來信，鼓勵他別擔心原本就長篇的小說會更長，
193「故事長無所謂，字句簡潔就好。」[10] 然而，信的最後也提出建議：

> 希望能加上重點索引（index rerum）方便回顧特定橋段，目前讀者不記得事情發生在第幾卷的話就很難找到。畢竟《克拉麗莎》不像其他作品適合一口氣讀完就擺著不碰了，許多忙碌、年邁或好學的人會時常翻看。在我看來，這次增修版足以流傳後世，若有索引才能盡善盡美。

不是只看一次就永遠擱置的小說——詹森博士強調的恆久性與重複性，正是貫穿本章的主題。有了索引，《克拉麗莎》便能「盡善盡美」，但事實上他遲了一步，作者自己與詹森博士英雄所見略同，新版序言中提到「有位聰明紳士」（他的鄰居索羅門．羅威校長）將《克拉麗莎》中的「啟發性思考」整理製表。理查森看了非常開心，決定親手擴大索引規模加入新版中。[11]

《克拉麗莎》的索引很獨特，長達八十五頁，配得上這龐大的故事。不過它連標題都符合理查森等級的規模：「羅列《克拉麗莎》全文內具道德啟發意義的思考、格言、警語、感受與觀察，以期有智慧者得以活用。」條目分成很多類，將類似主題合併起來，例如「義務與服從」、「老鴇與蕩婦」或「機智才氣與言談」，
194 並全部以字母排序。截至目前為止，還沒有什麼奇怪地方，就像波普的新版莎翁全集也有用「心態、情感」分類的索引，只是更

詳盡龐雜（龐雜到需要「索引的索引」標示各個項目所在頁數）。

然而，深入索引條目會忽然發覺自己踏入了前人未至的領域——句法結構並非現代人熟悉的由後而前、簡潔扼要，理查森特別以其優雅筆觸寫下媲美箴規的主題。它們不是指引讀者盡快找到對應內文的標籤，而是可以在正式場合說出口或當作座右銘的文字。比方說「決鬥」底下有一條是「清白之身不應與有罪之人犯同等風險」；「逆境」則有「逆境是所有美德必須接受的考驗」。句子太精美完整，簡直不像是要告訴讀者小說究竟講了什麼故事，明白理查森告訴大家的道理以後根本沒必要閱讀原文。於是索引不是跳板而是終點，小說本身只是幫忙背書，彷彿孩子說的漂亮話後頭有地位卓著的雙親作保。其實《克拉麗莎》曾有另一個早期版本，索引中直接刪除頁碼，理查森特別解釋正因為市面上有不同版本流通，他認為頁碼反而造成混亂。此外，他還補充道：「我私心認為以下哲理與格言對青年子弟十分重要，無論**是**
否與克拉麗莎的故事緊密連結都應當深刻思考謹記在心。」換言 195
之，就是告訴讀者：這份索引可以脫離小說存在，而且還是值得一讀。[12]

儘管理查森表示索引內容與小說本身有「緊密連結」，再版 196
時略去頁碼似乎呈現出實際心態。後來與法語版譯者通信時，他也明確提出索引和小說完全分離的可能性：

那份情操表格花了不少心血，很多朋友認為應該不必依附在主角生平底下，直接以箴言集形式獨立出版能夠裨益社會。[13]

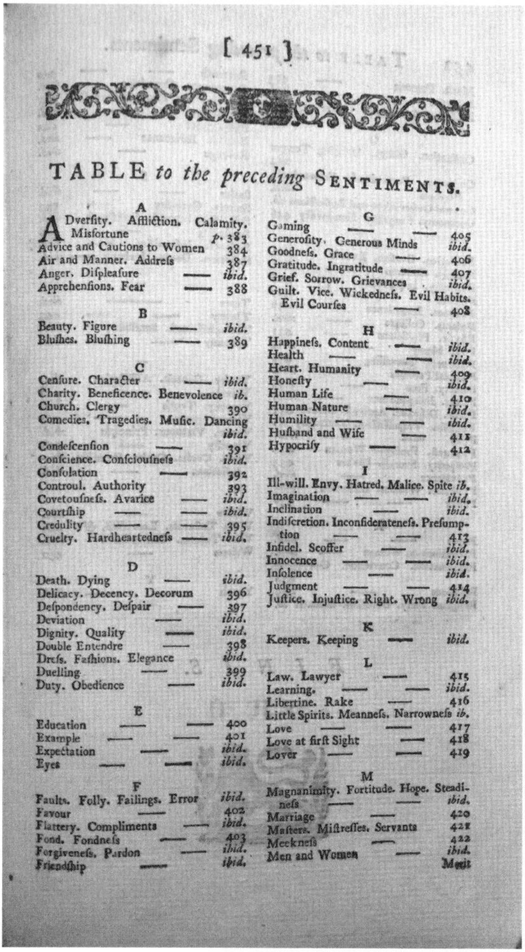

[451]

TABLE *to the preceding* SENTIMENTS.

圖28 《克拉麗莎》的索引的索引。「前述情操之彙整」(Table to the Preceding Sentiments)將理查森以「羅列」為名的索引再次重新排列。

看到「裨益社會」應該就不難理解了，可以說這份索引的本質是佈道。理查森也在其他場合思考過《克拉麗莎》是否不僅僅是一部小說：「對大眾而言，以『淺嘗即止』的方式閱讀，當作『輕鬆小說』或『讀過就忘的戀愛小說』來說未免太沉重了。」[14]還表示這部作品的意義是「作為教化工具」。但是將工具精簡到只剩下格言警句是否同樣裨益社會？

理查森下一部小說即將出版之際，詹森博士又寫信提議給三部作品都製作索引，並且合併起來獨立出版。[15]然而，他很快撤回提議，因為擔心理查森會將有限精力投入這樣的大工程，**反而**生不出第四部作品。結果詹森博士的期望與恐懼都成真，之後兩年理查森真的都在編纂三部虛構作品的聯合索引，所以沒有第四部小說了。《帕梅拉、克拉麗莎、查爾斯．格蘭迪森生平之道德與教化情操、格言、警語、感觸全集》耗費不少時間，他也對好友艾 197
齊琳夫人（Lady Echlin）★說那是「勞心勞力的工作」。[16]理查森受到利他大愛的驅使，視自己的付出「不求名利而是勸世」，以三部長篇小說的索引來服務人群。

理查森在索引全集的序言重申道德動機。但是幾年之後他又有了另一番思考。他接納了小說本身的定位，開始質疑「獨立於角色生平」的格言彙整，也就是脫離文本的索引，是否真的能發揮預期功用。理查森改口說故事是道德訓示的絕佳糖衣，能夠觸及排斥傳統講道模式的人：「即使不靠近講道臺，書本會跟著讀者

★ 譯按：英國作家，與理查森書信往來密切，私下為《克拉麗莎》寫過轉折較少的另一版本結局。

回家，以小說誘人的形式和愉悅的氣氛帶領他們瀏覽許許多多深具說服力的佈道內容。」[17] 於是索引只是用來點破理查森透過小說想傳達的道理。以《克拉麗莎》的情操表而言，重點不是放在角色及其進退場等等，而是要突顯三部小說蘊含的人生哲理。理查森的說法是：

> 值得期待的用途是諄諄教誨、一再複習，將作品中的重要哲理深植於自己和他人心中，且日後有機會可以回頭參照故事中的範例。因此要將這份囊括箴言和出處的目錄濃縮為一冊呈現給社會大眾。[18]

索引條目裡有「**兒童**：從教養角度出發的幼稚期相處方式」，
198 或者「**婚姻**：步入晚年與年紀上的不平等」。其實以粗體標示有點誤導，條目內容非常複雜精確，很難一言以蔽之，譬如後面那條講的並不是任何「婚姻」，也不是夫妻一同到老，而是長者與年輕配偶成婚這樣清楚的前提。理查森透過小說提供讀者特殊**情境**下之道德困境的指引，索引則提高了讀者查詢的效率。

艾齊琳夫人顯然十分欣賞這三部小說的道德寓意，讚譽理查森「為作品奉獻時間心力，只求能使同胞更美善」。[19] 不過並非所有朋友都這麼看好，某些人覺得理查森明明能再寫一部小說卻浪費時間做索引，而他也為此感慨並非難說道：「有人說就算我〔把全集〕做出來他們也不會去看，又說三部作品已經不是說故事而是講道理。隨他們去吧。」[20] 換言之，理查森原本就以增進道德為目標，無法理解為何別人認為索引的價值遜於另一部小說，以「隨他們去」作結也透露理查森小說的定位尷尬，無法確定是「純粹的娛樂」，又或者應以道德教化為主。他編纂索引採用非小說形式的寫作風格，意圖將虛構與非虛構的距離縮減到最小，淡化故事的想像色彩使小說成為論述的一種形式。可是友人並不買帳，根本沒打算閱讀索引《全集》，可見許多人並不希望小說成為佈道媒介。

到了十九世紀，就算還有人提起理查森編纂的索引，也都視 199
之為自我滿足並語帶嘲諷。艾薩克·迪斯雷利（Isaac D'Israeli）將其收錄在《文稗》（*Curiosities of Literature*）中並描述為「強烈文學虛榮」的徵兆，批評格言式條目非常迂腐，何況作者為小說編索引本就自戀。「作者耽溺於改編自己的作品，」他這樣說：「文學史上沒有比這個更獨特的案例。」[21] 小說索引膽敢再次浮出水面已是百年之後，而且還得包裝在莫雷的諷刺或卡羅的戲謔底下。

將理查森推入自我耽溺的詹森博士又如何看待小說索引？至少可以說《全集》在他手裡得到充分運用。本章先前以白騎士這個經典案例呈現字詞的形式與實質很難掌握，詹森編纂英語詞典時自然也要面對釋義問題，而他掌握的訣竅就是引經據典訴諸權威，所以他在詞典序文中表示：「難題的解答、值得借鑑的經驗都存在於示例之中，呼應每個字詞各層次的意義。」[22] 唯有通過實例，也就是字詞實際使用的上下文，才能夠分辨字詞之間的細微差異。而且詹森博士不是隨便引用，他在書名頁宣稱：「追溯字詞起源，並以頂尖作家示例示範其意義分別的英語詞典。」

挑選所謂「頂尖作家」時，詹森博士給自己下了個制約：仍

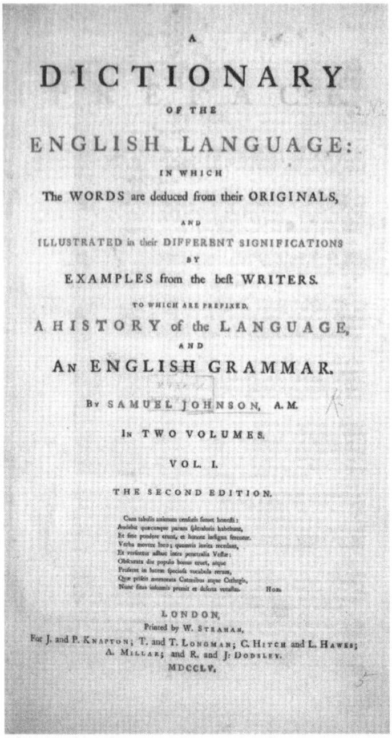
A

DICTIONARY

OF THE

ENGLISH LANGUAGE:

IN WHICH

The WORDS are deduced from their ORIGINALS,

AND

ILLUSTRATED in their DIFFERENT SIGNIFICATIONS

BY

EXAMPLES from the best WRITERS.

TO WHICH ARE PREFIXED,

A HISTORY of the LANGUAGE,

AND

AN ENGLISH GRAMMAR.

BY SAMUEL JOHNSON, A.M.

IN TWO VOLUMES.

VOL. I.

THE SECOND EDITION.

Cum tabulis animum censoris sumet honesti:
Audebit quæcunque parum splendoris habebunt,
Et sine pondere erunt, et honore indigna ferentur.
Verba movere loco; quamvis invita recedant,
Et versentur adhuc intra penetralia Vestæ:
Obscurata diu populo bonus eruet, atque
Proferet in lucem speciosa vocabula rerum,
Quæ priscis memorata Catonibus atque Cethegis,
Nunc situs informis premit et deserta vetustas. HOR.

LONDON,
Printed by W. STRAHAN,
For J. and P. KNAPTON; T. and T. LONGMAN; C. HITCH and L. HAWES;
A. MILLAR; and R. and J. DODSLEY.
MDCCLV.

圖29 「以頂尖作家示例」：詹森博士的字典的書名頁。

200 在世的人不算數。原因不難理解，是為了避免同儕之間的尷尬：「確保我不受偏見影響，與我同期的文人也無需爭執。」[23] 但偏偏有個例外就是理查森，《克拉麗莎》給了詹森博士至少九十六個例句，用到的字詞包括quaggy（沼澤的）、bumpkinly（粗鄙的）、rakish（浪蕩的）、chuffily（滑稽的）、craver（渴望）、devilkin（小惡魔）、domesticate（馴養）、brindle（斑紋）等等，沒有別本小說達到這數量。有趣的是，九十六個例句中有四分之三，也就是七十八個句子並非取自《克拉麗莎》內文，而是其索引。[24]

舉例而言，romp這個字在詹森的詞典內定義為「粗魯嘈雜地嬉笑打鬧」，佐證例句出處為《克拉麗莎》：「男性常用嬉鬧解釋自己 201
的行為。」其實小說裡面根本沒有這個句子，romp出現在第五卷開頭勒夫雷斯為自己辯護的說法：「我對她那些舉動不就是鬧著玩嗎？就算女性也是十有八九會一笑置之啊。」這個事件經過消化濃縮才變成索引中的道德箴言，詹森引用的句子完整應該是：「男性常用嬉鬧解釋自己的行為，覺得別人可以一笑置之。」看來《克拉麗莎》真的太長，連詹森博士這樣堅定的書迷也無法輕而易舉找到想要的字詞，索引反倒派上用場了。

雖然後來學界針對字詞或主題習慣從牛津字典裡尋找最早的示例，詹森博士為每個釋義找出例句的做法非常成功，詞典成為透過索引學習的絕佳工具，羅賓．瓦倫扎（Robin Valenza）稱之為「索引學習的神化（apotheosis）」。[25] 現在知道詹森博士自己也靠索引找資料，大家可以安心了，不過總覺得伊拉斯謨在天上挑眉不屑。即便如此也別高興太早，詹森博士是有自知之明的。詹姆士．包斯韋爾（James Boswell）的《詹森傳》（*Life of Johnson*）提到博士與文學批評家薩繆爾．貝考克（Samuel Badcock）曾經一起數落某位作家，貝考克簡單重述事情經過時說：

> 我說那個人是個索引學者，但他〔指詹森〕連這頭銜都不肯給對方，還說：「他參考的對象也參考了別人，但人家可沒有犯他那樣的毛病。」[26]

參考的東西居然也是人家參考來的就無話可說了。看來無論 202
誰都偶爾會靠索引省時間，但一手、二手分不清就很危險了。

〔第七章〕

所有知識的鑰匙：泛用索引

這就像是書末的索引；編製網頁的索引時，我們會為網頁中的每個字詞建立條目。之後每次標記網頁時，都會依據其中包含的字詞，將之加入相對應的條目。——Google，「搜尋服務的運作方式」

203 「醫生，麻煩在索引裡查她的資料，」福爾摩斯眼睛也沒睜開就這麼低語。多年來他針對各種人事收集資料並建立一套管理系統，鮮少有主題或人物無法立刻掌握情報。我找到那女子的檔案，夾在一位希伯來拉比和一位寫過深海魚專著的海軍軍官中間。

時間是一八九一年，在〈波希米亞醜聞〉（A Scandal in Bohemia）的故事中，福爾摩斯尋找的對象檔案就夾在拉比與業餘海洋生物學家之間。她是艾琳·艾德勒，愛好冒險的歌劇演員。同時間，在福爾摩斯的住處客廳內有一位威廉·戈特里希·西吉斯蒙德·馮·奧姆斯坦，身分為卡塞爾菲爾斯坦大公與波西米亞世襲國王，與艾琳·艾德勒有過一段情緣。故事發展到後面，福爾摩斯的策略被
204 艾琳·艾德勒識破，如華生所言「被個女子給打敗」。但故事開頭的福爾摩斯態度鎮定自持，儘管家裡來了個大公，他躺在扶手椅上連眼睛都懶得張開。

福爾摩斯會建立與使用索引應該不太令人意外，這角色的趣味與超能力就在於百科全書般的腦袋藏著無窮資訊，簡直是人形Google、行走的《筆記與疑問》★，雖然這麼說有時代錯亂的問題就是了。此外，系列第一作《血字的研究》（*A Study in Scarlet*）就點出福爾摩斯的通識其實挺差勁的，根據華生的觀察是「文學：零。哲學：零。天文學：零。政治：薄弱……」柯南·道爾時不時透露幕後情境，給讀者得知主角的無所不知是如何而來。福爾

★ 譯按：*Notes and Queries*，英國期刊，創刊於一八四九年（至今持續發行），最初收錄各種人文方面資訊並回應讀者提問，後期主題較集中於文學領域。

摩斯多次維護整理索引，「將最近收集的資料排列整齊」，或者「陰沉地坐在壁爐前面比對犯罪紀錄索引」。可想而知他採用字母排序，而且每個字母底下「都有龐大分量」。想查什麼的時候，假設是吸血鬼（vampire）吧，福爾摩斯通常懶得自己起身：「華生，拿V過來我看看。」看似簡單的一句話，卻將角色設定描寫得淋漓盡致，兩人間的不對等關係只靠**我看看**三個字就一目瞭然——華生是跑腿小弟，只負責從架子上取東西，不必自己閱讀，內容當然是福爾摩斯來研究。偵探會將索引本擱在腿上，「小心而緩慢地翻閱舊案紀錄與窮盡畢生蒐集的資料」：

「榮蘇號事件。」他唸道：「挺慘烈的。印象中華生你自己有做紀錄吧，但成果我是很難稱讚。維克多．林區，偽造專 205
家。毒蜥蜴，令人印象深刻的案子！維托麗雅，馬戲團美女。范德比爾特與金庫劫匪。毒蛇。維戈，漢默史密斯區的奇人。」[†]

「比起來，」福爾摩斯咕噥道：「還是索引可靠。」因為是**他的**索引，而且包山包海，足以掌控全局。

索引彷彿現代性的化身

名偵探這份字母排序的索引不受限制，未局限於單一著作，而是向外擴張，將所有值得留意的人事物都記錄下來。這個概念

† 譯按：此處檔案皆為V開頭（Voyage of the Gloria Scott、Victor Lynch、Venomous lizard、Vittoria、Vanderbilt、Vipers、Vigor）。

不新奇，大約六百五十年前格羅斯泰斯特的《經文辨析總表》已經走在同樣的道路上。然而，維多利亞時代的發展更甚。泛用索引（universal index）需要人力協調與大量資源，因此必須工業化。福爾摩斯的索引畢竟是獨力為之，無可避免有些地方簡陋得很親切，比方說「維克多．林區、毒蜥蜴、馬戲團美女維托麗雅」這樣的標目順序像是不加分類的大鍋炒。另一方面，福爾摩斯與格羅斯泰斯特類似，製作的索引等同於個人閱讀與經歷的集大成，而且兩位本就是出類拔萃的人物。當然福爾摩斯的情況更特殊，因為他自己也進入了索引：自《岸濱雜誌》（*Strand Magazine*）刊出〈波西米亞醜聞〉後，福爾摩斯成為《期刊索引》（*Index to Periodicals*）的常客。《期刊索引》每年一部，彙整全年所有報紙雜誌期刊的文章，任何人只要找到有訂閱的圖書館都能參考使用。相較之下，福爾摩斯和格羅斯泰斯特的索引竟有些小兒科。不過這麼龐大的計畫如何運作？這是一個需要三管菸的時間才能解決的問題[★]。

目前普遍將十九世紀及其前數十年定義為工業時代，但這個
206 說法究竟代表什麼？首先當然是新的生產方式，催生出新的材料
如鑄鐵與鋼，掌握蒸汽機技術，製造業開始機械化，於是工廠勞
力區分為專業與庶務人員。但同時出現許多嶄新的概念，尤其工程
方面，如布魯內爾（Brunel）[†]的鐵道、巴扎爾加提（Bazalgette）[*]
的污水下水道等等，時至今日仍能感受當年的轉變之快、野心之

★ 譯按：典故為福爾摩斯故事中，主角分析案情時習慣抽菸斗，需要三管菸的問題屬於高難度。

大，以任何一本書籍索引與其相提並論都顯得小巫見大巫。

偏偏在一八六五年時就有個神父兼出版商雅克·保羅·米涅（Jacques-Paul Migne）這麼做了。在此我們必須幫米涅說句話：他**確實**取得不小成就，與上述大工程的共通點在於，都需要統整大量工人。從一八四一到五五年，他出版的《拉丁語神父總集》（*Patrologia Latina*）完整收錄教會神職的著述，正文即長達兩百一十七卷，從公元三世紀特土良（Tertullian）到聖奧古斯丁、比德（Bede）等數百位，最後是十三世紀初的教宗英諾森三世（Pope Innocent III），直到現在仍是相關領域的引用大宗。米涅察覺到百科全書等級的內容會造成所謂大數據的問題，讀者光看到總集的分量就先頭疼，「誰願意試探深淵有多深？」他想像大家會有的疑問，「誰有時間細細研讀所有神父的每一篇著作？」[1] 解決方案自然是給總集設計便利的閱覽方式。換言之，它需要索引。米涅就像出版界的布魯內爾，起初就明白這份索引會是一項艱鉅工程。

《拉丁語神父總集》在發想階段，米涅就以壓低成本為目標，力求成品物美價廉人人能負擔。因此他選用低品質的紙張，若有
現成的優秀版本便直接重印而不另外花錢製作。可是針對索引他 207
不馬虎，首先分量極大，占據全套第兩百一十八到兩百二十一這

† 譯按：伊桑巴德·金德姆·布魯內爾（Isambard Kingdom Brunel），英國工程師，主要貢獻是大西部鐵路、蒸汽輪船（包括第一艘橫跨大西洋的蒸汽鐵船）和眾多重要橋梁。

* 譯按：約瑟夫·巴扎爾加提（Joseph Bazalgette），英國土木工程師，主要成就是在倫敦市中心建設污水處理系統並因此解決了當地霍亂疫情。

最後四卷。索引也不只一份，四卷書內林林總總共計兩百三十一個表單，其中光是索引的索引就很長。前面兩百一十七本書的所有內容是根據作者、標題、起源國家、世紀、身分階級（教宗為尊，紅衣次之，大主教第三，以此類推）、文類（教學、經文釋義、道德哲理、教會法規）進行分類，主題索引涵蓋廣泛兼具中等程度的細膩，還有個別索引針對諸如死亡、天堂、地獄進行深層梳理。四卷索引自有序言且字數不短，內容想當然耳包括米涅的豪情壯志。他首先描述索引製作的過程，既帶有勞力工業化色彩，卻也令人聯想到聖雅克修道院如何編纂世界第一本聖經語彙索引。根據米涅的說法：「超過五十人投入索引工作，歷時十年以上，每年只有微薄的一千法郎。」[2] 對於辛苦的編輯來說，工資自然是微薄，但從出版商的角度加起來可不是小數目，因此他又強調索引「從五十萬法郎起跳，印刷成本尚未計入」。[3] 層層疊疊抬高索引的價值，為的是以數字佐證自己達到的成就多值得稱頌：

> 208 考慮上述種種，難道我們沒資格說：海克力斯的十二偉業？古往今來各種文藝成就？十八、十九世紀的百科全書？其他活字印刷的書籍？與這兩百三十一份索引相比，全部都是兒戲，就連其中最大的成就也難以相提並論。我們也敢不諱言地說：歷史上從未有過任何大量發行的讀物曾為讀者花費如此巨大心血……《拉丁語神父總集》就像葡萄進了榨酒桶，絕不放過一點一滴精華。[4]

將索引比喻為榨酒，自成熟的文本中取出「精華」（précieuse liqueur）——十分美麗的意象。而且米涅還沒說完，在他看來若製作索引猶如釀酒，使用索引就是一趟旅程：

> 我們的索引已經剷平高山、截彎取直，開拓出最平坦的道路……索引幫助讀者化繁為簡、化遠為近，串連首尾一氣呵成……省下多少寶貴時間！超越了鐵路，甚至氣球，可以媲美閃電！[5]

索引彷彿現代性的化身，壓縮了時間與空間。不過平山截彎這些意象都是從鐵路借來的，感覺像是布魯內爾該說的話。對米涅而言還不夠，最後那個句子更妙——兩相比較的話，更為榮耀的竟非鐵道而是索引。而且索引不只節省時間，還快如閃電，一眨眼就到達目的地。看來那個年代的紙本索引已經能進行二十一世紀的電子搜尋。

然而，事實上《拉丁語神父總集》的索引能夠震懾現代人嗎？ 209
一個半世紀之後，回顧米涅這番誇大言論，或許能欣賞文字的生動典雅卻很難將其當真。無論如何，翻閱能占滿整個書櫃的一套書籍**不可能**給人電流般的速度感，索引再好也辦不到，反倒重現了十三世紀英國人語彙索引的缺陷：內容太細，導致作為承載媒介的實體書十分笨重不便。此外，《拉丁語神父總集》在後來這些年裡益發默默無聞，相較之下鐵道始終沒有從生活中退場，下水道就更不用說，兩者都從維多利亞時代傳承至今。反觀教會神父的社會地位衰退程度超出米涅所能預期。即使發生奇蹟（或者該說神蹟）改造了《拉丁語神父總集》的索引，讓人真的能像觸碰平板那樣輕輕鬆鬆找到資料，我們或許會覺得它很神奇特殊，不單單是古董，可是就算龐大的分量不構成障礙，它終究是個狹隘的專門領域。若將索引運用在更廣泛更現代的題材上又如何？如同《拉丁語神父總集》那樣精細，但涵蓋層面極大，甚至擴及**所有**主題的話，不就是真正的泛用索引了嗎？

經過時間累積的知識

一八七七年十月二日，圖書館界進軍英國倫敦——第二屆圖書館員大會召開，全球一百四十個大館藏的代表人齊聚一堂。其實前年就舉行了第一屆大會，不過地點在美國費城，距離因素導致歐洲代表出席率太低。這回終於有來自義大利、法國、丹麥、
210 比利時、奧地利的代表團，公私立圖書館都共襄盛舉。希臘與德國派遣政府代表，美國包含哈佛、威爾斯利、布朗大學在內的十七所圖書館的館員遠渡重洋。當然比例最高的還是英國本土人士，大英博物館參與了，牛津與劍橋和旗下學院也沒有缺席，還有索爾茲伯里、聖保羅、坎特伯里、艾希特這幾間大教堂，學術界團體則有外科醫生學院★、統計學會、亞洲學會、歷史學會、聖經考古學會、電報工程師，以及奎科特顯微鏡俱樂部（Queckett Microscopical Club）等等。最重要的則是各個免費的市立圖書館都派館員參加，自一八五〇年公共圖書館法案通過以後，全國各地的新圖書館對民眾敞開大門，從普利茅斯到丹地、南希爾茲到桑德蘭，利物浦、曼徹斯特、博爾頓、布拉德福德、里茲構成的

★ 譯按：名為學院但實為國際組織。

工業紐帶區也不例外——市立圖書館大方提供書本與知識給願意追求的人。位於芬斯伯里圓環、就在新蓋好的沼澤門車站後面的倫敦學院（London Institution）[†]出動兩百一十六人前往會場，既然世界託付了首屈一指的書面知識收藏量，他們自然想掌握保存與流傳的最佳做法。

盛大活動登上當天的《泰晤士報》，記者對美國代表團帶去展示的旋轉書櫃特別著迷，認為是「學生想給圖書館重新布置時的好選擇」。[6]（但這話只說對一半：現在各大書店都有旋轉書櫃沒錯，學生單位反倒不常見。）除了展示硬體，為期四天的大會探討圖書館如何長期順暢運作；換言之，是確保知識得以延續。 211
不過對於非專業人士而言，這些主題不夠有趣，大家更關心目錄製作、耐用裝訂、書籍的購取及廢棄規範之類的話題。第二天晚上忽然來了與會者眼睛為之一亮的主題，講者艾旭頓．克洛斯（J. Ashton Cross）是牛津大學辯論社的前圖書館員，講題為「所有主題的泛用索引」（A Universal Index of Subjects）。克洛斯在演講裡提議一個全球性的大規模計畫，所有領域通力合作建立一套索引。他知道這個計畫乍聽之下像是痴人說夢，所以提醒聽眾：這樣的索引早就存在，而且就發生在學生為教科書做記號的當下，但可惜沒有一個體系去收集整理這些筆記，於是所有心力苦工很快埋沒在時光洪流中，「成千上萬的館員和學生……反覆針對同樣幾本書製作索引」。[7] 另外，許多知識領域已經建立泛用索引，只是規模太過零碎：

† 譯按：倫敦大學的前身。

> 許多獨立主題都有文獻……譬如印刷、速記、棋藝、酒、菸、垂釣、吉普賽、俚語、高山、颶風、地震和火山、戲劇、浪漫主義、催眠術、達爾文主義、惡魔、未來學，都已經有自己的索引。[8]

克洛斯進一步指出，此時此刻我們需要的只是規範管控——各個有特長的圖書館為該領域主要作品建立索引，交由某個集散
212 中心組合所有小型索引，並設置國際委員會審核監督。不過這樣一個計畫的前提是經費，演講後各方代表進行討論時，倫敦圖書館表態致歉，他們「得掃大家的興了」，因為「對計畫成果沒有足夠信心」。[9] 克洛斯聞言回應：當然不是要館員做白工，但各圖書館製作的目錄有太多重複內容，若能精簡這些過程，或許反倒省了所有人的時間。

儘管預算前途茫茫，克洛斯的提議勾起很多想像。隔週文學期刊《雅典學院》（*Athenaeum*）報導此一盛會，而最受矚目的話題依舊是泛用索引計畫。何況錢只要去找總是能找到，更缺乏明顯價值的計畫都能得到贊助——這裡遭受波及的是巴勒斯坦探勘基金會：

> 只要招募足夠人員，支付數年人力費用，計畫就能順利實現。既然距離遙遠、與多數人毫無關係的巴勒斯坦探勘計畫都能籌到資金，泛用知識索引這麼有意義的教育工具應當很快就要得到後援。[10]

其實克洛斯在演講結尾就預告此事是會場眾人應當跨越的難

關：「對本大會而言，泛用索引沒有該不該製作的問題，問題在於如何製作最有效率。」[11] 可以說泛用索引符合時代精神，就看要以什麼形式成真。

想像一下，如果你接到重大任務，要以蒸汽龐克（steampunk）★的方式打造出搜尋引擎，可能像威利狼卡通（Wile E. Coyote）裡頭那樣用一個箱子就解決。究竟要用什麼辦法「教育」它，預載所 213
有必要資訊使其具備實用性？幾個可能選項包括：一、先決定這臺機器該有什麼領域的知識？從大的看起，包括科學、文學、藝術，接著切成小塊就有氣象學、法國詩歌、古典雕塑……有必要的話就不斷往下細分出更多次項目。這個階段的切割多細緻，就代表搜尋引擎往後的回應能夠多複雜多精準。確定項目表以後，開始建立每個主題的關鍵文本，放入最重要最受尊崇的教科書，並彙整能夠呈現該領域輪廓的書目清單。這些書籍往後都要餵給機器（從機器前面的長方形開口塞進去，裡頭連接輸送帶）。必須仔細挑選，因為機器擁有的知識、未來能給使用者的答案都將在此時此刻固定下來，一切根據藍圖走。儘管搜尋引擎透過電子方式自我演化，但無法跳脫這張巨大的課程綱要。不然還有第二種做法：教搜尋引擎閱讀論文，出錢訂閱新文本給它。不只每天看報紙，還得囊括專業期刊，例如《新科學人》、《經濟學人》、《泰晤士報文學增刊》等等。接下來就看機器自己的造化了，希望浸淫久了以後它會學有所成，能夠駕馭各種領域，什麼問題都難不倒。

★ 譯按：一種科幻主題風格，通常將背景設定為蒸汽技術達到巔峰的架空或平行世界。

兩種辦法各有利弊。源頭管理的做法易於掌控，能確保各領域及其應有內容，顧及權威性和全面性，日後搜尋時得到的答案全部出於專家團隊之手。然而，這樣的體系僵化欠缺彈性，每個領域各自為政。相較之下，第二種做法能夠達到動態調整和跨領
214 域比對，經過時間累積的知識更具層次與開放性。問題在於沒有外力保障機器對預設主題都有基礎認識。這個方案的出發點是資訊最初都彼此離散，就像剛開始的幾滴雨落在地面東一點、西一點，但只要降雨不停，水漬很快就會相連，地面無一處不濕、無一處不被覆蓋。可是，需要多久時間？

一切知識的鑰匙

圖書館員大會後三週，在聖詹姆士廣場的倫敦圖書館又舉辦了一次會議，且事前在文藝媒體刊登廣告，對泛用索引計畫有興趣的人無論身分皆可參加。於是圖書館員大會結束才三個星期就
215 促成索引學會誕生，首任祕書長為亨利．惠特利，會員資格必須經過委員會審查，年費一畿尼。

學會徽章由印刷商兼雕刻師約翰．范頓（John Fenton）設計，描繪了「學子以索引為路標，三條大道通往科學、文學與藝術」。[12] 這張圖有幾個地方值得留意，首先以實體路標作為譬喻非常經典，象徵索引為人們指引方向。將學習視為旅途也十分常見，還能在視覺上呼應米涅以平山截彎說明優秀索引的大用。再來還能看到咬著自己尾巴的銜尾蛇（ouroboros），這是常見的鍊金術符號，學

會對這幅圖畫的解釋並未說明這個部分。最初銜尾蛇被刻在古埃及墓穴牆壁上，圓環之內是有序世界，圓環之外即為無形混沌。或許此處也是類似含義：失去索引，也就失去秩序。最後有個很可愛的小細節在於旅人主角的學子身分，索引發展史上學生過得挺尷尬的，總是有人懷疑他們會偷懶、無法以**正確**的方式閱讀書本、只想著拉住科學這條鰻魚的滑溜尾巴。這張圖就不同了，穿著長襪的學生精神抖擻、全神貫注，來到索引學會他不再受到鄙視，能得到歷代傑出學者的理解和協助。

圖30　約翰．范頓為索引學會設計的徽章。首次刊登於亨利．惠特利《何謂索引》的書名頁。（出版於一八七八年）

索引學會成立的下一週便在《雅典學院》宣布組織目標如下：

> 為有所不足的知名著作編纂索引，並據此為各類主題建立
> 216 索引……同時本學會將著手製作泛用文獻索引，彙編過程中在辦公室開放給學會會員使用。此外，籌辦索引圖書館，所有有助於創造全面性知識之鑰的材料都納入館藏。[13]

克洛斯提出的泛用索引一開始就進入索引學會章程，還得到非常聳動、簡直堪稱虛妄的別名：「全面性知識之鑰」。他們都沒看過早五年出版的《米德爾馬契》（*Middlemarch*）嗎？裡頭的牧師卡蘇朋也執著於自己寫不出來的「所有神話之鑰」。幸好從文宣能看出學會元老打從最初就將艱鉅任務分為三個大階層。首先，最直接了當的目標是單純為書籍做索引，整理清單列出沒有索引的「標準著作」，包括歷史、傳記，以及紋章學、考古學、古物研究方面的經典，比方說托馬斯．摩爾（Thomas Moore）寫的《謝里登傳》（*Life of Sheridan*）、約翰．史都華．彌爾（John Stuart Mill）的《政治經濟學原理》（*Principles of Political Economy*）、艾薩克．迪斯雷的《查理一世傳》（*Life of Charles I*）……學會期望會員能從書單中認領書籍，做好索引後交回發表。第二個層次是將學會製作的索引與過去既有的索引組合，進而形成各種「主題索引」，雖然局限在單一領域如人類學、天文學、園藝學等等，但已經具備泛用索引的雛型，亦即將人類整體知識分門別類，彷彿大學書店的書櫃。最後階段可想而知是將前述成果合而為一，匯聚在浩瀚無邊的泛用索引中。

索引學會成立之後發展迅速，這樣的願景吸引很多人，一個 217
月內已有七十名繳費會員。之後借用倫敦梅費爾區皇家亞洲學會場地舉辦年度大會時，以個人身分參與的成員來到一百七十位，還有不少圖書館或學術組織加入，獲贈幾筆大額捐款後可用資金翻倍。委員會列出了重要作品名單，已經有些索引動工，惠特利《何謂索引》付梓後成為學會名義的第一本著作。（起初太急著發行導致一個嚴重缺失，《何謂索引》居然自己沒有索引，所幸年會時已經補上。）大會的開場宣言中，學會發布初期成果，同時對自身使命明顯表達了信心與樂觀。之後學會龍頭卡納馮伯爵（the Earl of Carnarvon）起身發表主席致辭，又添了一份貴氣。

伯爵的演說高尚文雅，引用了聖經意象也呼應亞洲學會場地的東方氛圍，不過以很特殊的形式流傳下來：並非實際內文，而是現場的會議紀錄，因此句型都是過去式與間接引語，於是變得平鋪直述，沖淡原本的鏗鏘有力。紀錄的開頭很低調：「〔主席〕致辭十分生動，提出多項寶貴建議，認為從文學觀點來看，這次大會相當重要。他們〔即學會〕仍需努力，但主席對現階段目標感到滿意，想必社會大眾理解之後也會認同其價值。」[14] 讀起來挺
乏味的，好像中階主管面對董事會的質疑仍然堅持力挺風雨飄搖 218
的專案。但伯爵只是在開嗓罷了，接下來才進入正題，很快演講內容精彩起來：

知識的世界浩瀚無邊，好比伊甸園內生著分辨善惡的知識之樹，其果實多彩多姿，生長或於樹頂、或於枝椏、或靠近地面，有些唾手可得，有些摘取不易。追求知識時不能限制自

己的眼界，但按部就班有其必要。知識經過立案歸檔才便於取用——並因此具備實務價值。

摘下知識樹最頂端的果實？這比喻有點敏感，畢竟大家都知道吃了果實之後的故事。但無論如何，以此象徵學會的計畫仍令人讚嘆。只不過**便於取用**的前提是**立案**和**歸檔**，看了總讓人忍不住微微蹙眉，有種從古老高聳知識樹墜落到現代辦公室的感覺。或許卡納馮伯爵自己也察覺到了，至少他顯然很清楚前面營造的想像多漂亮，因此很快陳述完學會沿革與初期成就後，便再度以自然意象作結，語言細膩得連負責記錄的人也受到感動：

> 衷心盼望經過今晚大家的祝賀，乃至於期許，新成立的學
> 219 會能如嫩芽般逐漸成長茁壯，往後如同東方的榕樹開枝散葉、
> 化為密林，綻放花朵結實累累，庇蔭世界各地、各行各業的學
> 人，大家互助合作分享知識。

文字華美，壯麗感令人想起米涅，呈現學會最高宗旨的同時又提醒聽眾：計畫遠大，枝葉繁茂才是成功之日，而學會並不藏私，願意擁抱全人類，分享成員的心血結晶。他們就像個世界性的互助團隊，崇高的理念能夠承受時間考驗，帶領我們回歸伊甸園。

很可惜，儘管卡納馮伯爵營造了這樣美妙的前景，索引學會很快就跟不上進度。如果缺了最關鍵的泛用索引，伯爵那番演說就變得華而不實，可是這個計畫很快被打入冷宮而且出不來。泛用索引就像顆巨大的腦袋需要空間存放和整理資料，但學會並

沒有與之相符的場地可用。六年後他們有了據點卻已經太遲，學會開始走下坡，儘管核心成員挹注很多心力仍未能點燃大眾的熱情。之前出版的索引無法在文學刊物上引起波瀾，後來完成的索引因為缺乏資金暫緩出版，會員人數也停滯不前。一八八七年，也就是學會成立十年後，幾乎已經名存實亡。惠特利回顧過去十 220
年半的經驗時，懷疑窘境正源於泛用索引：「學會缺乏長期成果或許是因為目標太過廣泛，對某一領域的索引有興趣的人，未必想參與其他主題。」說得沒錯，不過他下一句更切中要害，「社會大眾對於索引製作的過程有興趣（而且很高），卻不代表他們有意願將錢花在索引上。」[15]

但對於一切知識的鑰匙，惠特利依舊樂觀以對：

> 有人認為不可能達成，預做準備也是浪費時間。這樣的人對字母的單純與實用太沒有信心。很多人都有自己的筆記或參考資料，沒整理的時候都沒用，但只要按照字母排序就忽然有了價值。泛用索引也一樣，任何看似無關的東西都可以擺進去，許多原本可能佚失的文獻因此有了棲身之處。這份索引持續增長永無止境，供全人類運用，查詢後即使問題尚未解決也必有對等的收穫。

諷刺的是，惠特利描述了集中式且按照字母排序、「持續增長永無止境」的索引，這樣的東西實際上已經存在。克洛斯在圖書館員大會登高一呼後引發討論，過了五年他們的第一本索引問世，而此時索引學會卻還在尋找棲身之處。而且這份泛用索引竟出自一個大二學生之手，出發點只是供同學寫文章時可以參考。

221 威廉．普爾也參加圖書館員大會並聽了克洛斯的演講。克洛斯住在牛津，距離會場不過一小時車程，相比之下普爾真是不遠千里。他在美國圖書館界十分有名，距離這場大會六年前，芝加哥發生大火，事後當地成立公立圖書館，特地邀請普爾擔任館長。普爾的經歷相當豐富，曾主導非公開圖書館如波士頓圖書館、安納波利斯市海軍學院圖書館，以及麻州牛頓市與北安普敦市的公營圖書館。普爾經營辛辛那提公立圖書館的成績顯赫，館藏擴張三倍，為此遷移到藤街新址，新空間裝潢精美帶有超現實風格，四層樓高的書架和大螺旋梯令人看了目眩，修長的鑄鐵槽面柱則像是薩爾瓦多．達利作品中的大象腿。

大會為普爾安排了遊覽行程，參觀大英博物館附屬圖書館，

圖31　辛辛那提公立圖書館內的書架與階梯。一八七〇到一九五三年之間此處對公眾開放。

也就是現在的大英圖書館前身，館藏量僅次於法國國家圖書館。館長陪同的導覽中，普爾在閱覽室大圓頂下注意到一本小書，「書頁褪色且因為頻繁使用而嚴重磨損」[16]。他上次看見這本書已經是二十年前的事，作者就是普爾自己。完整書名為《評論雜誌及其他期刊內各主題之字母排序索引》（*An Alphabetical Index to Subjects Treated in the Reviews, and Other Periodicals*），是普爾學生時代的著作，也是其計畫的前身，而他前往倫敦參加大會就是為了這個目的。

威廉·弗雷德里克·普爾（William Frederick Poole）出身並
不富裕，父親在麻州塞勒姆港做羊毛買賣。他雖然從小就展現天
分，也只就讀當地一般學校，卻能在回家後自修拉丁語。母親注 222
意到孩子聰明，認為一定要送他上大學，只可惜家境無法負擔，
於是他高中畢業後先當了三年教師存錢，二十一歲終於進入耶
魯。想不到入學後仍無以為繼，一年後不得已休學，回頭又教了
三年書，二十好幾才重返校園。這次他總算找到工讀機會：在耶 223
魯的團結兄弟會（Brothers in Unity）★擔任助理館員。

那時候團結兄弟會要求成員練習文筆，定期在校園小禮拜堂發表主題，每回主題公布之後，身為館員的普爾就遭到轟炸，許多人請他推薦閱讀材料，包括來源、權威作者、參考資料等等。普爾也努力幫忙大家，針對最新主題整理書單，而且不限於專書，還包括相關領域的期刊。過程中他察覺一點：若非自己出

★ 譯按：社團性質組織，以文學和辯論為主。（當時耶魯校內有許多性質類似的學生團體。）

力，同儕恐怕根本無力顧及期刊文章。「我發現圖書館備有各種標準期刊，但很少有人閱讀使用，儘管大家需要的內容常常就在裡頭。」[17] 除了可憐的助理館員，誰願意花時間在幾百冊、幾千冊的期刊中尋找不知位於何處的可用資料？深具服務熱忱的普爾決定挑起重任，耗費一年時間讀完兄弟會館藏內五百六十本最重點的期刊，有美國當地最新的評論和研究如《紐約評論》、《美國實用知識圖書館》，也包括大西洋彼岸的《布萊克伍德雜誌》、《愛丁堡評論》、《都柏林大學評論》等等，題材橫跨政治、歷史與文藝。他每期每篇都不放過，記錄論及的主題之後整理出一張手寫表格。這份主題索引長達一百五十四頁，按照字母排序，第一條是「阿卜杜卡迪爾（Abd-el-Kader），回憶錄」，最後一條則是「祖因盧斯（Zuinglius），瑞士改革家」。

224 可想而知，普爾的索引與書單一樣大受同儕喜愛，最初的紙本很快就因過度翻閱而破破爛爛，他只好重做一份印刷版本。此外，儘管索引內容受限於團結兄弟會並不算大的館藏，卻仍能吸引耶魯之外的師生。送印直接印出五百份，但普爾提到「出版一事公開之後就接獲海外下訂，要求的數量超過印刷份數」[18]。還是學生的他開發出學術界夢寐以求的資源。

為什麼期刊索引如此熱門，大西洋兩岸爭相搶購？普爾分析後認為答案是嚴謹的期刊興起，且他將一八〇二的《愛丁堡評論》視為分水嶺，後來又提到：

> 世界上最優秀的作者與政治人物以前寫書或小冊，現在轉投頂尖評論或雜誌，發表後一個月內無論歐美、印度、紐澳都

能看到。無論文學、宗教、政治、社科、政經或其他方面的人類進步議題，都能在主流期刊中找到最新最具突破的詮釋，任何想參與討論的人都必須先掌握期刊過去到現在出現過的內容。[19]

製作索引就好比為迷宮畫地圖

十九世紀中葉，知識期刊成為各領域有志學者最主要的論辯與發表空間。然而，如何對過去的文獻進行回顧成了一大難題。普爾進一步指出，期刊是個過分龐大而難以活用的知識寶庫： 225
「成千上萬本期刊，一頁頁不同主題，合起來就像迷宮，沒人找得到正確路徑。」給期刊製作索引就好比為迷宮畫地圖、為現代學術裝配線路，即便只是普爾念大學時利用閒暇時間累積的成果，能得到熱烈迴響絲毫不叫人意外。普爾的索引在五年後出了第二版，索引在範圍和精細度都得到提升，涵蓋的期刊增加一倍，條目則是初版的六倍，且跨出團結兄弟會的館藏界線。

然而，特定領域最前線的期刊文獻的真正問題在於持續更新，這是知識進步並超越自身的必然現象。第二版普爾索引的資料截至一八五二年一月，新文獻卻源源不絕，於是幾乎每天都有人提出請求，希望他能盡快更新索引。但畢竟普爾在圖書館員這個正職上發光發熱，反而沒時間顧及本質是個人興趣的索引計畫。他嘗試找人接班，說過希望對方是「有熱情、有經驗又能撐下去」，可惜適當人選並未出現，圖書館使用者則因為習慣了普爾索引而被迫自己模仿，結果就是大家反覆整理相同資料，不斷浪費時間心力。

於是距離普爾索引第二版推出後將近二十五年，美國圖書館
226 協會終於在一八七六年設立特別委員會解決這個問題。基於普爾的前例，加上中間幾十年內期刊量益發膨脹，與會者都明白這份索引的規模超乎個人能力所及。可是他們沒有資金聘請編輯專門負責此項目；換言之，泛用主題索引必然是團隊成果，越多圖書館加入效率越高，至於總監督還是交給普爾負責。他先擬定納入索引的主要刊物、建立次索引時的規則依據，接著參與計畫的圖書館會被分配到數量不等的期刊，從頭到尾爬梳後交回索引接受校對。

一八七七年，普爾參加在倫敦召開的圖書館員大會，目的之一就是繼續擴張計畫規模，邀請大西洋對岸的有志之士攜手合作。因此他將提案、規則與期刊都印好帶到現場，預備發給各個代表團參考。克洛斯發表泛用索引論文，隨後的討論時間成為絕佳機會，普爾出面闡述計畫大綱後得到克洛斯熱切回應，他認為兩人想法重疊於是積極鼓吹爭取各方參與。於是英國許多圖書館願意支持並認領書單的一部分。

一八八二年，普爾索引的新版問世，之後每五年進行一次更新直到一九〇八才停止。就團隊合作角度而言成績斐然，普爾本人表示：

> 五十所圖書館就組織與目標各有不同，隸屬國家或地方、專攻訂閱或收藏、服務校園或大眾，而且分散世界各地，從舊

> 金山到波士頓，來到大海另一頭的英格蘭和蘇格蘭，若我們攜 227
> 手合作一同邁進，共享彼此的努力成果，想必是文獻學與文學上無出其右的大事件。[20]

從被翻爛的手寫稿搖身一變成為針對十九世紀學術和議題的泛用主題索引，普爾立下知識史的里程碑。兩百三十二部期刊每冊的每篇文章都得到分析拆解，涵蓋範圍非常廣，從狄更斯創辦的《家常話》（*Household Words*）到《基托的聖典文學期刊》（*Kitto's Journal of Sacred Literature*），從《美國科學期刊》（*American Journal of Science*）到《英國婦女居家雜誌》（*English Woman's Domestic Magazine*）。索引格式為雙欄，接近一千五百頁，像一塊由資訊凝結而成的煤渣磚。查得到「直流電發電機」或「輥軋機摩擦離合器」這種技術詞彙，也能找到「伊特拉斯坎珠寶」以及「南海泡沫」之類歷史典故。愛倫坡有整整一欄，莎士比亞更占據五大頁。隨手一查就知道從什麼管道能夠理解「撲克牌老千」或「偽鈔」，又或者「海盜」（piracy）以至於「沙丁魚」（pilchards）、還有「鴉片」（opium）、「負鼠」（oppossums）、「光學幻象」（optical illusions）等等。隨便找一欄由上往下看，多彩多姿的程度令人不由自主聯想到福爾摩斯的自製索引：范德比爾特與金庫劫匪、毒蛇、漢默史密斯區的奇人維戈……

不過它仍有瑕疵，最主要的問題是包括《雅典學院》、《文學公報》（*Literary Gazette*）、《經濟學人》在內的部分重點期刊並未進入索引。這個現象得歸咎於倫敦大會裡新加入的圖書館，英國
這邊雖然表達高度興趣卻沒有認真執行。美國的圖書館準時交出 228

製作的次索引，英國總共分配到二十五部期刊卻只有八部來得及收錄在一八八二年版的索引。出版後的序言中，普爾以無力的口吻幫忙緩頰，最後淡淡地說：「或許英國的氣候與風俗不如美國適合夜間工作。」（敏感的人就會翻譯成：「又小又冷的島國上只有一群酒鬼。」）但無論如何，那是個我們熟悉的搜尋引擎尚不存在的年代，一八八二年版的索引已經在全面性的道路上邁出很大一步。雖然範疇局限在期刊，但只要出版單位表態，普爾都願意納入——儘管在英國那邊有些漏網之魚。

普爾活到一八九四年，能主導的只有前兩版。他們的索引計畫在一九〇七年收尾，進入二十世紀之後則有其他單位援用相同模型進行模仿或改造。倫敦這邊，一八九一到一九〇三年間有威廉·托馬斯·斯特德（W. T. Stead）發行每年一期的《期刊索引》（*Index to Periodicals*），涵蓋範圍超越普爾達到三百部期刊，缺點是每次只收錄前一年的內容。《期刊文獻讀者指南》（*Reader's Guide to Periodical Literature*）則從一九〇一年運作至今，對象為美國本土期刊。儘管二十世紀之初未能迎來米涅夢想中如閃電般的即時查詢，工業時代至少做到將人類全體的知識如榨酒般去蕪存菁，已是長足進步。普爾製作的索引每次標題頁都有同一
229 句話，是他在耶魯求學時得自拉丁語教授的格言：*Qui scit ubi sit scientia habenti est proximus*——「知知識之所在，離知識不遠矣。」這句話用在那個年代的超級英雄也很合適，他自己栽種了那麼大一棵知識樹卻又懶得親手摘下果實。華生，幫個忙，拿來我看看。

〔第八章〕

魯德米拉和羅塔利亞：網路搜尋年代的書籍索引

迷失在資訊洪流中的知識去了什麼地方？——T. S. 艾略特，〈磐石合誦〉*Choruses from the Rock*

230 卡爾維諾的《如果在冬夜，一個旅人》（*If on a Winter's Night a Traveller*）裡，小說因為工廠裝訂錯誤而發展出的錯亂多重敘事呼應了人物角色的心理；其中一條線是小說家賽拉斯．佛拉納利迷上他理想中的美女讀者魯德米拉。之後某日，女子拜訪佛拉納利，可惜她並非魯德米拉，而是雙胞胎姊妹的另一人羅塔利亞。這對患上相思病的小說家構成很大的問題。魯德米拉是《如果在冬夜》的讀者公認的女主角，她視創作過程為充滿生命力的果實，將作家比喻為瓜藤、作品是藤蔓結出的南瓜，甜美又多汁。知道女方這種觀點以後，佛拉納利的感情更加深刻。相較於魯德米拉的豐潤想法，她的孿生姊妹則顯得十分尖刻，評論文學的角度切斷了作者與讀者之間曖昧動人的關係。佛拉納利覺得寫作是對讀者的挑逗或示愛，羅塔利亞卻無動於衷，因為她不**讀**書，而是**分**
231 **析**書。更精確來說，她以機器代替自己「閱讀」，由機器輸出她需要知道的內容。佛拉納利將自己撰寫的小說借給羅塔利亞，後來詢問她是否讀過，羅塔利亞道歉說自己還沒機會，因為那段時間她沒回去使用電腦。

羅塔利亞解釋了自己如何閱讀：安裝了合適軟體的電腦幾分鐘就能讀完一部小說，並將其中所有字詞製成表格，還會標示每個詞彙出現的頻率，「從表格一眼就能看出怎麼研究那本書。」稀鬆平常的詞語，像冠詞、代名詞、助詞，就不值得她付出時間心力。羅塔利亞進一步解釋：「以五萬到十萬字的小說而言……我建議立刻查看重複超過二十次的詞條。」舉例而言：

「看這邊，重複十九次的詞有：血、子彈帶、指揮官、做、有、立刻、它、生命、看見、哨兵、開槍、蜘蛛、牙齒、一起、你的⋯⋯

「十八次的有：男孩們、棒球帽、來、死、吃、夠、傍晚、法國人、去、英俊、新、通過、期間、馬鈴薯、那些、直到⋯⋯

「主軸很清楚了不是嗎？」羅塔利亞說：「毫無疑問是本戰爭小說，很多動作場面，風格乾淨俐落，有一定程度的暴力內容，表面的敘事比較多。」

《如果在冬夜》大部分的橋段是俏皮風格，反觀這個場景則沒
有表面那麼簡單。讀者從中意識到自己**不應該**認同羅塔利亞和分
析式閱讀，理由之一是孿生姊妹之間對比強烈。然而，卡爾維諾
這樣聰明的作者又怎會不在這件事情做文章，挑動心理矛盾？看 232
看羅塔利亞舉的例子，電腦輸出的詞彙表上有**血**、**子彈帶**、**指揮
官**，讀者的預期完全如其所言；當她說「主軸很清楚了」的時候，
大家確實心裡有數，想必講的是戰爭，有動作場景，表象敘述多
過情緒深度。我們**不願意**贊同羅塔利亞的做法，卡爾維諾卻營造
了兩難情境——說不定她真的說對了。想要反對羅塔利亞得從別
的角度下手：雖然機器或字母排序的詞彙表可以呈現書籍的部分
內容，但那並非**完整**的閱讀體驗。不過這樣主張的同時，我們便
與近世以來的批判者站上同一陣線，畢竟伊拉斯謨和格斯納都埋
怨過索引導致學生不讀書，卡克斯頓也警告讀者別錯將地圖當作
疆域。

《如果在冬夜》出版於一九七〇年代尾聲，當時機器生成的語彙索引、詞彙頻率表逐漸進入文學評論領域，「紙張」這種專業索引編輯運用了七個世紀的工具，慢慢轉換為「位元組」。此現象有其科技脈絡，也反映出二十世紀後期文學界遭電腦入侵所引發的不安。不過說穿了這種現象只是舊日情緒的重新演繹，一如基督堂學院古典派人士謾罵嘲弄賓特利博士和他的「字母讀書」，甚至可以追溯到蘇格拉底警告費德魯斯不專注的閱讀導致「徒具表象沒有實質的智慧」。我們對機器閱讀感到忐忑，還有部分是源
233 於自古以來對於審查的焦慮。即便現代社會也質疑Google演算法是否有黑箱作業，擔心搜尋結果並不清白，背後藏有我們不樂見的偏誤，放大某些聲音又打壓特定立場，就像約翰．奧彌森在艾柯德的書後面動手腳，十八世紀小冊作家發現之後也無法接受。美國前總統川普在推特說：「Google和其他平臺壓制保守派的聲音……他們控制了我們能看見什麼又不能看見什麼。」他無意間將古老的恐慌帶進數位場域，代表二十一世紀共和黨學著麥考利大叫：「我的《歷史》不給該死的托利黨編索引！」[1] 值得留意的是，搜尋引擎很快就被免除罪責了。[2] 儘管如此，觀察電腦與索引兩種技術結合的過程，不難察覺對於閱讀和專注、努力和便利、直接與間接體驗等等傳自先人的疑慮情結比以往更加浮上檯面。而我認為，瞭解歷史脈絡才不會那麼糾結。

這種說法並非否認時代帶來改變。看看現在我們如何利用字串搜尋處理數位文件，本質與羅塔利亞的閱讀機器很接近，基本單位不是概念而是字母。索引發展歷史的前面一大半都被主題索

引給占據；到了二十一世紀的網路搜尋年代以後，卻反過來是自動化的語彙索引稱霸。可是網際網路未能消滅所有實體書，主題索引和索引編輯依舊在閱讀生活中扮演重要角色。專業索引人員比起印刷術還早一個多世紀出現，教會紀錄裡自一三二〇年代就有編纂索引的費用支付，家用電腦普及不但沒有擊潰這行業，反 234
倒造就很多實務上的進步革新[3]，簡化許多勞務以節省腦力資源。對本就隱身幕後的索引編輯而言，最重要的是工作方式變得乾淨清爽太多。

從聖謝爾的休到吳爾芙

「如果妳昨天過來，會看到地板上到處都是紙，堆成一塊又一塊，亂七八糟像豬窩。」[4]吳爾芙給維塔．薩克維爾．韋斯特（Vita Sackville-West）的信裡有這樣一句話，兩人當時既是朋友也交往了三個月。她說的昨天實際上是週日，但吳爾芙仍舊埋首工作，而且是在編索引。在此十年前，她與丈夫買下小型人力印刷機之後，她負責排版、倫納德負責操作，兩人一起成立了霍加斯出版社（Hogarth Press），希望為自己與親友出版些短小的文學作品。後續發展超乎他們最初期待，成了頗有規模的出版公司，每年產量幾十本，除了布盧姆茨伯里派★的小說與詩詞，夫婦倆將觸角伸到非虛構作品，如歷史、散文、政治、經濟、精神分析等等，也

★ 譯按：吳爾芙所屬的文人團體，以英國倫敦布盧姆茨伯里地區（Bloomsbury）為活動中心。

就是讀者認為該有索引的書籍。於是一九二六年春季那個早晨，吳爾芙發現自己被編纂索引所準備的資料給淹沒，每張紙都是《空中樓閣》（*Castles in the Air*）的一部分，這部作品是女演員及社交名媛薇拉．特里（Viola Tree）的回憶錄，出版後炙手可熱。

吳爾芙製作的索引並不特別，局限於專有名詞與愛德華時代的範疇，例如阿斯奎斯（Asquith）伯爵夫妻和溫斯頓．丘吉爾。比較突出的條目有：「克里彭，霍利．哈維（Crippen, Hawley Harvey），犯下謀殺案，41、42」，與其他名流有著鮮明對比。薇
235 拉．特里本人的條目下有大量副標，彷彿其人生縮影：

特里，薇拉，離開舞臺，11；進修樂理，12；與A．P訂婚，13；前往米蘭，15；到達米蘭，18及其後；為利柯迪獻唱，23；米蘭生活，27及其後；在米蘭自有住宅，53-90；拜訪史特勞斯，115及其後；回到英國，138；在英國的夏天，159；回到義大利，181；英國的聖誕節，224；回到義大利，233；公開與A．P的婚約，257；結婚，290。

《空中樓閣》的索引有趣之處在於，它成了一年後吳爾芙編纂另一份索引時的樣板，那是她自己的作品《奧蘭多》，全名是《奧蘭多傳》，彷彿記錄某人的生命歷程，但其本質是小說，虛構偽裝為非虛構，之所以附上索引也是偽裝的一環。雖然有出於嫉妒而故意刺激維塔的成分，「看看奧蘭多的索引，皮平（Pippin）後面的事情——四處濫交！」[5] 不過《奧蘭多》的索引本身並未刻意指向情慾放縱這個話題，而是按照《空中樓閣》的模式，將界線

畫在小說本身的劇中人姓名，同樣為主角保留了副標空間，簡直自成一套小傳記。而且這回吳爾芙有了創新——只是加個簡單的「及」（and）字——很多副標以此開頭，與前項串連，得以將《奧蘭多》故事的狂熱節奏保留到索引中，譬如「取悅文人，129；及波普先生，132；及聶爾，135」。

即使小插曲很有趣，吳爾芙終歸得面對現實：編纂索引很麻煩。一九四〇年，吳爾芙在世最後一年，她仍在為藝評家羅傑· 236
弗萊（Roger Fry）的傳記做最後潤飾。她先於日記中埋怨「索引做到快瞎了」，兩天後又寫道：「索引交出去了，打雜告一段落。」[6]打雜，這兩個字之前出現過，「編纂索引這種打雜」是第五章裡不具名小冊作者用來奚落約翰·奧彌森社會地位的句子。現在想像週日午後，地板上散落無數紙張，吳爾芙坐在房間內，由此我們也該瞭解索引編輯究竟苦在何處了。

索引編輯的腦力用在切割書本內容，判讀其中特點並從頭到尾追蹤，篩選出重要概念後，思考最合適的標籤，決定是否需要拉出層次或分歧，或者兩個相關的主題要不要合併。這種工作可想而知並不容易，考驗專注力與閱讀的深度。不過上面這些敘述還稱不上是苦差事。轉換到物質層面就不同了，要準備與整理雪片般不斷累積的紙張，時常還得在頁碼和字母排序之間切換及抄寫。吳爾芙「一塊又一塊」的工作方法或許是雜亂了些，但與索引學會的檔案櫃是同樣意思，或者將歷史再往前推，四個世紀之前康拉德·格斯納給過詳盡教學：

> 要在短時間內編纂出井然有序的索引，方法如下：書中出現要包含在索引的項目時，找一張紙謄寫於一面，無需在乎
> 237 次序，但另一面必須留白……筆記做完以後，以剪刀將每個項目裁開，根據需求重新分類，由大而小，視情況重複實行。有些人習慣全部剪好再排列，也有人每剪一條就會初步決定位置，最後所有紙塊會在表格不同位置或分散於小方格內。若紙塊數量太多，我建議進表格前先分組，處理起來方便且不易混亂……紙塊排列完成後，有必要時可另行謄寫，原本字跡夠清晰則再好不過，直接以麵粉加工而成的漿糊黏貼。[7]

幾百年來不少人寫過文章教大家如何解構書籍內容、挑選標目、想像讀者實際使用索引的情境，可是格斯納這種一步一步的教學文，突顯索引編輯終究有其物理層面：羊皮或其他材料的紙塊（中世紀英語稱為*cedules*，慢慢演變為現代英語*schedule*），剪刀漿糊、剪剪貼貼。過程裡有不少地方能出差錯，例如最頂層的條目過多導致紙條混亂難整理，漿糊挑得不好會妨礙到修正。即便如此，該做就得做，沒有草稿、組織、謄寫等等前置作業就不會有結果。從聖雅克修道院的時代開始都是如此。

十八世紀初，兩位學者為道明會寫史，文獻分量龐大，他們
238 從中留意到聖謝爾的修及其語彙索引。檢查倖存的抄本之後，他們感到十分遺憾：

> 曾經在我們的巴黎聖雅克修道院裡有一部寶貴經典，後來因為管理書庫的人粗心大意，竟將那些羊皮紙交給工人當材

料，包裹現在同一座圖書館裡大約一百五十年前裝訂的聖伯爾納鐸的佈道書抄本。[8]

總之，因為聖雅克修道院圖書館員的疏忽，歷史早期的語彙索引居然被拆成單張羊皮紙，像廢料回收那樣拿去做封皮——將回收紙壓緊後以皮革覆蓋，成為另一本書的硬殼；在這個案例中，是用在佈道書上。這是古人處理紙張的常態，導致中世紀許多文獻藏在其他作品的封皮內，只能夠以斷簡殘篇的形式保存下來。十八世紀兩位學者對當年館員很不留情，以*imprudens*（粗心大意）形容他將索引交給工人。不過說句公道話，從館員的立場來看，那些紙張原本就沒有保存意義。同一批羊皮紙目前存放在巴黎馬札然圖書館（Bibliothèque Mazarine），質地十分脆弱，除了折痕還有固定皮革的膠水污漬，內容有些地方被劃線刪除，也有遺漏的條目硬生生插入，每換一次條目就換一種筆跡，條目之間留下許多空白，可能預計會新增很多標目與定位記號。嚴格來
說，它們不是語彙索引，而是索引的草稿、準備過程的痕跡。既 239
然是「前置作業」性質的紙張，館員交給工人沒什麼奇怪，羊皮紙可不像後來的植物纖維紙能從樹木中大量取得。將館員回收羊皮紙視為紕漏是現代觀點，是幾百年後考量歷史價值的結果，同時因為當年的實驗非常成功，我們才不禁開始臆測製作過程。今人看重馬札然圖書館收藏的羊皮紙，但在古時的館員眼中它們就像鷹架，房屋漂漂亮亮落成後，鷹架當然可以拆除。

殘破古卷也是個提醒：從聖謝爾的休到維吉尼亞．吳爾芙，
七百年間任何索引都**必然**不會是真正的初版。編輯者詳閱書籍內 240

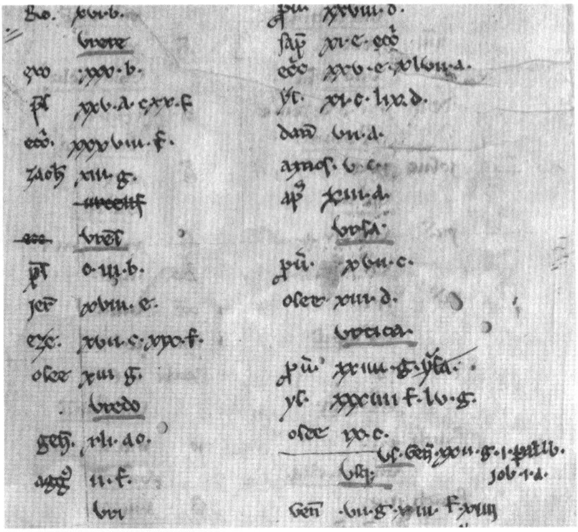

圖32　近距離觀察聖雅克語彙索引草稿，上面有刪除、增補及蠹蟲痕跡。

容，篩選出條目與定位段落，但必須重新繕寫、打字並按照字母順序排列，因此作業過程的前半段消耗腦力，後半段則是勞力密集。

將項目按照字母順序重排並非表面上看來那麼簡單的事情。曾經有人好奇：卡利馬科斯為亞歷山卓圖書館製作目錄時，是否衡量過依詞排序和依字母排序孰優孰劣。問題主要在於若條目是超過一個單詞的情況，譬如印刷機（printing press）、紐約（New York）或偵探小說（detective fiction），中間空格怎麼處理？「歐德曼，蓋瑞」（Oldman, Gary）與「老負鼠的貓經」（*Old Possum's Book of Practical Cats*）誰擺前面才對？「紐曼，保羅」（Newman, Paul）和「紐約三部曲」（*New York Trilogy*）又該如何是好？純粹字母排序的規則下會直接忽略空格，oldm先於oldp，所以演員蓋瑞．歐德曼排在書前面。但改採逐詞依字母排序則空格納入計算，每個單詞獨立，這時候Old優先於Oldman。以下用本書自己的索引為例呈現差異：

僅依字母排序（Letter-by-letter）

Newman, Cardinal（John Henry）

Newman, Paul

newspapers and news-sheets

New Tenures

New York Review of Books, The

New York Times, The

New York Trilogy, The（Auster）

nitpickers, and windbags

Notes and Queries 241

Old Curiosity Shop, The（Dickens）

Oldenburg, Henry

Oldman, Gary

Oldmixon, John

Old Possum's Book of Practical Cats（Eliot）

逐詞依字母排序（Word-by-word）

New Tenures

New York Review of Books, The

New York Times, The

New York Trilogy, The（Auster）

Newman, Cardinal（John Henry）

Newman, Paul

newspapers and news-sheets

nitpickers, and windbags

Notes and Queries

Old Curiosity Shop, The（Dickens）

Old Possum's Book of Practical Cats（Eliot）

Oldenburg, Henry

Oldman, Gary

Oldmixon, John

這麼做容易混淆，而且不同出版社有自己的偏好，甚至可能認為某些文類較適合某個系統。若試圖轉換索引卡系統，例如從逐詞依字母排序改成純粹依字母排序，過程不僅非常繁瑣勞累，還相當容易出錯，有時候會演變成整份索引要重新繕寫或輸入。索引的**歸檔**和複製是極度物質性、機械化的工作，若有辦法自動化，可謂美夢成真。

電腦進入索引編製流程

242 右頁圖33是蓋伊．蒙格莫瑞（Guy Montgomery）的《約翰．德萊頓詩詞之語彙索引》（*Concordance to the Poetical Works of John*

Dryden，出版於一九五七年）第一頁。歷史走到這個階段，閱讀這份索引應該沒什麼障礙，同樣有標目、位址代碼，並且以多欄格式節省頁面空間，其實與聖雅克修道院的語彙索引幾無二致。聖經每卷都有縮寫代號，例如耶利米書是Je（*Je* for *Jeremiah*）、以西結書是Eze（*Eze* for *Ezekiel* ），德萊頓的作品也有其代碼，如AA是《阿貝沙隆與阿齊托菲爾》（*Absalom and Achitophel*），AE加上卷號代表《艾尼亞斯紀》（*Aeneid*）等等。

然而，更仔細觀察這份表格內容會找到不太尋常的細節。首先，這個索引是否**過分**類似於世界首部聖經的語彙索引了呢？回想一下聖雅克修士，距離第一部索引幾十年後，他們驚覺附上簡短的上下文原來那麼有用，省去使用者在一連串難以分辨的代碼中慢慢摸索的時間，於是便為每個條目加上簡短的引文。如此說來，給德萊頓做的這份索引走錯方向，所有條目都沒有脈絡可

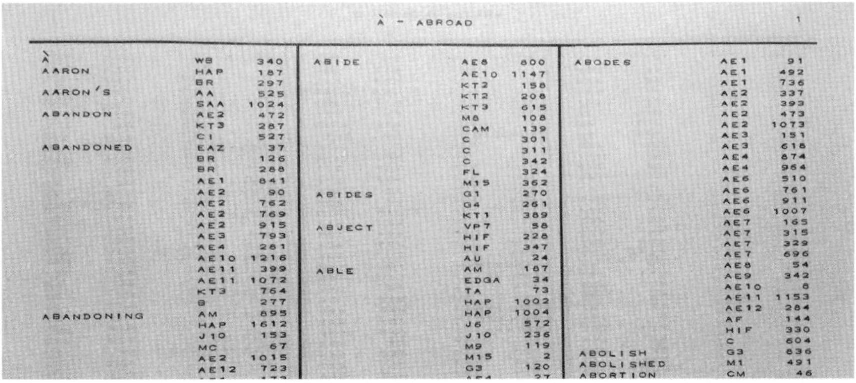

À - ABROAD 1

À	WB	340
AARON	HAP	187
	BR	297
AARON'S	AA	525
	SAA	1024
ABANDON	AE2	472
	KT3	287
	CI	527
ABANDONED	EAZ	37
	BR	126
	BR	288
	AE1	841
	AE2	90
	AE2	762
	AE2	769
	AE2	915
	AE3	793
	AE4	281
	AE10	1216
	AE11	399
	AE11	1072
	KT3	764
	B	277
ABANDONING	AM	895
	HAP	1612
	J10	153
	MC	67
	AE2	1015
	AE12	723
ABIDE	AE8	800
	AE10	1147
	KT2	158
	KT2	208
	KT3	615
	M8	108
	CAM	139
	C	301
	C	311
	C	342
	FL	324
	M15	362
ABIDES	G1	270
	G4	261
	KT1	389
ABJECT	VP7	58
	HIF	228
	HIF	347
	AU	24
ABLE	AM	187
	EDGA	34
	TA	73
	HAP	1002
	HAP	1004
	J6	572
	J10	236
	M9	119
	M15	2
	G3	120
ABODES	AE1	91
	AE1	492
	AE1	736
	AE2	337
	AE2	393
	AE2	473
	AE2	1073
	AE3	151
	AE3	618
	AE4	874
	AE4	964
	AE6	510
	AE6	761
	AE6	911
	AE6	1007
	AE7	165
	AE7	315
	AE7	329
	AE7	696
	AE8	54
	AE9	342
	AE10	8
	AE11	1153
	AE12	284
	AF	144
	HIF	330
	C	604
ABOLISH	G3	836
ABOLISHED	M1	491
ABORTION	CM	46

圖33 《約翰·德萊頓詩詞之語彙索引》第一頁。

供參考。試想，如果想找到德萊頓筆下某個句子，只記得裡面有
243 abodes這個字，結果翻開索引發現有二十七個地方要確認，想必
心都涼了吧。就算你很肯定出自《艾尼亞斯紀》？抱歉，運氣真
差——所有條目都指向《艾尼亞斯紀》！但聖雅克修士不是就告訴
大家要引文，讓條目更容易判讀？過了將近五百年，怎麼技術反
而倒退了？再者，字體有點奇怪，塊狀、無襯線字體、最刺眼的
是居然等寬？這個頁面不像排版印刷，因為它是電腦的**輸出**。

德萊頓詩詞索引的書名頁就透露蹊蹺。乍看之下編纂者是蒙格莫瑞和他的研究生李斯特．胡巴德（Lester A. Hubbard），底下以小字體註記另有瑪麗．傑克曼（Mary Jackman）和海倫．艾格亞（Helen S. Agoa）兩位協助，最後更小的一行斜體指出「喬瑟芬．麥爾斯（Josephine Miles）撰序」。這個列名順序問題非常大，傑克曼與艾格亞都是麥爾斯的學生，她們參與時蒙格莫瑞已經亡故、胡巴德也離開團隊。麥爾斯教授的貢獻更遠遠超過序文，如果沒有她出力，這部索引——尤其最初的電子檔——根本不可能問世。

一九五一年，兼有詩人與文學評論家身分的喬瑟芬．麥爾斯
任教於柏克萊大學英語系，她的同事蒙格莫瑞死後，辦公室內留
有二十四萬張索引卡，每張代表德萊頓詩作內的一個字，並附有
詩名與行數組成的檢索位址。卡片收藏在六十三個鞋盒內，可說
244 是蒙格莫瑞的心血結晶。系主任不忍他生前這番辛苦付諸流水，
請麥爾斯教授幫忙找個辦法整理發表。麻煩在於索引卡狀況很
差，不完整、沒組織，還容易損壞。[9] 與鞋盒奮戰一年後，她決定

釜底抽薪另尋對策。

柏克萊大學電機工程系有幾臺IBM大型機器，插入穿孔卡之後便能根據設置條件自動處理，甚至可以從開孔讀取資訊後列印為人類容易閱讀的形式。只要將蒙格莫瑞留下的索引卡轉換為穿孔卡，組織索引以供發表的繁瑣流程就有一大半能夠自動化。舉例而言，為了確認資料完整性，將卡片按照作品名與行數排序然後列印，此時索引條目應該與詩詞正文一致，校稿時直接用輸出的表單與詩句做比對就好。修正結束後，機器取卡片上的標目文字進行字母排序，再次輸出的表單就會是整理完畢的語彙索引。如此一來，前置作業簡化為製作二十四萬張穿孔卡……[10] 五年後，德萊頓詩集的索引總算大功告成，暫且不考慮如何將書本內容以高效率轉換成穿孔卡，可以說我們也掌握了羅塔利亞的閱讀機技術，能夠透過電腦切割文學作品之後，以各種標準重新排列並加以**分析**。

電腦初次進入索引編製流程，成果沒有好到完全省去人工，
反倒像是以新卡片取代舊卡片。不過兩種做法的潛力差距非常
大，既然機器可以讀取索引的內容重點，如標目、位址，代表資 245
料儲存的媒介是穿孔卡、磁帶或積體電路都無所謂，而且往後不
必重寫謄錄也能整理排序。索引編輯的工作得到昇華，可以專注
在抽象分析，抄寫、剪貼那類打雜的活兒交給機器就好。

既然如此，又何必止步不前？卡爾維諾筆下那位羅塔利亞認為，「閱讀」就是將小說塞進電腦然後看輸出報告，索引機器難

道只能跟卡片玩排列組合嗎？是否有能力分析文本並篩選適合的標目詞條？一九六三年，美國空軍獎學金贊助的紐澤西州羅格斯大學研究生蘇珊．阿爾坦迪（Susan Artandi）提交博士論文，標題為「以電腦製作書籍索引」。這項研究要兜個圈子才能與軍方做連結：阿爾坦迪的研究大方向源於十九世紀的泛用索引計畫，類似的構想一直以來遭遇的難關就是資訊超載。全球科學圈持續發表大量研究，資訊量洶湧澎湃，可是要站在最前端才能超越對手，為此必須針對科學論文製作索引和摘要。但是過去的做法太耗費人力。阿爾坦迪的目標就是「直接將未經編輯的文件輸出為索引以免除人力需求」。[11] 她開發的系統以事前設置的詞庫為基礎，機器掃描全文時搜尋詞庫既有的詞彙並記錄出現位置。這樣製作的索引自然有其局限，只有詞庫內容能成為標目，而且為求
246 效率詞庫也不能太大，必須是高度專業化、主題導向的詞條表。阿爾坦迪在論文中以羅格斯大學IBM 1620機型做示範，輸入有機化學書籍的一章與對應的詞庫，詞條包括bromine（溴）、calcium fluoride（氟化鈣）、chloric acid（氯酸）等。這個條件下輸出的結果很棒，程式辨識了文件中的化學物質名稱及出處，依字母排序後製表輸出。然而，缺陷顯而易見，阿爾坦迪自己也承認：「最大限制在於⋯⋯僅能針對已知詞彙建立索引。」[12] 這種系統的本質是按圖索驥，圖鑑上沒有的東西就篩不出來。「若重要文獻內首次出現的詞彙尚未進入詞庫，」她直言：「則無法編入索引。」

阿爾坦迪的模式以相容（inclusion）為基礎，將具有可能性的關鍵詞列表交給機器，程式分析文本並挑出重疊部分。七年後，哈

羅德・孛可（Harold Borko）開始評估相反做法，他的說法是：

以排除（exclusion）建立索引可避免挑選詞條的難題，做法是反向指定什麼字詞或類別不適合建立為詞條，未經排除者即保留為索引條目。[13]

這次他們將虛詞（function words，亦稱功能詞）放進詞庫，有and、but、the、with、this等五百多個。孛可的程式「閱讀」文件以後篩掉這些詞語，經過清掃還能倖存的就有資格進入索引。不過他自己也承認成果看來不理想，原因首先是實務運用時 247
黑名單必須非常大，排除掉許多詞類如代名詞、動詞、副詞、連接詞；再者，當時程式只能判讀單詞，press conference（記者會）或cat food（貓食）就被拆為兩個詞處理。「經過幾個月的嘗試，」孛可最後說：「結論是很可惜，沒能找到合適辦法使機器單純以排除法製作索引。」[14] 即使如此，他堅持實驗仍有少許收穫，主張電腦輸出的表單能夠作為「機器輔助索引」的起點——意思是索引編輯可以先利用他的軟體剔除雜質再加工。

其實無論相容或排除，結果都只是生成縮小的語彙索引，詞條直接取自文本，索引條目必然與文本內容一模一樣。反觀所謂主題索引，兩者差異非常大，「下墜的房屋，其中的生活」、「朱思貝瑞，小姐，靠貓頭鷹標本欺騙時間」、「贊巴拉，遙遠的北方」。讀者期待書本後面的索引不只是列出字詞，還要有脈絡、詮釋，同一概念以不同包裝呈現時也能辨認。

麥爾斯、阿爾坦迪、孛可三人的這條路線還有個問題：成本。「機器製作索引……」孛可表示：「十分昂貴，因此並不適合取代人工。」[15] 兜了一大圈，儘管德萊頓詩集索引得以實現，索引編輯依舊採取蓋伊．蒙格莫瑞的工作模式，超過一定年紀的人對於不慎打翻一整盒卡片的驚恐還記憶猶新——相當於現在我們打
248 字一整天最後忽然當機。此外，家裡養貓的人也要小心，牠們為了引起人類注意，有可能跳上桌子將排好的資料全部踢散。

直到一九八一年，終於迎來MACREX。這套軟體的設計者是夫妻檔赫勒睿與卓瑟菈．凱弗特（Hilary and Drusilla Calvert），女方是索引編輯，男方則是醫生兼業餘軟體設計師。兩人瞄準新興的家用電腦市場，幾十年前麥爾斯教授用柏克萊大型主機才能做到的事情，如今索引編輯靠MACREX就能完成。安裝媒介還是軟碟片，網際網路還要再過十年才登場。使用時鍵入獨立的條目和檢索位址，也就是將實體索引卡片轉換為數位版本並建立資料庫。MACREX可以在螢幕上直接調整排序方式，在標目排序與位址排序間切換，方便使用者確認字母排序後的表格，或者鎖定文本內的特定區段。這套設計很快就出現了對手。一九八六年有CINDEX、一九九五年有SKY Index，功能大同小異，都能保持資料整齊並簡化苦差事。此外，索引軟體還能標示不完整的交叉引用（例如某一條說「參見『孤兒』」，若沒有任何一條的標目是『孤兒』就會觸發系統警告），提醒位址代碼大量混雜時可考慮下副標進一步分類，按照出版社的版面規則修飾輸出表單，在依詞字母排序及純字母排序之間來回也很輕鬆。

有了電腦輔助，編纂索引所需時間大大縮短。現在專業索引

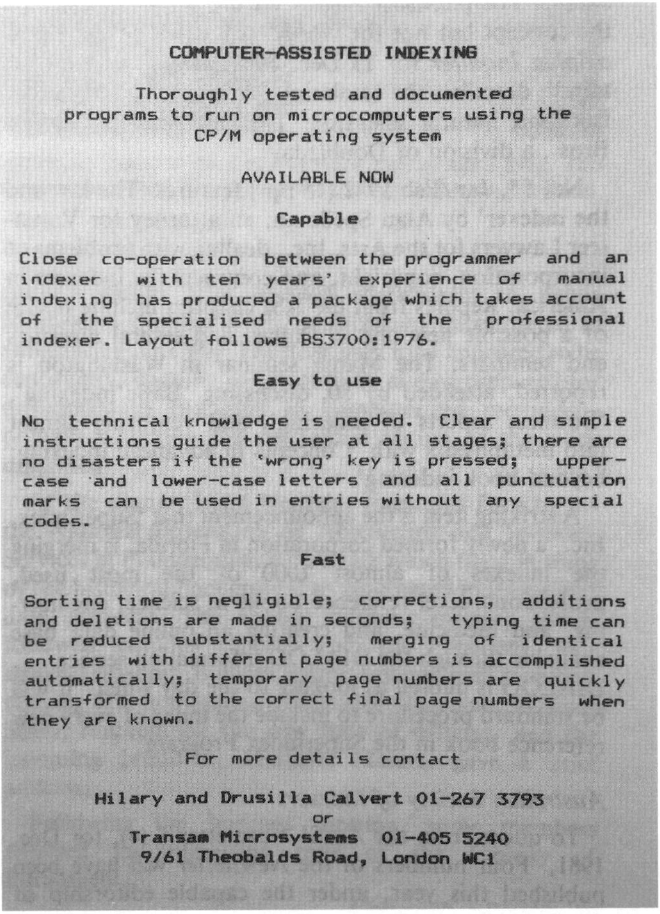

圖34　一九八二年MACREX在《索引編輯》刊登廣告，其中一句是「再也不怕按錯鍵」。

編輯的工作環境與金融業界相仿，座位被兩個、甚至三個螢幕圍繞，一個顯示需要製作索引的文本，另一個開啟索引軟體，若有
250 第三個通常是以瀏覽器研究編輯本身不確定的內容。不過機器能加速的局限在整理、排版、校對這些事務，編纂主題索引還是得仰賴人類的主觀判斷，需要深入閱讀、仔細理解文本、萃取其中精華元素。專業人士有其擅長領域，如化學、烹飪、法律、文學等等，他們慢慢爬梳全文內容，省下了讀者的寶貴時間。（還記得老普林尼對皇帝怎麼說嗎？「另附一文為此數卷之目錄，內容經過仔細鋪排，省去陛下心力。」）開始編排前，編輯需要抓住感覺，意識到文本中什麼概念需要標籤，又有什麼地方該下副標分門別類。有時可能先快速瀏覽，就像以慢跑速度先趕快看完整本書，之後打開軟體才能找到方向。又或者先花些時間在開頭做準備，有些作者透過序言講解章節梗概，多加留意此處也能使目標更明確。常見狀況是讀完全書好比畫出了概念地圖，編輯還會翻到最初幾章重新檢查。我們購買非虛構類書籍時，索引包含在售價內；換句話說，我們花錢買下編輯閱讀的時間。軟體能夠免去卡片與鞋盒、剪刀與漿糊，卻無法取代為準備索引而投入心力的精細閱讀。編纂索引的人如同卡爾維諾陛下的魯德米拉，專注而敏銳，吳爾芙、波普、格斯納都是過來人。

索引仍是我們最好的羅盤

251 可是羅塔利亞呢，這章主角不是她嗎？難道不聊聊網路搜尋年代下的注意力分散與螢幕強迫症，不講講拜Google大神治疑

難雜症嗎？當前的資訊文化建立在機器上，它們代替人類閱讀世界。Google文件形容自己「探索網路，找出能加入索引的網頁」，數據規模之大難以想像，還要整理排列，處於下游的人們才能發揮自己所長：瀏覽、組合、詮釋。「電子閱讀會報告字詞頻率，我看一眼就懂了，」羅塔利亞如是說。喬瑟芬·麥爾斯透過柏克萊大學主機揭開了新時代的序幕，但舞臺看點其實不是索引電子化，而在於她從索引的最基礎形態切入，德萊頓的詩句被切割為可存放和可處理的最小單位：單詞。能象徵這個時代的恐怕並非專家製作、符合風箏標記★的主題索引，而是語彙索引。

建立語彙索引、清查單詞並計算出現的次數，文學作品數位化之後也能接受搜尋，羅塔利亞的分析方法成為現實。「遠讀法」（distant reading）†以資料庫工程師開發的演算法為基礎，可以一次調查極大分量的文獻，數百本小說也能夠瞬間轉換為數字報表。馬修·賈克斯（Matthew Jockers）的「情感分析」（sentiment analysis）便採用此做法，類似莫雷「眼淚索引」的大數據版本，篩選出一部小說內正向與負向的情緒詞彙。[16]統計結果是否符合人類對小說情節的理解，譬如危機時刻和喜劇（或悲劇）結局？演算法處理許多小說之後（精確來說是四萬一千三百八十三部），是 252
否能找出小說寫作中情緒曲線的原型，甚至固定的敘事模式？昔有博伊爾抨擊賓特利，現在遠讀法遭到批評也是理所當然：這種

★ 譯按：英國標準協會的規格認證。

† 譯按：也有「遙距閱讀」等翻譯，相對於精緻詳細、針對單一文本的「近距離」閱讀模式。

基於字母的分析結果有用嗎？對情緒的判讀可靠嗎？從我們的立場如何評價？另一個類似情況是Google的nGram，這個應用程式背後有個龐大的語言史料庫，可以分析出例如「偵探」（detective）這個詞在一九二〇年代中葉的使用頻率明顯上升，「潛意識」（unconsious）這個詞在佛洛伊德死後其實頻率增加很緩慢，但在整個十九世紀裡持續提高。這些資料如何處理詮釋能夠發揮功能？交給文學歷史研究者。關鍵在於語料庫或索引雖然難以估量，但篩選統計這些苦差事如今有了機器代勞只要眨幾下眼就能完成。電子閱讀提供詞語頻率表，而我們則負責從中找出意義。

然而，傳統分析想要數位化卻沒這麼簡單。主題索引是針對實體書所做的精細詮釋，但書籍媒介改變、成為文字可重排的電子版時效果不好，即使保留了也會因為頁碼失去參考價值而彷彿一縷幽魂無從著力，有時候遭到出版單位不客氣直接刪除。雖然有些電子書內仍能看見實體書頁碼，實際運用並不靈活，必須反覆執行搜尋指令才能在正文與索引間跳躍，與書本拿在手上直
253 接翻找無法相提並論。科技革新影響了閱讀行為，語彙索引普及化，需要專業人員投入心力製作的主題索引反倒式微了。

但並非沒有轉機。印刷術問世後，以頁碼為基礎的索引順位總是在排版與編頁的後面。來到數位時代，我們可以在電子文件的任何地方插入隱形標記，「嵌入式索引」應運而生，也是軟體製作索引的新路線。嵌入式索引如其名，並不需要等到最後再慢慢整理資料，可以像標籤般直接「插入」文本，例如{XE ‘index, embedded, example of ’}這樣標記關鍵詞與位址。文本全部標好，

電腦可以根據標籤直接摘錄所有記號內容、附上檢索位址、依字母順序排列整齊。就算事後因為置入新圖、頁面不連貫、章節順序調動而必須修改版面，軟體也能按照新的位址代碼重新生成對應的新版索引。

這種工作模式始於一九九〇年代，相較於軟體為主的編纂法，對人力需求還是高，好處是編輯人員在書籍製作初期拿到作者的Word檔案就能參與，無需等到最終定稿的PDF檔。儘管原意是為實體書的索引編纂節省時間，嵌入式索引還是開啟新的可能性：或許電子書也能運用功能完整的主題索引。畢竟嵌入式索引建立在數位標記的功能上，技術本質無異於網際網路的根基，也 254
就是串起幾十億不同網頁的超連結。編輯者在文件中插入標籤就等同為「主動式索引」（active index）打底，每個位址代碼都成為可點擊的連結，輕輕一按就會跳到目標頁面。

然而，本書完稿之際，主動式索引依舊沒有成為主流。明明當前文化將搜尋功能視為理所當然，索引編輯學會卻還是進退維谷，原因又出在財務上。數位平臺的讀者就算不完全滿意，卻覺得裝置內建的搜索功能足以湊合，出版商自然不會多花錢提供更好的服務。再者，當年孛可評估機器製作索引所需的軟硬體成本高到多數機構無力負擔，如今自動生成索引卻成了廉價選項，反而專業編輯人員才花錢。目前索引生成軟體在功能面上與五十年前孛可的實驗相差不大，首先剔除虛詞，剩下的詞語以低階AI判斷去留，成果談不上令人驚豔，但大量節省時間金錢，因此如孛可所料，不少出版社選擇先機器輸出再人工調整。本書書末有兩份索引供讀者比較，第一份是軟體自動產出的索引，第二份則是由寶菈．克拉克．本恩（Paula Clarke Bain）編纂，（大致）符合國際標準組織ISO 999:1996〈索引之內容、架構、呈現準則〉的精編索引。兩者就品質與實用性簡直是天壤之別。

其實不只機器入侵索引界，現代人習慣電子裝置以後，不只對搜尋更講究，還對分類產生莫大熱情，話題標記（hashtag）就
255 是個好例子。二〇〇七年八月二十三日，網路開發者克里斯．梅西納（Chris Messina）在當時羽翼未豐的社交平臺推特上發布一段訊息：

> 大家覺得用井字號來分類，像「#barcamp」這樣如何？

這個例子的意思是，若推特使用者想要討論有關程式設計研討社群「BarCamp」的事情，發文開頭可以加上「#barcamp」這個標籤再輸入想說的話。井字號表示其後字詞為標籤內容，藉此可判別文章主題，有興趣的使用者會更容易搜尋到。

又過了兩天，梅西納進一步擴大自己的提案。他認為話題標記可以作為「特設的語言路牌」，這句話呼應了索引學會的徽章，路標為尋找知識的人存在。[17] 至於為何說是「特設」，梅西納解釋：當時既存的社交媒體平臺已經針對各種主題準備好團體空間，不過其組織較為正式，也就是說若想加入討論必須主動申請，甚至需要通過群組管理員審核。不能有比較鬆散但即時反應的組織嗎？又或者我只是一時興趣，想看看大家對當時的比賽或新聞事件有何意見？他的說法是：「我就想在推特上享受偷看的樂趣。」

從一開始，梅西納就造了個字來說明自己的提議：folksonomic（群眾分類法）。後半部取自taxonomy，也就是分類法，但新模式並非事前決定好類別名稱，而是隨時隨地由任何人（亦即群眾）來創造。從未有人使用過的話題標記在貼文發布當下就建 256
立了新類別，且不受到任何高層獨占或管控。最後這個特徵是雙面刃，已有好幾次案例是品牌邀請消費者參與背書卻引發公關危機。例如歌手蘇珊．波伊爾（Susan Boyle）於二〇一二年發表專輯《起立鼓掌》（*Standing Ovation*），行銷團隊透過話題標記「#susanalbumparty」做宣傳，卻沒察覺到這個字串可以拆解為另一種意義，推特系統又無法分辨歌迷的支持與開玩笑的回應★。同一年，麥當勞邀請消費者在推特書寫與其相關的小故事，使用話題標記「#McDStories」，現在用這標籤查詢的話會看到很多可怕的內容，從漢堡夾帶不該有的東西到譴責大企業的環保及勞資問題，不一而足。

話題標記之所以成功且蔚為風潮，與依賴搜尋的文化脫不了關係。它依附搜尋列及全球網路社群，而網路使用者在話題標記出現之前的十年裡已經被鍛鍊為Google專家，大家不再滿足於查詢並得到結果，還要加以分類：無論推特貼文、圖片或聲音檔，任何新資訊都可以透過既有的標籤串連，又或者藉此機會創造新標籤，看看別人是否跟風。標籤可以認真，也可以嘲諷。話題標籤的運作過程與索引有異曲同工之妙，都是篩選內容之後選出最

★ 譯按：原本是Susan Album Party（蘇珊專輯派對），但可拆為Su's Anal Bum Party（蘇的肛臀派對）。

適合那個概念的標題——#WeAreAllSubjectIndexersNow（現在大家都是索引編輯）。然而，話題標記太過從眾，受到難以預測、喜愛反諷與狂歡氣氛的群體左右。這些標記使用者承襲了索引編輯的使命，只是傳統編輯古板但有耐心，新生代則表現出反覆又尖銳的性格，在新媒體的多變環境中如魚得水。

257 至於Google則在二〇一五年十月二日進行內部重整。時間往前兩個月，其創辦人之一賴利·佩吉（Larry Page）解釋原因：Google成長到了累贅的程度。經歷長期發展與多次併購後，他們旗下有地圖服務（Google地圖）、媒體（YouTube）和主流作業系統（Android）及許多小的子公司，必須調整結構才能多線並進。Google自身會精簡，不再作為母公司，與其他子公司一起納入新的傘狀企業管理下。但佩吉特別請投資人放心，結構變化會採取損害最少的方式進行，舊股票全數自動轉換到新的控股公司名下，為免手續繁雜在股市的代號仍舊是GOOGL和GOOG。代號不變只是圖方便，新的總公司要改個更純粹的名字，畢竟Google實在太像理工科學生之間開的玩笑★。搜尋和索引是企業基石，因此將來他們就叫做Alphabet†。

新名字象徵全面性，從始至終無所不包，也象徵自亞歷山卓圖書館到矽谷不變的秩序、資訊處理的基礎工具。佩吉初次宣布重整時就明確連結到索引：「我們喜歡Alphabet這個名字，因為它……是Google搜尋建立索引的核心機制。」[18] 然而，在我看來，

★ 譯按：Google名字來自大數googol（即10的一百次方）單字拼錯。
† 譯按：臺灣翻譯為字母控股。

「字母表」這個概念提醒大家鴻溝依舊存在──語彙索引和主題索引之間仍有難以跨越的阻礙，字母對應與概念辨識、聖謝爾的休與格羅斯泰斯特難以兩全。

Google已經走在智慧搜尋技術的尖端。輸入「怎麼釣牛魚」 258
（how to catch a cow fishing），系統能夠從「釣」、「魚」判斷出「牛」應該是俚語，得出使用者想釣銀花鱸魚（Striped bass）這個正確答案，於是與釣鱸魚有關的結果被排在前面，與家畜有關的則被擠到後面。[19] 但離開搜尋引擎，來到文書處理軟體、社交平臺、電子書閱讀器、檔案管理系統這些情境中，會發現搜尋列停留在比對字母的層次。字母有其極限，所以孛可的演算法不理想，蘇珊大嬸的話題標記變成公關災難，精細閱讀不因遠讀法而失去價值（只要人類還下意識選擇魯德米拉而非羅塔利亞），搜尋列也無法在一時半刻間取代主題索引。

我們應該心存感激。好的索引本身值得欣賞，但好的索引只有可能出於好的編輯之手。索引編輯學會於一九七八年召開第一次國際大會時，藝術史學家威廉．赫克歇爾（William Heckscher）在演說中讚美優秀的索引「是想像力的孩子並引以為傲」，他說這樣的作品「足以給我們一夜好眠，閱讀體驗彷彿讀完一本出色的小說」。[20] 聽起來有些不合理不恰當，畢竟索引這個工具會打散文本的線性流動才對。可是看看下面勞柏．拉坦（Robert Latham）為山繆．佩皮斯（Samuel Pepys）日記所做的索引，不難理解赫克歇爾為何有那種想法：

> 貝格威爾，——，威廉的妻子：其美貌，4/222；P設法
> 259 引誘，4/222、266；拜訪，4/233-4；瞭解其貞潔，4/234；及謙和，5/163；請P為丈夫安排，5/65-6、163；P與其接吻，5/287；她表露出好感，5/ 301-2；他愛撫，5/313；她前去拜訪，5/316，339；她在酒館放下抗拒，5/322；幽會：她住處，5/350-1；6/40、162、189、201、253、294；7/166、284、285；8/39、95；9/211；海軍辦公室，6/186；7/351、380；小酒館，6/20；約會受阻，9/25，217；P的情人，6/35、226、294；要求為丈夫升等，6/ 39-40；P 扭到手指，6/40；她從普利茅斯返回，7/96；面部生瘡，7/191；自哈維奇返回，9/12、25；一併，6/158；7/96、210、339；8/99；僕役染疫死亡，7/166。★[21]

就故事張力與角色鮮明而言確實是經典之作，生動呈現佩皮斯與貝格威爾夫妻之間祕而不宣的往來，以十七個分散位址講述他難以控制的性慾及這段關係最終受阻，然後是他莫名其妙扭到手指、貝格威爾夫人臉上長瘡，大尺度婚外情故事突如其來以僕人病故劃下句點。索引也能如此引人入勝，借用赫克歇爾的說法就是「有了自己的生命」。並非主題索引都應該這樣子說故事，拉坦給佩皮斯日記做的索引也不是每一條都有貝格威爾夫人這樣的女主角。重點在於，好的主題索引應該建立在想像力上。優秀的主題索引必然出於優秀的索引編輯，優秀的索引編輯在處理文本之前就已經對相關內容有所掌握，以其專業判斷未曾明言的概

★ 譯按：P代表佩皮斯。

念是否應該得到標註：有關尚保羅．沙特（Jean-Paul Sartre）的
段落幾乎註定要放在「存在主義」底下，生物的俗名與學名應 260
該合併以利查詢，卡爾．馬克思（Karl Marx）、格魯喬．馬克思（Groucho Marx)、理查．馬克思（Richard Marx）這三個「Marx」就算沒寫名字也得分辨清楚，還要熟悉英語轉喻以判斷「十號」和「唐寧街」是否代指英國首相。缺乏想像力的索引成了單純的字串搜尋，其不足之處一目瞭然——若要靠聖經的語彙索引找到「浪子回頭」（the parable of the prodigal son）極其困難，儘管這個訴說仁慈寬恕的故事相當有名，但出處文字不但沒有「仁慈」、「寬恕」兩個詞，其實連「浪子」都沒提到過，所以阿爾坦迪與孛可使不上力。

專業索引編輯兢兢業業走在前面，剷平阻礙、開拓道路，我們這些沒時間的求學者看著路標便能快速又從容到達目的地——找到需要的引文、數據和**知識**。自從一八九〇年代祕書事務所興起，索引編輯的性別比例迅速傾斜，如今絕大多數為女性。[22] 她們與歷代前輩一樣，通常隱身幕後默默無聞，功勞被大家遺忘。我希望能透過這本書向她們致敬。

展望未來，以紙張和墨水印製的傳統書本雖然不能文字重排又受限於書脊裝訂，卻在電子化浪潮下證明自己歷久彌新，短時間內依然是智識的象徵，霸占書架與大學校徽。只要人類還在實體書刊的汪洋中探索，想像力的孩子、與大學歷史同樣悠久的索引，仍舊是我們最好的羅盤。

〔結語〕

閱讀軌跡

製作大部頭書籍辛苦且成本過高……較佳的處理方式是假裝這些書籍已經存在並附上簡介。——豪爾赫・路易斯・波赫士，《虛構集》*Ficciones*

圖35　亞列韓卓．賽薩柯的作品《索引》。

二〇一九年晚秋，鹿特丹威特．德韋瑟當代藝術中心（Witte de With Centre for Contemporary Art）二樓，白色長條燈管照明下的白色牆面掛滿裱框，框內各有一張白紙，紙上是黑色筆跡。這是一場極簡到了寒酸地步的展覽，觀客圍在框前、戴上眼鏡瞇著眼睛、閱讀密密麻麻的文字。展品都屬於「索引」系列，是烏拉圭藝術家亞列韓卓．賽薩柯（Alejandro Cesarco）的作品，它們與本書第一章開頭提到巴拉德的小說一樣，是為虛構的書籍製作的索引。

藝廊牆面的索引有好幾種不同趣味，像大餐一樣分為不同階段。最初是陳列方式，就像納博科夫《微暗的火》索引中的贊巴拉，展出的索引排序呈現反差感，「貝兒與塞巴斯汀樂團」（Belle and Sebastian）旁邊是《存在與時間》（*Being and Time*），龐克（punk）隔壁是普魯斯特（Proust），透過暗中作對的手法達成微型的文化接軌。多費點心思就可以跳脫字母順序，尋找位址標記相同的條目，試圖拼湊出那頁到底什麼是內容。「巴薩諾瓦」、「巧克力」、「日期」、「拚命」——到底是日期，還是棗子？★這影響到「拚命」如何詮釋。還有「哭泣」、「結束」、「脆弱」、「牽手」，四個條目都指向虛構的第二頁，不考慮字母順序的話事件怎麼排列？[1]

再來可以從索引得到一個概括印象。我們可以找到很多二十世紀的思想家，光L底下就有拉岡、拉克勞、勒．柯比意、勒費弗爾、列寧、列維納斯、盧卡奇、李歐塔（Lacan, Laclau, Le Corbusier, Lefebvre, Lenin, Levinas, Lukács, Lyotard）等人。然後我們不免對故事人物的情緒狀態有點擔憂，因為出現了心理治療用詞，如下面這一串條目：

方向：和決定，5-8
紀律，16
袒露，52 263
斷絕，37
轉移，20、69
不滿足，55
門：用力甩上，13、15、20

★ 譯按：兩者英文皆為dates。

懷疑，19、23、26-29、31、33、61、72

夢，17、26

賽薩柯製作的索引記錄了個人興趣及多年累積的文化底蘊，包括書籍、電影、藝術。他描述為「自己的閱讀軌跡」[2]。這些索引同時反映出情緒感受，所以賽薩柯也說它們是「隨時間慢慢開展的自我演繹」。位址標記是假的，指向不存在的文本，但不代表偽裝底下沒有真正的指涉。如同基督堂學院攻訐里察．賓特利的手法，索引標的並非書本而是人格，「以索引簡述這位藝術家」。佛洛伊德反覆出現也就不奇怪了，一個條目是：

佛洛伊德，西格蒙德，62；《男性客體對象選擇的特殊類型》，10；妄想的探討，7；自我的探討，9；戀物癖的探討，26；及自我身分和認同，34；自戀的探討，29；性的探討，5、28、73。

很難不將之聯想為賽薩柯的探索過程，一種假託索引形式的自傳，對自我的釐清、觀察、記憶隱藏在標目、逆向語法和字母排序之中。

索引史講到最後，我想說的是賽薩柯這份索引其實並不真的很特殊。就像譯文總會留下譯者的痕跡，索引也不可免會有索引
264 編輯的影子。當然這只適用於主題索引，語彙索引無論人工或機器製作都要另當別論。何瑞斯．倫德藉由《封建英格蘭》書末索引抨擊學術對手時表露了自己的性格：除了擇善固執，還有喜好賣弄及發展受挫，才導致他鄙視一個人如此長久的時間。人格上

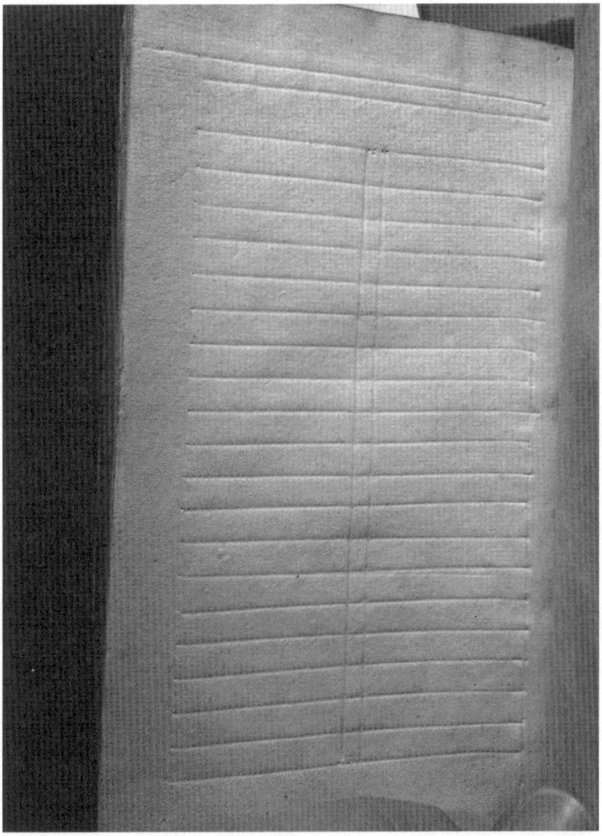

圖36　數頁深的壓痕代替格線，出現在亞歷山卓的希洛克勒（Hierocles of Alexandria）著作《希洛克勒論畢達哥拉斯黃金詩歌中對美德與生命價值的教誨》（*Hierocles upon the golden verses of Pythagoras, teaching a vertuous and worthy life*，出版於一六五六年）。

的線索只能存在主題索引內，無法從語彙索引或搜尋列找到。

二〇一五年夏天，我前往華盛頓特區的佛爾杰莎士比亞圖書館（Folger Shakespeare Library）擔任客座研究員，在目錄中尋找扉頁有索引的印刷初期書刊。早期的現代讀者以什麼方式做筆記以參照文本？那段期間我看了不知幾百份讀者自己製作的索引，文類從諷刺到辯論、從宗教到低俗、連詩歌和小說都有。有些索引精細綿長，完全按照字母排序，想必先打好草稿再謄到書上才如此工整。也有些索引只是幾行淩亂文字，簡單列出關鍵詞和頁碼。有些讀者畫格子，現代人用Microsoft Word也會這麼做，方便保持條目間距一致。有些人不給格線上色，而是以重物壓出好幾頁深的凹痕。

無論外觀如何，索引表格是某人的閱讀軌跡，他們對那本書特有的反應紀錄。不管極度精緻還是潦草隨便，只要製作了索引就站上編輯的位置，判斷內容何處重要、何處值得回頭複習，畫下未來重返的路徑圖。有一本十七世紀宣傳禁酒的書上表格只有六行，內容也非常簡單：「粗話，2；亂倫，4；憤怒，8；謀殺，
265 13；謾罵；詛咒」。記下很多劣性，卻無疾而終，最後兩個條目沒有頁碼，實際上也停留在全書前四分之一範圍。作為索引，造成的疑問多過解答。整理這些資訊所為何來？這位讀者打算回頭翻閱嗎？難道是要借用湯瑪士．楊恩（Thomas Young）的文字訓斥乖戾且酗酒的親友？還是這人真的從閱讀惡形惡狀中得到歡愉，才想要標記起來，方便日後回味？但為什麼寫下這幾行就沒了？因為楊恩這本書只有開場聳動，後面回歸刻板的聖經故事說教，

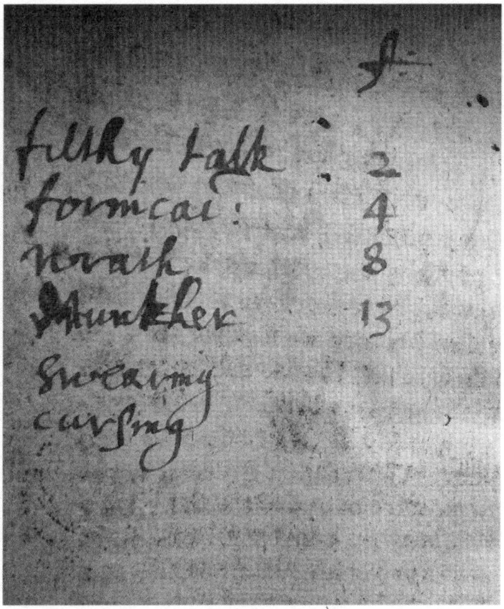

圖37　整理湯瑪士·楊恩《禍亂英格蘭：酗酒的危害》（*England's Bane, or the Description of Drunkennesse*）文字亮點——或污點——但無疾而終的索引。

讀者看膩了嗎？從歷史研究的角度只能臆測無法肯定，但儘管動 266
機不可考，這種表格與賽薩柯的裱框展品一樣，為閱讀留下難以抹滅的軌跡。

索引史中段提到過視覺化，或者說混合媒體形式的特例，也就是彼得·弗雷仁講座文稿出版後加入板畫與打油詩，與演說內容一樣充斥暴虐殺戮的場面。作為收尾，來看看另一種圖像和
詩詞的結合，這次調性有所不同，溫和愉悅、輕鬆自在。這份索 267
引讚頌生命而非輕賤生命——儘管對象只有一人。《美好無物》（*The Gorgeous Nothings*）是瑪塔·維爾納（Marta Werner）與詹·

貝爾文（Jen Bervin）所編輯的艾蜜莉．狄更生（Emily Dickinson）的「信封詩」，取自詩人留下的一堆廢紙——她在信封或信封碎片上寫下許多短詩，內容零散倉促，與其他文字混雜，有些並未收尾或定稿，瀰漫流動、印象派氛圍，時常在句子中間下了連接號就戛然而止。對編輯而言，這些詩詞是很特別的難題，畢竟寫在信封紙上本就沒準備發表，作者本人並未親手寫出最終版本。或許是草稿，就像馬札然圖書館收藏的語彙索引？若是草稿就代表**本該完成**，至少有回頭整理修飾的打算，但我們無法從現有證據中確認作者的意圖。這種介於有無之間的試探性如何保存？維爾納與貝爾文對詩句做了重整，以符號和代碼標示作品的特異之處，例如筆跡轉換方向、被劃線刪除、分為不同欄等等。此外，他們還將詩句和原始信封的全彩圖片安排在相鄰兩頁並排呈現。紙片及舊信封一角這種物理載體被視為詩作的元素，以便讀者意識到這些文字原本彷彿曇花一現。

詩集慣例是以首句建立索引，可是這個案例中若如此處理不啻抽除其物質特性、回歸純粹的文字，讓之前各種精心安排失去
268 意義。因此《美好無物》這本詩集更適合貝爾文發明的「視覺化索引」，以好幾種不同系統為詩句分類，包括信封形狀、上面的地址、文字是否分欄、是否以鉛筆書寫、句子往多方向展開或是將信封斜放、是否被塗改刪除、有不同分歧的也自成一格。就像波普的荷馬史詩翻譯，編纂索引時考慮了方方面面。不少信封在複數表格內出現，但索引的確以信封為主體，檢索條件是形狀、方向、原本的收件人，而不是上面寫了什麼文字。要從裡面找到關

於「頭髮」或「蘑菇」的作品，請自己想辦法，貝爾文這套索引幫不上忙。但要找到斜向寫在箭頭型信封的那首？是A364（「夏日摘下她樸素的帽子」）。

我不確定這樣的索引實用性如何，就算最視覺思考的人也未
必用得順手。貝爾文對信封形狀的分類之一叫做「倒置箭頭」，感
覺所有位址標記其實都是倒置了的箭。但當然這樣思考也就本末
倒置了。「視覺化索引」是以淘氣的方式呈現嚴肅的文學論點：這
些詩並不僅僅是文字，而是**實體**。信封詩令讀者想起狄更生特立
獨行、遺世獨立，還酷愛寫信。她足不出戶、躲在關緊的房門後
頭說話，卻又通過小禮物、鮮花和書信進入外界。從信封詩索引
能看到編輯發揮性格中的詼諧，學畫家從形狀找到秩序，以欄、
箭頭、方向、刪除線來取代字母，既彰顯詩人本身的異於常人，
也勾出讀者的會心一笑。這種索引能否成為詩集的路標是一回 270
事，但絕對能與賽薩柯的展覽、吳爾芙的紙堆、福爾摩斯的資料
庫比肩。自格羅斯泰斯特以來，每位編輯以索引留下了閱讀的軌
跡，個人風采無論深淺都永不褪色。

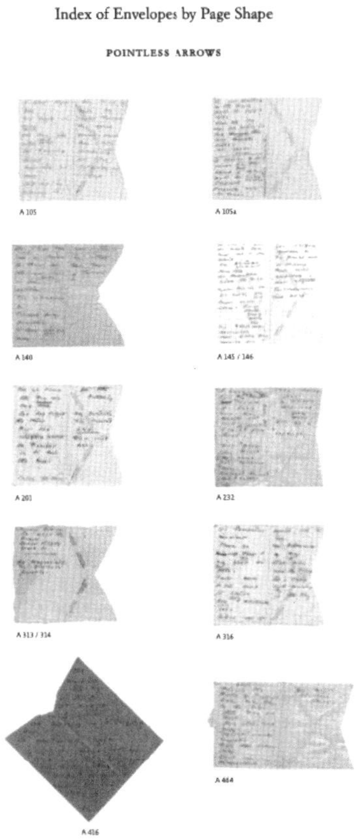

圖38　艾蜜莉．狄更生《美好無物》內「信封頁面形狀的索引」的「倒置箭頭」。

致謝

我還沒提起出版書籍與環法自由車賽的共通之處：漫長過程分為不同階段或章節，有些高潮迭起，也有些只是學期開始前的計時賽，通過HC超級坡（*hors catégorie*）★的殘酷考驗後，一鼓作氣衝向正式出版。應該很多人有同感吧？最重要的是，兩種活動結束後功勞分配都不太均勻，雖是團隊合作卻總給一個人搶走所有風采。本書計畫靠許多人在幕後支持，付出熱情與專業才得以實現，沒有他們就沒有這本書的說法絕不誇張。下面的感謝也只能說是冰山一角。

本書內容牽涉許多文獻研究，感謝英國國家學術院、博德利圖書館、劍橋大學圖書館、佛爾杰莎士比亞圖書館提供的學人計畫名額。我不僅得到研究的經費與空間，還有幸以館藏中的大量古抄本和早期印刷書刊作為研究基礎。除此之外，在各種研討講座、印刷工坊和晨間咖啡會（以及佛爾杰有名的三點下午茶）裡，館員或研究同儕提供美味點心與無窮盡的新知，書中很多材料似乎都來自這些場合的談話，希望美好的圖書館傳統能夠繼續流傳。

想要特別感謝的朋友裡，首先是博德利書籍研究中心的Alexandra Franklin，出書計畫看似胎死腹中時，是她救了回來，

★ 譯按：意指超出分類範圍的爬坡路段。

之後也持續支持鼓勵。同樣在博德利，Richard Ovenden協助我取得第二次學人計畫名額。劍橋期間，Jill Whitelock、Suzanne Paul和Emily Dourish三位陪伴我度過充滿歡笑又高生產力的日子，她們協助我在圖書館內東翻西找，當然也要感謝蒙比研究獎助計畫（Munby Fellowship）的審查委員給我這個機會。訪問劍橋耶穌學院和達爾文學院、牛津聖彼得學院的時候，也有許多人分享點心美酒與專業知識，非常感謝大家。

特別感激聯合經紀（United Agents）的Anna Webber和Seren Adams，兩位對於索引的歷史不會只是小眾市場的信念堅持實在令我訝異，少了她們的視野和鼓勵，這本書會變得非常不一樣。再來感謝企鵝（Penguin）出版集團的Cecilia Stein協助編輯，校對刪改費了好一番工夫，還耐著性子等我等到截稿日悄悄過去。後來Chloe Currens接手，她以無比的溫和、睿智、圓滑陪我度過最後幾回改稿，一起加速下坡衝向出版終點線。企鵝出版社內我要感激的人還有Aniké Wildman、Ania Gordon、Fiona Livesey、David Watson、Richard Duguid、Chris Shaw、Francisca Monteiro、Emmn Brown、Katy Banyard。計畫越到後期越能清楚感受一本書需要多少人參與。

如果有人讀正文之前先看了致謝，請注意下面會提到一些內容：第四章觸及較少討論但不言自明的概念，也就是閱讀是個人運用寶貴時間所做的投資——因此我必須藉此機會好好向一群聰明的朋友表達謝意，包括Jacqueline Norton、Adam Smyth、Gill Partington、Olivia Smith、Tom Templeton。這幾位好友讀過早期草稿，透過各自的洞察和專業提供建議，對本書品質有莫大助益。同樣要感謝的還有Isabel Davis、Paulina Kewes、Heather Tilley、Joseph Hone、Laura Salisbury、Abigail Williams，她們也針對書中某些段落給我很棒的意見。

儘管我踩進別人家的地盤，但索引編輯學會對我無限包容。各位手上這本書若要濃縮為一句金玉良言，大概會是：假使你要出非虛構類的書，最好能從學會聘請專業編輯。以本書為例，最後的索引出自Paula Clarke Bain之手，她以博學、嚴謹與一絲鬼黠，充分表現出專業編輯的素養。

過去幾年無論家中或全球都有許多動盪波折，感謝家人一路守候，以幽默、善良和智慧相互扶持。謝謝我的母親、父親，以及Mia、Molly、Pete、Shruti、Paul、Soph、Glynis，在寫作的路途上要翻越旺圖山（Mont Ventoux）時需要這樣一群人在背後挺住，請接受我無邊無盡的感恩與愛。

原文注釋

前言

1. 其標題理所當然就是「世界網際網路」計畫（the WorldWideWeb project, http://info.cern.ch/hypertext/WWW/TheProject.html）。二〇一四年索引學會的大會上，賽門·羅貝瑞（Simon Rowberry）首先提出此網頁本質為索引的論述。
2. Matt Cutts, 'How Search Works', embedded video at https:// www.google.com/intl/en=uk/search/howsearchworks/ crawling-indexing/
3. Thomas Babbington Macaulay, *Macaulay's Life of Samuel Johnson*, ed. by Charles Lane Hanson（Boston, MA: Ginn & Company, 1903）, p. 13.
4. Robert L. Collison, *Indexes and Indexing*, 4th edn（London: Ernest Benn, 1972）, p. 12.
5. Joseph A. Howley, 'Tables of Contents', in Dennis Duncan and Adam Smyth, eds., *Book Parts*（Oxford: Oxford University Press, 2019）, pp. 65-79（pp. 68-9）.
6. Pliny the Elder, *Natural History*, trans. by H. Rackham（Cambridge, MA: Harvard University Press, 2014）, 1.33.
7. Will Self, 'The Novel is Dead（This Time It's for Real）', *Guardian*（2 May 2014）: https://www.theguardian.com/books/2014/ may/02/will-self-novel-deal-literary-fiction.
8. Nicholas Carr, 'Is Google Making Us Stupid?: What the Internet is Doing to Our Brains', *Atlantic*（July/August 2008）. Carr expands on this argument at book length in *The Shallows: How the Internet is Changing the Way We Think, Read and Remember*（London: Atlantic, 2011）.
9. Galileo Galilei, *Dialogue Concerning the Two Chief World Systems*, trans. by Stillman Drake（Berkeley, CA: University of California Press, 1967）, p. 185.
10. 坎貝爾男爵行文表示：「我認為索引對每本書籍都至關緊要，因此主張議會立法，未來作者若不提供索引則不能享有書籍版權，且應另行罰金處分。」有人懷疑男爵此話並不認真，《英國議會議事錄》也沒有坎貝爾男爵在議場提案的紀錄。（假設他曾經提案卻沒留下紀錄，最大可能性是一八三〇年代湯瑪斯·陶佛德〔Thomas Taulford〕已經多次提出著作權法案。）實際上，坎貝爾男爵看似狂妄的說法建立在自承其罪的脈絡上，他的後半段是說：「由於出版商遭遇業務困難，連我自己的書居然都沒辦法附上索引。」若他真的提案通過等同作法自斃，而坎貝爾以其法律觀點精明著稱。John Lord Campbell, *The Lives of the Chief Justices of England*, 4 vols.（London: John Murray, 1874）, III, p. x。
11. John Marbeck, *A Concordance, that is to saie, a worke wherein by the ordre of the letters of the A. B. C. ye maie redely finde any worde conteigned in the whole Bible, so often as it is there expressed or mencioned*（London, 1550）, sig. A3r.

12. John Foxe, *Actes and Monuments*（London, 1570）, p. 1391.

13. 關於馬貝克所受審判和語彙索引與異端邪說的關聯，詳情請參考 David Cram, 'John Marbeck's Concordance to the English Bible', in Nicola McLelland and Andrew R. Linn（eds.）, *Flores grammaticae: Essays in Memory of Vivien Law*（Münster: Nodus, 2005）, pp. 155-70。

14. J. Horace Round, *Feudal England: Historical Studies on the XIth and XIIth Centuries*（London: Swann Sonnenschein, 1895）.

第一章　秩序問題

1. J. G. Ballard, 'The Index', *Bananas*, 8（1977）, pp. 24-5（p. 24）。這個故事也被編選在 *War Fever*（London: Collins, 1990）, pp. 171-6 以及 *Complete Short Stories*（London: Flamingo, 2001）, pp. 940-45。

2. Henri-Pierre Roché, 'The Blind Man', *The Blind Man* 1（1917）: 3-6（3）.

3. *Catalogue of the First Annual Exhibition of The Society of Independent Artists*（*Incorporated*）（New York: Society of Independent Artists, 1917）.

4. Beatrice Wood, 'Work of a Picture Hanger', *The Blind Man* 1（1917）: 6（6）.

5. [Le Moyen Âge n'aimait pas l'ordre alphabétique qu'il considérait comme une antithèse de la raison. Dieu avait créé un univers harmonieux, aux parties liées entre elles; il revenait à l'érudit de discerner ces rapports rationnels - ceux de la hiérarchie, de la chronologie,des similarités et différences, etc. - et de les refléter dans la structure de ses écrits. L'ordre alphabétique impliquait l'abdication de cette responsabilité . . . Employer délibérément l'ordre alphabétique revenait à reconnaître tacitement que chaque utilisateur d'un ouvrage pouvait recourir à un ordre personnel, différent de celui d'autres utilisateurs et de l'auteur lui-même.] Mary A. Rouse and Richard H. Rouse, 'La Naissance des index', in Henri-Jean Martin and Roger Chartier, eds., *Histoire de l'édition française*, 4 vols.（Paris: Promodis, 1983）, I, pp. 77-85（p. 80）.

6. Robert Cawdrey, *A Table Alphabeticall*（London: I. Roberts for Edmund Weaver, 1604）, sig. A4v.

7. 兩者被引用和翻譯於 Lloyd W. Daly, *Contributions to a History of Alphabetization in Antiquity and the Middle Ages*（Brussels: Collection Latomus, 1967）, pp. 71-3。

8. David Diringer, *The Alphabet: A Key to the History of Mankind*, 3rd edn, 2 vols.（London: Hutchinson, 1968）, I, pp. 169-70.

9. 古跡文字與相關的討論詳見 Olga Tufnell, *Lachish III*（*Tell Ed-Duweir*）*: The Iron Age*（London: Oxford University Press, 1953）, pp. 118, 357.

10. C. H. Inge, 'Excavations at Tell Ed-Duweir: The Wellcome Marston Archaeological Research Expedition to the Near East', *Palestine Exploration Quarterly* 70.4（1938）: 240-56（256）.

11. Joseph Addison, *Spectator* 58（7 May 1711）: 1.

12. 館藏規模的討論詳見 Rudolf Blum, *Kallimachos: The Alexandrian Library and the Origins*

of Bibliography, trans. by Hans H. Wellisch（Madison, WI: University of Wisconsin Press, 1991）, pp. 106-7。

13. 該殘卷通常稱為P. Oxy. X 1241，首次公開於B. P. Grenfell and A. S. Hunt, *The Oxyrhynchus Papyri* 10（London, 1914）, pp. 99-100。
14. 根據俄克喜林庫斯羊皮紙書（Oxyrhynchus parchment），卡利馬科斯沒得到館長職位，但此說法並未獲得所有學者認同。可參考Blum, pp. 127-33, and Jackie Murray, 'Burned After Reading: The So-called List of Alexandrian Librarians in *P. Oxy.* X 1241', *Aitia* 2, 2012, online。
15. Athenaeus, *The Learned Banqueters*, trans. by S. Douglas Olsen, 8 vols（Cambridge, MA: Harvard University Press, 2007）, VII, p. 263（xiv 643e）.
16. Blum, *Kallimachos*, pp. 152-5.
17. Cicero, *Letters to Atticus*, ed. and trans. by D. R. Shackleton Bailey（Cambridge, MA: Harvard University Press, 2014）, p. 78（IV.4a）.
18. Daly, *Contributions*, p. 25.
19. （Pseudo-）Plutarch, 'On Homer（II）', in *Homeric Hymns, Homeric Apocrypha, Lives of Homer*, ed. and trans. by Martin L. West（Cambridge, MA: Harvard University Press, 2003）, p. 417（II.4）.
20. Daly, *Contributions*, pp. 18-20; William Roger Paton and Edward Lee Hicks, *The Inscriptions of Cos*（Oxford: Clarendon, 1891）, pp. 236-60.
21. Ephraim Lytle, 'Fish Lists in the Wilderness: The Social and Economic History of a Boiotian Price Decree', *Hesperia: The Journal of the American School of Classical Studies at Athens* 79.2（2010）: 253-303.
22. 目前收藏於Columbia University. P. Columbia 1 recto 1a-b. 參考William Linn Westermann and Clinton Walker Keyes, eds., *Tax Lists and Transportation Receipts from Theadelphia*（New York: Columbia University Press, 1932）, pp. 3-36。
23. Pliny the Elder, *Natural History*, trans. by D. E. Eichholz, 10 vols.（Cambridge, MA: Harvard University Press, 2014）X, XXXVII.53.
24. 詳見Daly, *Contributions*, p. 59.
25. Plautus, *Amphitryon, The Comedy of Asses, The Pot of Gold, The Two Bacchises, The Captives*, trans. by Wolfgang de Melo（Cambridge, MA: Harvard University Press, 2014）, V.ii. 864-6.
26. A. M. Cook, 'Virgil, *Aen.* VII.7.641 ff', *Classical Review* 33.5/6（1919）: 103-4.
27. The Corpus Glossary - Cambridge, Corpus Christi College MS 144，可以追溯到八世紀末、九世紀初，內容主要是拉丁文，但也有許多古英語詞彙，條目達數千之多。
28. M. Dolbier, 'Books and Authors: Nabokov's Plums', *New York Herald Tribune*, 17 June 1962, Books section, p. 2.
29. 索引另一個條目：'Botkin, V., American scholar of Russian descent'（波特金五世，俄羅斯裔旅美學者）也洩漏了小說敘事者的妄想狀態。（譯按：通常認為波特金與金波特其實是同一人物。）

30. Simon Rowberry, 'Translating Zembla; or, How to Finish *Pale Fire* ', *The Indexer*, 31 April 2013: 142.

第二章　索引的誕生

1. Amelia Carolina Sparavigna, 'On the Rainbow, Robert Grosseteste's Treatise on Optics', *International Journal of Sciences* 2.9（2013）: 108-13（109）.
2. *The Booke of the Common Prayer and Administration of the Sacraments*（London: 1549）, sig. Biiv.
3. St Augustine, *Letters*, trans. by Wilfrid Parsons, 5 vols.（Baltimore, MD: Catholic University of America Press, 1956）, V, Letter 211, 'To a Convent of Consecrated Virgins', p. 43.
4. *St. Benedict's Rule for Monasteries*, trans. by Leonard J. Doyle（Collegeville, MN: Liturgical Press, 1948）, p. 67.
5. *The Rule for Nuns of St Caesarius of Arles*, trans. by Maria McCarthy（Washington, DC: Catholic University of America Press, 1960）, p. 175.
6. [au moyen âge, on lit généralement en pronançant avec les lèvres, au moins à voix basse, par conséquent en entendant les phrases que les yeux voient.] Jean Leclercq, *Initiation aux auteurs monastiques du Moyen Âge*, 2nd edn（Paris: Cerf, 1963）, p. 72.
7. St Augustine, *Confessions*, trans. by Carolyn J. B. Hammond, 2 vols.（Cambridge, MA: Harvard University Press, 2014）, I, p. 243（VI 3.3）.
8. John of St Arnulf, 'Vita Joannis abbatis Gorziensis', *Patrologia Latina*, 137.280D.
9. Hastings Rashdall, *The Universities of Europe in the Middle Ages*, 2 vols.（Oxford: Clarendon, 1895）, I, pp. 6-7.
10. Otto Schmid, *Über Verschiedene Eintheilungen der Heiligen Schrift: insbesondere über die Capitel-Eintheilung Stephan Langtons im XIII. Jarhunderte*（Graz: Leuschner & Lubensky, 1892）, p. 95.
11. 例如英格蘭版本的聖經Bibliothèque municipale de Lyon MS 340在〈創世記〉和〈箴言〉之前就有附註提到，「本書篇章制訂之依據為坎特伯里大主教S（即斯德望）。」（f. 33r）
12. 巴黎版本聖經與其巨大影響，詳見Laura Light, 'The Thirteenth Century and the Paris Bible', in Richard Marsden and E. Ann Matter, *The New Cambridge History of the Bible*, 4 vols.（Cambridge: Cambridge University Press, 2012）, II, pp. 380-91。
13. 譯自R. W. Hunt, 'English Learning in the Late Twelfth Century', *Transactions of the Royal Historical Society* 19（1936）: pp. 19-42（pp. 33-4）。
14. 將經文辨析集視為佈道者偷懶時可以照抄的稿子，有些低估此文體的真正價值。約瑟・高林（Joseph Goering）強調經文辨析的多樣性，使用者可以是「佈道者、教師、學生、牧師，每個人都能從中找到自己需要的內容」。Goering, *William de Montibus: The Schools and the Literature of Pastoral Care*（Toronto: Pontifical Institute of Medieval Studies, 1992）, p. 264。

15. Mary Carruthers, 'Mental Images, Memory Storage, and Composition in the High Middle Ages', *Das Mittelalter* 13.1（2008）: 63-79.

16. Goering, *William de Montibus*, p. 264.

17. Thomas Fuller, *The Church History of Britain, from the Birth of Jesus Christ until the Year MDCXLVIII*, 6 vols.（Oxford: Oxford University Press, 1845）, II, p. 181.

18. Giraldus Cambrensis, *Opera*, ed. J. S. Brewer, J. F. Dimock and G. F. Warned, 8 vols.（Rolls Series, 1861-91）, I; 譯文見於 R. W. Southern, *Robert Grosseteste: The Growth of an English Mind in Medieval Europe*（Oxford: Clarendon, 1986）, p. 65。

19. S. Harrison Thomson, 'Grosseteste's Topical Concordance of the Bible and the Fathers', *Speculum* 9.2（1934）: 139-44（140）.

20. 這一小段的內文擷取自菲利普．羅斯曼（Philipp Rosemann）為《總表》所做的精心修復：Robert Grosseteste, *Tabula*, ed. by Philipp Rosemann, *Corpus Christianorum: Continuatio Mediaevalis* 130（1995）: 233-320（265）。

21. P. W. Rosemann, 'Robert Grosseteste's *Tabula* ', in *Robert Grosseteste: New Perspectives on His Thought and Scholarship*, ed. by James McEvoy（Turnhout: Brepols, 1995）, pp. 321-55（pp. 335-6）.

22. 如瑪麗與里察．勞斯夫婦所言，世上首部語彙索引的製作過程有許多細節是後世流傳但未能得到查證，年份便是其中之一。雖然公認聖雅克語彙索引完成於一二三〇年，但各種線索都指向這個時間實在過早。能夠肯定的是，休進入修道院後才開始編纂工作（可能是一二三五年），成書最晚一二四七年，因為當時諾曼第區瑞米耶日鎮已有抄本。詳見 Richard H. Rouse and Mary A. Rouse, 'The Verbal Concordance to the Scriptures', *Archivum Fratrum Praedicatorum* 44（1974）: 5-30（6-8）。

23. Oxford, Bodleian Library, MS Canon Pat. lat. 7.

24. Ian Ker, *John Henry Newman: A Biography*（Oxford: Clarendon, 1988）, p. 762.

25. Bernard Levin, 'Don't Come to Me for a Reference', *The Times*, 10 November 1989, p. 16; reprinted as 'The Index Finger Points', *Now Read On*（London: Jonathan Cape, 1990）, p. 159.

26. 雖然普遍認為「英文語彙索引」由這三位編纂完成，但勞斯夫婦指出現代找到的文獻證據能確認存在的只有里察一人。 Rouse and Rouse, 'Verbal Concordance', p. 13。

27. Oxford, Bodleian Library MS Lat. misc. b. 18 f.61。原文採用杜埃（Douay-Rheims）版翻譯，與拉丁文較接近，容易辨識關鍵詞。

28. [iste modus praedicandi, scilicet per colligationes auctoritatum, est multum facilis, quia facile est auctoritates habere, ex eo quod factae sunt Concordantiae super Bibliam . . . secundum ordinem alphabeti, ut auctoritates possint faciliter inveniri.] Thomas Waleys, 'De modo componendi sermones', in Thomas Marie Charland, *Artes praedicandi: contribution à l'histoire de la rhétorique au moyen âge*, Publications de l'Institut d'études médiévales d'Ottawa; 7（Paris: Vrin, 1936）, p. 390.

29. Troyes, Bibliothèque municipale, MSS 186 and 497.

30. 另一份收藏於牛津郡三一學院的抄本（Oxford, Trinity College MS 50）提到作者是格羅斯泰斯特，不過艾瑞克．約翰．道布森提出懷疑，E. J. Dobson, *Moralities on the Gospels: A New Source of the 'Ancrene Wisse'*, Oxford: Clarendon, 1975。里察．勞斯（Richard Rouse）和齊格弗里德．溫澤（Siegfried Wenzel）讀過艾瑞克．約翰．道布森的論點，認為他提出的新年代與作者不足採信（*Speculum* 52.3, 1977: 648-52）。

第三章　少了它，我們怎麼辦？

1. 其實維爾納．羅列文克的第一版《簡明世界史》出版於一四七四年，當時穆罕默德二世尚未身亡。後續版本不斷追上時事進度，此處關於鄂圖曼皇帝的事件在一四八五年版本可以查到，出版者為威尼斯的艾哈德．羅道特（Erhard Ratdolt）。
2. 丹尼爾．索耶（Daniel Sawyer）指出十五世紀初的抄本會特別留下文字表示張數，「已經註記……於書頁右側上方空白處。」他進一步表示：「現代書籍完全不會想到要這樣清楚明白提醒大家頁碼放在什麼位置。」Daniel Sawyer, 'Page Numbers, Signatures, and Catchwords', in Dennis Duncan and Adam Smyth, eds., *Book Parts*（Oxford: Oxford University Press, 2019）, pp. 135-49（p. 135）。
3. Nicholas Dames, *A Literary History of the Chapter*（Princeton, NJ: Princeton University Press, forthcoming）.
4. [Considerentur primo numeri foliorum in angulo superiori versus manum dextram scriptorum, singulorum foliorum numerum representantes. Deinde inspiciatur tabula ubicumque placuerit, ut verbi gratia. 'Alexander tirum destruxit excepto genere stratonis . 72 . 2 . 3'. Per istum numerum . 72 . denotatur quod in folio ubi scribuntur . 72 . in angulo superiori reperietur in tabula intitulatum. Et immediate ubi habetur iste numerus . 72 . inferitur eciam talis numerus . 2 . 3 . per quem innuitur quod in secunda colundella et tercia de dictis tractat Alexandro et stratone.] Cambridge, St John's College MS A.12, f. 218r.
5. 感謝劍橋大學詹姆斯．弗里曼博士（Dr. James Freeman）提出St John's College MS A.12這份抄本的索引問題。出處是未發表的博士論文，'The Manuscript Dissemination and Readership of the "Polychronicon" of Ranulf Higden, *c.* 1330-*c.* 1500'（University of Cambridge, Trinity Hall, 2013）, p. 190。
6. Letter of 12 March 1455 from Enea Silvius Piccolomini to Juan de Carvajal, quoted and translated in Martin Davies, 'Juan de Carvajal and Early Printing: The 42-line Bible and the Sweynheym and Pannartz Aquinas', *The Library* 18.3（1996）: 193-215（196）.
7. Raoul Lefèvre, *The Recuyell of the Historyes of Troye*, trans. by William Caxton（Bruges, *c.* 1473）, f. L6r.
8. Margaret M. Smith, 'Printed Foliation: Forerunner to Printed Page-Numbers?', *Gutenberg-Jarhbuch* 63（1988）: 54-70.
9. 將早期印刷品視為後世書報業搖籃的概念，反應在歷史學界的用詞上。學者將十六世紀前的印刷品成為*incunabla*，這個拉丁詞彙的意思是「繈緥」，比喻印刷書本像個娃娃裹著布。
10. 這個說法目前尚有爭議，因為可以找到法國史特拉斯堡約翰．曼特林（Johann Mentelin）印刷廠發行的版本，從導言到索引幾乎與薛佛版一模一樣，與本章提到的傳單距離僅一年左右。兩本書都沒有標示印刷日期，無法判斷何者為原版、何者為盜版。弗瑞德．豪斯霍德（Fred Householder）堅信薛佛版才是正宗。Fred. W. Householder, 'The First Pirate', *The Library*, 4.24（1943-4）: 30-46。

11. Hans H. Wellisch, 'The Oldest Printed Indexes', *The Indexer* 15.2（1986）: 73-82（78）.
12. [amplissimam eius tabulam alphabeticam magno cum studio elaboratam . . . Que quidem tabula et figura, toto ipsius libri precio, digne sunt habende, quia reddunt ipsum, ad sui usum expediciorem.] St Augustine, *De arte praedicandi*（Mainz, *c.* 1464）, sig. 1v.
13. [nota tibi in extremitate libri arithmeticis numeris singulas chartas.] Giovanni Craston, *Dictionarium graecum copiosissimum secundum ordinem alphabeti cum interpretatione latina*（Venice: Aldus Manutius, 1497）, sig. O4v. I am grateful to Maria Tavoni for identifying this text. Maria Gioia Tavoni, *Circumnavigare il testo: Gli indici in età moderna*（Napoli: Liguori, 2009）, p. 28.
14. Ann Blair, *Too Much to Know: Managing Scholarly Information Before the Modern Age*（New Haven, CT: Yale University Press, 2010）, pp. 137-40.
15. 此處文字取自格斯納著作《世界書目》（*Pandectae*）, 1548，譯者Hans H. Wellisch, 'How to Make an Index - 16th Century Style: Conrad Gessner on Indexes and Catalogs', *International Classification* 8（1981）: 10-15（11）。 =

第四章　是地圖還是疆域？

1. J. Michael Lennon, 'The Naked and the Read', *Times Literary Supplement*, 7 March 2018.
2. [eos plerique solos legunt.] Erasmus, *In Elenchum Alberti Pii brevissima scholia per eundem Erasmum Roterodamum*（Basel: Froben, 1532）, sig. m2r.
3. [Perlege, quae sequitur tabulam mi candide lector, / Qua duce mox totum mente tenebis opus. / Primus scriptus habet numerus caput: inde libellum / Accipe: particulam tercia cifra notat.] *Lucii Flori Bellorum Romanorum libri quattuor*（Vienna, 1511）. I am grateful to Kyle Conrau-Lewis at Yale for bringing this passage to my attention.
4. Peter Frarin, *An Oration against the Unlawfull Insurrections of the Protestantes of our Time*, trans. by John Fowler（Antwerp, 1567）, sig. Kiiv.
5. James Howell, *Proedria Basilike: A Discourse Concerning the Precedency of Kings*（London, 1664）, p. 219.
6. 若英語版本的高高在上還不夠明確，同一年稍後推出的拉丁文版本語氣更直接，還搬出希臘語來掉書袋：'& hac ratione Posticum effet aedificio *ἀσύμμετρον* '（James Howell, *Proedria basilike: dissertatio de præcedentia regum*, London, 1664, p. 359.）（譯按：ἀσύμμετρον為「不對稱」之意。）
7. Jorge Luis Borges, 'On Exactitude in Science', in *Collected Fictions*, trans. by Andrew Hurley（London: Penguin, 1998）, p. 325.
8. *Grub Street Journal* 318（29 January 1736）.
9. 亨利．比靈斯利（Henry Billingsley）一五七〇年翻譯歐幾里得著作，正文之前的頁數代號使用了手指圖案（☞i, ☞ii, ☞iii, etc.），按照現代格式引用時畫面特別好笑。

10. 對莎士比亞影響很大且與其早期可能合作過的克里斯多弗．馬羅（Christopher Marlowe），也在長詩《赫洛與勒安得耳》（*Hero and Leander*）中運用過索引的這個意象：「勒安得耳的心思藏在面容下，就彷彿正文藏在索引之後。」也就是說，勒安得耳的心事都寫在臉上，但無論如何還是得先看到臉。
11. 奧嘉．維吉爾斯（Olga Weijers）在其專題論文討論過用詞鬆散的情況。*Dictionnaires et répertoires: Une étude de vocabulaire*（Turnhout: Brepols, 1991）, pp. 100-110。
12. Plato, *Euthyphro, Apology, Crito, Phaedo, Phaedrus*, trans. by Harold North Fowler（Cambridge, MA: Harvard University Press, 2014）.

第五章　「我的《歷史》不給該死的托利黨編索引！」

1. D. B. Wyndham Lewis and Charles Lee（兩人為編輯），*The Stuffed Owl: An Anthology of Bad Verse*（London: J. M. Dent, 1930）, p. 256; Francis Wheen, *How Mumbo-Jumbo Conquered the World*（London: Harper, 2004）; Hugh Trevor-Roper, *Catholics, Anglicans and Puritans: 17th Century Essays*（London: Secker & Warburg, 1987）, p. 302。現代書籍中以索引展現幽默的例子，可參考寶菈．克拉克．本恩（Paula Clarke Bain）創設的索引部落格，能找到很多笑料，http:// baindex.org。
2. Jonathan Swift, *A Tale of a Tub*（London, 1704）, pp. 138-9.
3. Jonathan Swift, 'A Discourse Concerning the Mechanical Operation of the Spirit', in *A Tale of a Tub*（London, 1704）, pp. 283-325（p. 315）.
4. Alexander Pope, *The Dunciad in Four Books*（1743）, p. 69（I. 279-80）.
5. Charles Boyle, *Dr Bentley's Dissertations on the Epistles of Phalaris, Examin'd*（London: T. Bennet, 1698）（Oxford, Bodleian Library, Vet. A3 e.1743）。麥考利有在書上做記號的癖好，無論是否有心得，他都會拿鉛筆在每一頁邊緣劃下直線以示自己讀過此處。
6. ['Richardum quendam Bentleium Virum in volvendis Lexicis satis diligentem'.] *Fabularum Aesopicarum Delectus*, ed. by Anthony Alsop（Oxford: Sheldonian Theatre, 1698）, sig. a4r.
7. 有趣的巧合是《牛津英語詞典》裡，片語「查資料」（to look something up）就出現在這個時代，首例為一六九二年。
8. William Temple, 'An Essay upon the Ancient and Modern Learning', in *Miscellanea, the Second Part. In Four Essays*（London: Ri. and Ra. Simpson, 1690）, pp. 1-72（p. 59）.
9. Richard Bentley, *A Dissertation upon the Epistles of Phalaris, Themistocles, Socrates, Euripides, and Others, and the Fables of Aesop*（London: Peter Buck, 1697）, p. 16.
10. 安特伯里與博伊爾的通信中曾提到，「排好版面（後）寫上面一半」。半世紀後，威廉．沃伯頓（William Warburton）從「參與祕密」的波普得知其他人姓名。（Francis Atterbury, *The Epistolary Correspondence, Visitation Charges, Speeches, and Miscellanies, of the Right Reverend Francis Atterbury, D.D., Lord Bishop of Rochester*, vol. 2, London: J. Nichols, 1783, pp. 21-2.）。另外兩人是由多年後威廉．沃伯頓所揭發。（Letter to Richard Hurd, 19 August, 1749, William Warburton, *Letters from a Late Eminent Prelate to One of His Friends*, London: T. Cadell and W. Davies, 1793, p. 9.）

11. Solomon Whateley, *An Answer to a Late Book Written against the Learned and Reverend Dr. Bentley Relating to Some Manuscript Notes on Callimachus, Together with an Examination of Mr. Bennet's Appendix to the Said Book*（London, 1699）.

12. Thomas Macaulay, 'Life and Writings of William Temple', *Edinburgh Review* 68（1838）: 113-87（184）.

13. 從艾薩克·迪斯雷利到大英百科全書，這種說法出處甚多，可以姑且認同。但其實諷刺型索引更早也見於威廉·金恩一定讀過的Joseph Hall's *Mundus alter et idem*（1605），以及Annibale Caro's *Apologia contra Lodovico Castelvetro*（1558）——賓特利知道這本書，但他懷疑詆毀自己的人沒聽過。

14. 威廉·金恩採用假翻譯形式與筆名馬丁·索比耶，結合了利斯特的名字與山繆·索比耶（Samuel de Sorbière）的姓氏。山繆·索比耶在《英國旅行誌》（*Relation d'un voyage en Angleterre*）裡對倫敦做出負面描述，為此吃了四個月牢飯。

15. William King, *A Journey to London in the Year 1698 after the Ingenuous Method of That Made by Dr. Martin Lyster to Paris in the Same Year, &c.*（London: A. Baldwin, 1699）.

16. Letter from Henry Oldenburg to René Sluse, 2 April 1669. *The Correspondence of Henry Oldenburg*, ed. by A. Rupert Hall and Marie Boas Hall, vol. 5（Madison, WI: University of Wisconsin Press, 1965）, pp. 469-70.

17. William King, *The Transactioneer, with Some of His Philosophical Fancies: In Two Dialogues*（London, 1700）, sig. a3r.

18. Ja. Newton, 'An Account of Some Effects of Papaver Corniculatum Luteum, Etc.', *Philosophical Transactions* 20（1698）: 263-4.

19. King, *Transactioneer*, pp. 39-41.

20. 十九世紀初，布榮利的那本書到了輝格黨作家兼教師山繆·帕爾（Samuel Parr）手中。布榮利寫的內容由亨利·波恩（Henry G. Bohn）轉述。*Bibliotheca Parriana: A Catalogue of the Library of the Late Reverend and Learned Samuel Parr, LL.D., Curate of Hatton, Prebendary of St. Paul's, &c. &c.*（London: John Bohn and Joseph Mawman, 1827）, pp. 702-3。

21. John Oldmixon, *History of England, during the Reigns of King William and Queen Mary, Queen Anne, King George I., Being the Sequel to the Reigns of the Stuarts*（London: Thomas Cox, 1735）, p. 345.

22. *A Table of the Principal Matters Contained in Mr. Addison's Remarks on Several Parts of Italy, &c in the Years 1701, 1702, 1703*（London, 1705）.

23. *A Table of All the Accurate Remarks and Surprising Discoveries of the Most Learned and Ingenious Mr. Addison in his Book of Travels thro Several Parts of Italy, &c.*（London, 1706）.

24. C. E. Doble et al.（eds.）, *Remarks and Collections of Thomas Hearne*, 11 vols.（Oxford: Oxford Historical Society, 1885）, IV, p. 45.

25. Samuel Johnson, *Lives of the English Poets,* 10 vols.（London: J. Nichols, 1779）, IV, sig. b1r-v.

26. John Gay, 'The Present State of Wit, in a Letter to a Friend in the Country', in John Gay, *Poetry and Prose*, ed. by V. A. Dearing, 2 vols.(Oxford: Oxford University Press, 1975), II, p. 449.
27. John Gay, *The Shepherd's Week. In Six Pastorals*（London: R. Burleigh, 1714）, sig. E7v。事實上《牧人週》以愛德蒙．史賓賽（Edmund Spenser）的《牧人曆》（*The Sheppeardes Calender*, 1579）為本，而《牧人曆》原本即有代號「E．K」的角色發表反諷言論（或許代表史賓賽自身），因此蓋伊有了副文本的元素可用。
28. John Gay, *Trivia: Or, the Art of Walking the Streets of London*（London: Bernard Lintott, 1716）, pp. 35-6.
29. Alexander Pope, *Dunciad Variorum*（London, 1735）, pp. 158-60（II.271-78）.
30. Letter to Jacob Tonson, Sr, 30 December 1719. London, British Library, Add. MS 28275 f. 78.
31. Letter to Jacob Tonson, Jr, 9 November 1717. *The Letters, Life, and Works of John Oldmixon: Politics and Professional Authorship in Early Hanoverian England*, ed. by Pat Rogers（Lampeter: Edwin Mellen, 2004）, pp. 48-9.
32. *The Index-Writer*（London: J. Wilford, 1729）, p. 2.
33. Laurence Echard, *The History of England*, 3 vols.（London: Jacob Tonson, 1707-18）III, p. 779.
34. *The Index-Writer*, p. 5.
35. Echard, *History of England*, III, pp. 863-4.
36. *The Index-Writer*, pp. 19-20.
37. John Oldmixon, *Memoirs of the Press, Historical and Political, for Thirty Years Past, from 1710 to 1740*（London: T. Cox, 1742）, p. 35.
38. *The Mathematician, Containing many Curious Dissertations on the Rise, Progress, and Improvement of Geometry*（London: John Wilcox, 1751）, p. iv。最先提出這本教科書反轉波普本意的出處為Robin Valenza, 'How Literature Becomes Knowledge: A Case Study', *ELH* 76.1（2009）: 215-45。

第六章　虛構作品的索引

1. 'Adventures of a Quire of Paper', *London Magazine, or Gentleman's Monthly Intelligencer* 48.8（August 1779）: 355-8（355）.
2. Joseph Addison, *Spectator* 10（12 March 1711）.
3. The Multigraph Collective, *Interactions with Print: Elements of Reading in the Era of Print Saturation*（Chicago, IL: University of Chicago Press, 2018）.
4. Benjamin Franklin, *The Private Life of Benjamin Franklin LL.D*（London: J. Parsons, 1793）, p. 19.
5. Leigh Hunt, 'Upon Indexes', *The Indicator* 52（4 October 1820）.
6. Henry Wheatley, *What Is an Index?*（London: Index Society, 1878）, p. 42.

7. 詹森博士的《波普生平》編輯註解內，有約翰·霍金斯（John Hawkins）對此事的紀錄。按照霍金斯的說法，波普和賓特利在一場晚宴碰面，波普希望賓特利對自己的翻譯作品說些好話，賓特利想轉移話題但沒成功，只能尷尬地講出那句話。*The Works of Samuel Johnson, LL.D.*, 11 vols.（London, 1787）, XI, p. 184n。
8. Alexander Pope, *A further account of the most deplorable condition of Mr. Edmund Curll, Bookseller*（London, 1716）, pp. 14-15.
9. Letter to Robert Digby, 1 May 1720, *Letters of Mr. Alexander Pope, and Several of his Friends*（London: J. Wright, 1737）, pp. 179-80.
10. Anna Laetitia Barbauld（ed.）, *The Correspondence of Samuel Richardson*, 6 vols.（Cambridge: Cambridge University Press, 2011）, V, pp. 281-2.
11. Samuel Richardson, *Letters and Passages Restored from the Original Manuscripts of the History of Clarissa, to which is subjoined A Collection of such of the Moral and Instructive Sentiments, Cautions, Aphorisms, Reflections and Observations contained in the History as are presumed to be of General Use and Service, Digested under Proper Heads*（London, 1751）, p. vi.
12. Richardson, *Letters and Passages*, p. vi.
13. Letter to Mr de Freval, 21 January 1751, in Barbauld, *Correspondence of Samuel Richardson*, V, pp. 271-2.
14. Samuel Richardson, 'Preface', in *Clarissa, or The History of a Young Lady*, 3rd edn, 8 vols.（London, 1751）, I, p. ix.
15. Letter from Dr Johnson, 26 September 1753, in Barbauld, *Correspondence of Samuel Richardson*, V, p. 284.
16. Letter to Lady Echlin, 7 July 1755, in Barbauld, *Correspondence of Samuel Richardson*, V, p. 48.
17. Samuel Richardson, *A Collection of the Moral and Instructive Sentiments, Maxims, Cautions and Reflections, Contained in the Historie of Pamela, Clarissa, and Sir Charles Grandison*（London, 1755）, pp. vi-vii.
18. Richardson, *Collection of the Moral and Instructive Sentiments*, p. ix, Richardson's italics.
19. Letter from Lady Echlin, 2 September 1755, in Barbauld, *Correspondence of Samuel Richardson*, V, p. 53.
20. Letter to Lady Echlin, 7 July 1755, in Barbauld, *Correspondence of Samuel Richardson*, V, p. 48. Johnson, who certainly did use the *Collection*, decidedly preferred the instruction to the story, declaring to Thomas Erskine, 'Why, Sir, if you were to read Richardson for the story, your impatience would be so much fretted that you would hang yourself. But you must read him for the sentiment, and consider the story as only giving occasion to the sentiment.'（James Boswell, *Life of Johnson*, Oxford: Oxford University Press, 1998, p. 480）.
21. Isaac D'Israeli, *Curiosities of Literature*, 5th edn, 2 vols.（London: John Murray, 1807）, II, p. 406, D'Israeli's italics.

22. Samuel Johnson, 'Preface', in *A Dictionary of the English Language*（London, 1755）, p. 7.
23. Johnson, 'Preface', p. 7.
24. William R. Keast, 'The Two *Clarissas* in Johnson's *Dictionary* ', *Studies in Philology* 54.3（1957）: 429-39.
25. Robin Valenza, 'How Literature Becomes Knowledge: A Case Study', *ELH* 76.1（2009）: 215-45（222）.
26. Boswell, *Life of Johnson*, p. 1368n.

第七章　所有知識的鑰匙

1. [Qui sondera cet abîme? qui pourra jamais trouver le temps d'étudier tous ces Pères, et de lire leurs écrits de toute sorte?] Jacques-Paul Migne, 'Avis important', *Patrologia Latina*, CCXVIII, sig. a1v.
2. [plus de cinquante hommes travaillant aux Tables pendant plus de dix ans, quoique avec la faible retribution de 1000 francs par homme et par an.] Migne, 'Avis important', sig. a1v.
3. [donnent plus de 500,000 francs, sans compter tous les frais d'impression.] Migne, 'Avis important', sig. a1r.
4. [Après tout cela, n'avons-nous pas le droit de nous écrier: Que sont les douze Travaux d'Hercule auprès de nos 231 Tables; Que sont tous les autres travaux littéraires! Que sont les Encyclopédies du XVIIIe et XIXe siècle! Que sont tous les autres oeuvres typographiques! Des jeux d'enfant, dont le plus grand n'est rien auprès de nôtre. Nous pouvons dire, sans crainte d'être démenti, que jamais aucune grande Publication n'aura été ainsi remuée pour la commodité du Souscripteur. En effet, parmi les Ouvrages qui, jusqu'à ce jour, ont offert le plus grand nombre de Tables, nous ne connaissons que la *Bibliotheca Maxima Patrum* de Marguerin de la Bigne, et la *Summa Theologica* de Saint Thomas par Nicolaï, lesquelles toutefois n'en comptent chacune que dix. Notre *Patrologie* au contraire a été en quelque sorte pressurée et tourmentée comme le raisin sous le pressoir pour que la moindre goutte de la précieuse liqueur ne pût échapper.] Migne, 'Avis important', sigs. a1r-a1v.
5. [Nos Tables ont frayé le chemin; elles aplanissent les montagnes et rendent droits les sentiers les plus tortueux . . . A l'aide de nos Tables, ce grand Cours devient petit; les distances se rapprochent, le premier et le dernier volume se touchent . . . Quelle économie de temps! c'est plus que le chemin de fer, et même que le ballon, c'est l'électricité!] Migne, 'Avis important', sig. a1v.
6. 'The Librarians' Conference', *The Times*, 2 October 1877, p. 4.
7. J. Ashton Cross, 'A Universal Index of Subjects', in *Transactions and Proceedings of the Conference of Librarians Held in London, October 1877*, eds. Edward B. Nicholson and Henry R. Tedder（London: Chiswick, 1878）, pp. 104-7（p. 107）.
8. Cross, 'Universal Index', p. 105.
9. 'Proceedings of the Conference of Librarians, Fourth Sitting', in Nicholson and Tedder,

pp. 159-64（p. 163）.

10. 'The Conference of Librarians', *Athenaeum* 2607（13 October 1877）: 467-8（467）.
11. Cross, 'Universal Index', p. 107.
12. Index Society, *First Annual Report of the Committee*（London: Index Society）, p. 3.
13. 'Literary Gossip', *Athenaeum* 2610（3 November 1877）: 566-7（567）.
14. Index Society, *First Annual Report*, p. 16.
15. Henry Wheatley, *How to Make an Index*（London: Eliot Stock, 1902）, p. 210.
16. William Poole, 'Preface', in *An Index to Periodical Literature*（Boston, MA: James R. Osgood, 1882）, p. iii.
17. Poole, 'Preface'（1882）, p. iii.
18. William Poole, 'Preface' in *An Alphabetical Index to Subjects Treated in the Reviews, and Other Periodicals, to which No Indexes have been Published; Prepared for the Library of the Brothers in Unity, Yale College*（New York: George P. Putnam, 1848）, p. iv.
19. Poole, 'Preface'（1848）, p. iv.
20. Poole, 'Preface'（1882）, p. v.

第八章　魯德米拉和羅塔利亞

1. 二〇一八年八月二十八日，川普的推特帳號（@realDonaldTrump）發佈以下文字：「在Google搜尋『川普新聞』只能找到那些報假新聞的媒體。換句話說，我和很多人都被他們陷害了，看上去跟我們有關的新聞報導全都很糟糕。CNN假新聞大行其道，共和黨、保守派和正直的媒體遭到遮蔽。這合法嗎？搜尋『川普新聞』得到的九成六結果都出自國家級左派媒體，太危險了。Google和其他平臺壓制保守派的聲音，隱瞞好的資訊與新聞。他們控制了我們能看見什麼又不能看見什麼，這非常嚴重，應該趕快處理！」
2. 川普在推特抨擊假新聞，一年後《經濟學人》發表統計的結論卻是：「沒有證據顯示搜尋引擎的新聞標籤之下存在意識形態偏見。」'Seek and You Shall Find', *The Economist*（8 June 2019）。
3. Rouse and Rouse, 'La Naissance des index', p. 85。勞斯夫婦在該文內描述索引史初期一位名為尚．豪夫尼的編輯者，他在大約一三二〇年將事業推向高峰，為博韋的樊尚（Vincent of Beauvais）的著作《歷史寶鑑》（*Speculum historiale*）製作了分量極大的索引。此索引的詳盡討論可參考Anna-Dorothee von den Brincken, 'Tabula Alphabetica von den Alfängen alphabetischer Registerarbeiten zu Geschichtswerken', *Festschrift für Hermann Heimpel*（Göttingen: Vandenhoeck & Ruprecht, 1972）, 900-923。
4. Letter to Vita Sackville-West, 29 March 1926, *The Letters of Virginia Woolf*, ed. by Nigel Nicolson and Joanne Trautmann, 6 vols.（London: Hogarth, 1977）, III, p. 251.
5. Letter to Vita Sackville-West, 25 July 1928, Woolf, *Letters*, III, p. 514.
6. Entry for 13 June 1940, *The Diary of Virginia Woolf*, ed. by Anne Olivier Bell and Andrew

McNeillie, 6 vols.（London: Hogarth, 1977）, V, p. 295.

7. [Porro methodus qua quis brevissimo tempore et ordine optimo indices conficiat, huiusmodi est. Quaecumque in indicem referre libuerit, omnia ut primum se obtulerint, nulla ordinis ratione habita in charta describantur, ab altera tantum facie, ut altera nuda relinquatur . . . Tandem omnia descripta forfice dissecabis, dissecta quo volueris ordine divides, primum in maiores partes, deinde subdivides semel aut iterum, vel quotiescunque opus fuerit. Aliqui dissectis omnibus, demum disponunt: alij inter dissecandum statim primam divisionem perficiunt, dum singulas schedulas in fine singularum dissectionis mucrone forficis apprehensas digerunt per diversa mensae loca, aut vascula per mensam disposita. Ubi plurimae schedulae fuerint, saepius subdividere suaserim: sic enim omnia facilius et minori confusione peragentur . . . atque ita partem primam subdividendo in ordinem quem volveris reducito: ordinatam vel statim describito si opus sit: vel si prima descriptio satis bene habeat, quod potius fuerit, agglutinato tantum, glutine ex farina: cui si ullam xylocollam aut fabrile glutinum miscueris.] Conrad Gessner, *Pandectae*（Zurich, 1548）, ff. 19v-20r.

8. [Extabant etiam alias apud nostros Sanjacobeos Parisienses cod. fol. par. memb. eleganti, sed arcae librorum custos imprudens bibliopegis tradidit quo ad concinnandos libros uterentur: ejusque adhuc quaedam folia in eadem bibliotheca videri possunt ad initium & finem codicis MS quo sermones S. Bernardi de B. Virgine continentur a 150 annis circiter compacti.] Jacob Quétif and Jacob Echard, *Scriptores ordinis praedicatorum recensiti*, 2 vols.（Paris, 1719）, I, p. 203.

9. Josephine Miles, *Poetry, Teaching, and Scholarship*（Berkeley, CA: University of California Press, 1980）, p. 124.

10. 關於麥爾斯教授與德萊頓詩集的語彙索引，詳見Rachel Sagner Buurma and Laura Heffernan, 'Search and Replace: Josephine Miles and the Origins of Distant Reading', *Modernism/Modernity Print Plus* 3.1（April 2018）。

11. Susan Artandi, 'Automatic Book Indexing by Computer', *American Documentation* 15.4（1964）: 250-57（250）.

12. Artandi, 'Automatic Book Indexing': 251.

13. Harold Borko, 'Experiments in Book Indexing by Computer', *Information Storage and Retrieval* 6.1（1970）: 5-16（6）.

14. Borko, 'Experiments in Book Indexing': 12.

15. Borko, 'Experiments in Book Indexing': 15.

16. Matthew L. Jockers, 'The Rest of the Story'（25 February 2015）:http://www.matthewjockers.net/2015/02/25/the-rest- of-the-story/.

17. Chris Messina, 'Groups for Twitter; or A Proposal for Twitter Tag Channels'（25 August 2007）: https://factoryjoe.com/2007/ 08/25/groups-for-twitter-or-a-proposal-for-twitter-tagchannels/.

18. Larry Page, 'G is for Google'（10 August 2015）: https://abc. xyz.

19. Roger Montti, 'Google BERT Update - What it Means', *Search Engine Journal*（25 October

2019）: https://www.search enginejournal.com/google-bert-update/332161/#close.

20. William S. Heckscher, 'The Unconventional Index and Its Merits', *The Indexer* 13.1（1982）: 6-25（25）.

21. Robert Latham and William Mathews, eds., *The Diary of Samuel Pepys*, 11 vols.（London: Bell & Hyman, 1983）, XI, p. 8.

22. 截至二〇一九年八月，於索引學會網站刊登廣告的索引編輯，性別比例為女四男一（一百三十四對三十一）。美國索引學會二〇一六年進行調查（https://www.asindexing.org/professional-activities-salary-survey/），回收問卷有九成來自女性。一八九二年，南希・貝利（Nancy Bailey）成立第一所限女性的索引公司，其心路歷程可參考David A. Green, 'The Wonderful Woman Indexer of England: Nancy Bailey', *The Indexer* 32.4, 2014: 155-60。不久後，《索引技巧》（*The Technique of Indexing*, London: Secretarial Bureau, 1904）作者瑪麗・培瑟布瑞吉也開了公司。

結語

1. 實際存在的書籍也可以進行這種遊戲。雷夫・沃克（Ralph Walker）寫的康德導讀索引裡有「幸福，137、151、152、156-8」、「手淫，158、190」和「製作假髮，158」。這裡只是範例，想像中的第158頁絕對比真實有趣。Ralph C. S. Walker, *Kant: The Arguments of the Philosophers*（London: Routledge & Kegan Paul, 1982）。

2. Witte de With Centre for Contemporary Art, 'Alejandro Cesarco: A Solo Exhibition': https://www.fkawdw.nl/en/our= program/exhibitions/alejandro=cesarco=a=solo=exhibition.

附錄一　電腦自動索引

以下是商業索引軟體自動生成的索引頭幾頁。完整表格有幾千個詞條，原始設計便是超量供給再由編輯進行人力揀選以保持精細程度。實際上，人工還得用在整理上，譬如acrostics、Acrosticks、acrostic form（離合詩）就應該合併，「字母謀殺」也應該放到「克莉絲蒂，阿嘉莎」底下。有些錯誤很明顯但能理解，比方說臺碼（Aii, Aiii, Aiv）被當作特殊詞彙看待、拉丁語*abyssus*（深淵）拆成好幾種形態。然而，軟體嘗試篩選複合詞時，輸出的結果通常沒用但是好笑，像「絕對必要」（absolutely necessary）、「新年代回頭」（age sticking）、「所有字母」（all the letters）這樣。此外，針對字母表建立了太多條目，刪改會很費工夫。比較嚴重的問題則是某些主題消失無蹤，如〈一疊紙的來歷〉就遭到埋沒（其實是因為書名而被誤置於「adventure」標目下，因為我用過這個詞去描述福爾摩斯的小說）。另一個例子是，一八九〇年代索引公司出現，就脈絡而言是件大事，註解也提供很多補充資訊，可是內文只有第八章末尾少量篇幅，導致agencies, indexing（索引公司）這種詞條逃過軟體捕捉。類似的毛病還不少。

軟體輔助有利有弊，網撒得很大於是成功撈到書中絕大多數值得一提的話題。然而，也因為寧可錯殺不可錯放的程式邏輯而脫離不了下游人力介入。何況錯放的部分令人不禁想到近五百年前卡克斯頓那段話：

除表列者外，書中仍有許多值得細品的格言、智慧與忠告，此處未能一一收錄。

就停在娛樂和趣味吧，正好突顯上面的表格並非本書真正索引。現在將舞臺交給人類索引編輯，寶菈．克拉克．本恩會為我們劃下漂亮的句點，示範索引究竟怎麼做才正確。

附錄二　編輯索引

致讀者：斜體頁碼為附圖，頁碼格式如273n1則代表該頁註解，條目若無特別說明皆採純字母排序。索引製作者寶菈·克拉克·本恩是專業索引編輯也是個活人。[PCB]★

唉／哀哉　A, a, a 77, 78, 79

縮略語　abbreviations 38, 40, 72, 78, 79, 242

《ABC謀殺案》（克莉絲蒂）　*ABC Murders*, The（Christie）39

基礎字母表　abecedaria 28, 29, 35

阿比什，沃爾特，《字母排列的非洲》Abish, Walter, *Alphabetical Africa* 39

製作摘要　abstracting 4, 245, 248

精準度　accuracy 15, 64, 98, 100,178, 252

離合詩　acrostics 29, 30, 147, [**Bain index entry p.no.]

主動式索引　active indexes 254

艾迪生，約瑟夫　Addison, Joseph 30, 156-7, 159, 174, 186

　鄙棄離合體　loathes acrostics 30

　肖像　portrait 154

　《義大利漫遊記》　*Remarks on Several Parts of Italy* 156-7

　《觀者》索引　*Spectator* indexes 173-7

告知讀者，見索引序 addresses to reader see introductory notes

〈一疊紙的來歷〉Adventures of a Quire of Paper 171-2, 174

廣告　advertisements 42, 101, 176, 183, 186, 214, 249

《艾尼亞斯記》（維吉爾）　*Aeneid*（Virgil）39, 242, 243

伊索寓言　Aesop's Fables 144, 146

索引公司　agencies, indexing 260, 297n22

分心的時代　Age of Distraction 9, 251

啟蒙時代　Age of Enlightenment 170

工業時代　Age of Industry 205-6

搜尋時代，見「搜尋」Age of Search 51, 233, 251 see also search

艾格亞，海倫　Agoa, Helen S. 243

AI（人工智慧）　AI（Artificial Intelligence）2, 254

備忘錄　aide-mémoire 66, 126

艾特肯，喬納森，坐牢　Aitken, Jonathan, goes to jail 137

阿克拉菲亞石碑　Akraiphia stones 36

阿爾杜斯·馬努提烏斯，《希臘語辭典》Aldus Manutius, *Dictionarium graecum* 110

艾旭比的亞歷山大，《講道的藝術》Alexander of Ashby, *De artificioso modo predicandi* 49

★ 譯按：此記號代表索引編輯，「PCB索引」即下面的正式索引，相對於附錄一作為示範的電腦自動索引。（本索引參照中文版書頁左右所附的原文頁碼）

國家圖書館出版品預行編目資料

索引，知識的鑰匙：從書本到數位搜尋時代，索引如何打造我們的知識體系，型塑我們的世界觀
丹尼斯・鄧肯 Dennis Duncan 著　陳岳辰 譯
初版. -- 臺北市：商周出版：家庭傳媒城邦分公司發行
2023.03　面；　公分
譯自：*Index, A History of the: A Bookish Adventure*
ISBN 978-626-318-597-5（平裝）
1.CST: 索引 2.CST: 圖書分類 3.CST: 歷史
023.3　　112001807

索引，知識的鑰匙

原書書名／*Index, A History of the: A Bookish Adventure*
作　　者／丹尼斯・鄧肯 Dennis Duncan
譯　　者／陳岳辰
責任編輯／陳玳妮
版　　權／林易萱

行銷業務／周丹蘋、賴正祐
總 編 輯／楊如玉
總 經 理／彭之琬
事業群總經理／黃淑貞
發 行 人／何飛鵬
法律顧問／元禾法律事務所　王子文律師
出　　版／商周出版
台北市 104 民生東路二段 141 號 9 樓
電話：(02) 25007008　傳真：(02)25007759
E-mail：bwp.service@cite.com.tw
Blog：http://bwp25007008.pixnet.net/blog
發　　行／英屬蓋曼群島商家庭傳媒股份有限公司 城邦分公司
台北市中山區民生東路二段 141 號 2 樓
書虫客服服務專線：02-25007718；25007719
服務時間：週一至週五上午 09:30-12:00；下午 13:30-17:00
24 小時傳真專線：02-25001990；25001991
劃撥帳號：19863813；戶名：書虫股份有限公司
讀者服務信箱：service@readingclub.com.tw
城邦讀書花園：www.cite.com.tw
香港發行所／城邦（香港）出版集團有限公司
香港灣仔駱克道 193 號東超商業中心 1 樓；E-mail：hkcite@biznetvigator.com
電話：(852) 25086231　傳真：(852) 25789337
馬新發行所／城邦（馬新）出版集團 Cite (M) Sdn. Bhd.
41, Jalan Radin Anum, Bandar Baru Sri Petaling, 57000 Kuala Lumpur, Malaysia.
Tel: (603) 90563833 Fax: (603) 90576622 Email: service@cite.my

封面設計／李東記
排　　版／邵麗如
印　　刷／韋懋印刷事業有限公司
總 經 銷／聯合發行股份有限公司
電話：(02)2917-8022　傳真：(02)2911-0053
地址：新北市 231 新店區寶橋路 235 巷 6 弄 6 號 2 樓

■ 2023 年 03 月 30 日初版
定價 550 元
Printed in Taiwan

城邦讀書花園
www.cite.com.tw

廣	告	回	函
北區郵政管理登記證			
北臺字第000791號			
郵資已付，免貼郵票			

104　台北市民生東路二段141號2樓

英屬蓋曼群島商家庭傳媒股份有限公司城邦分公司　收

請沿虛線對摺，謝謝！

書號：BK7118	書名：索引，知識的鑰匙	編碼：

請於此處用膠水黏貼

商周出版

讀者回函卡

線上版讀者回函

感謝您購買我們出版的書籍！請費心填寫此回函卡，我們將不定期寄上城邦集團最新的出版訊息。

姓名：＿＿＿＿＿＿＿＿＿＿＿＿＿＿＿＿ 性別：☐男 ☐女

生日：西元＿＿＿＿＿＿年＿＿＿＿＿＿月＿＿＿＿＿＿日

地址：＿＿＿＿＿＿＿＿＿＿＿＿＿＿＿＿＿＿＿＿

聯絡電話：＿＿＿＿＿＿＿＿＿＿ 傳真：＿＿＿＿＿＿＿＿＿＿

E-mail：

學歷：☐ 1. 小學 ☐ 2. 國中 ☐ 3. 高中 ☐ 4. 大學 ☐ 5. 研究所以上

職業：☐ 1. 學生 ☐ 2. 軍公教 ☐ 3. 服務 ☐ 4. 金融 ☐ 5. 製造 ☐ 6. 資訊

☐ 7. 傳播 ☐ 8. 自由業 ☐ 9. 農漁牧 ☐ 10. 家管 ☐ 11. 退休

☐ 12. 其他＿＿＿＿＿＿＿＿＿＿

您從何種方式得知本書消息？

☐ 1. 書店 ☐ 2. 網路 ☐ 3. 報紙 ☐ 4. 雜誌 ☐ 5. 廣播 ☐ 6. 電視

☐ 7. 親友推薦 ☐ 8. 其他＿＿＿＿＿＿＿＿＿＿

您通常以何種方式購書？

☐ 1. 書店 ☐ 2. 網路 ☐ 3. 傳真訂購 ☐ 4. 郵局劃撥 ☐ 5. 其他＿＿＿＿

您喜歡閱讀那些類別的書籍？

☐ 1. 財經商業 ☐ 2. 自然科學 ☐ 3. 歷史 ☐ 4. 法律 ☐ 5. 文學

☐ 6. 休閒旅遊 ☐ 7. 小說 ☐ 8. 人物傳記 ☐ 9. 生活、勵志 ☐ 10. 其他

對我們的建議：＿＿＿＿＿＿＿＿＿＿＿＿＿＿＿＿＿＿＿＿

＿＿＿＿＿＿＿＿＿＿＿＿＿＿＿＿＿＿＿＿

＿＿＿＿＿＿＿＿＿＿＿＿＿＿＿＿＿＿＿＿

請於此處用膠水黏貼